LOGÍSTICA HOSPITALAR

www.editorasaraiva.com.br

José Carlos Barbieri e Claude Machline

LOGÍSTICA HOSPITALAR
TEORIA E PRÁTICA

3ª edição
Revista e ampliada

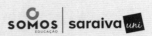

Av. das Nações Unidas, 7221, 1º Andar, Setor B
Pinheiros – São Paulo – SP – CEP: 05425-902

SAC | 0800-0117875
De 2ª a 6ª, das 8h às 18h
www.editorasaraiva.com.br/contato

Presidente	Eduardo Mufarej
Vice-presidente	Claudio Lensing
Diretora editorial	Flávia Alves Bravin
Planejamento editorial	Rita de Cássia S. Puoço
Aquisições	Fernando Alves
	Julia D'Allevo
Editores	Ana Laura Valerio
	Ligia Maria Marques
	Thiago Fraga
Produtoras editoriais	Alline Garcia Bullara
	Amanda M. Loyola
	Daniela Nogueira Secondo
Suporte editorial	Juliana Bojczuk Fermino
Revisão	Fernanda Marão
Diagramação	Crayon Editorial
Capa	Guilherme P. Pinto
Impressão e acabamento	Gráfica Paym

353.602.003.001

ISBN 978-85-472-1972-7

DADOS INTERNACIONAIS DE CATALOGAÇÃO NA PUBLICAÇÃO (CIP)
ALINE GRAZIELE BENITEZ CRB-1/3129

B191L Barbieri, José Carlos
3.ed.   Logística hospitalar: teoria e prática / José Carlos Barbieri, Claude Machline. – 3.ed. – São Paulo: Saraiva, 2017.

Inclui bibliografia.
ISBN: 978-85-472-1972-7

Administração hospitalar. 2. Logística hospitalar. 3. Administração de materiais de saúde. I. Machline, Claude. Título.

CDD 658
CDU 658.7

Índice para catálogo sistemático:

Administração hospitalar
Logística hospitalar: materiais de saúde

Copyright © José Carlos Barbieri e Claude Machline
2017 Saraiva Educação
Todos os direitos reservados.

3ª edição

Nenhuma parte desta publicação poderá ser reproduzida por qualquer meio ou forma sem a prévia autorização da Saraiva Educação. A violação dos direitos autorais é crime estabelecido na lei nº 9.610/98 e punido pelo artigo 184 do Código Penal.

| EDITAR | 10807 | CL | 651197 | CAE | 621192 |

PREFÁCIO À 3ª EDIÇÃO

O presente livro é fruto de mais de 30 anos de experiência dos autores na área de administração hospitalar e de sistemas de saúde.

Em 1972 foi assinado um convênio entre a Escola de Administração de Empresas de São Paulo, da Fundação Getulio Vargas, e o Hospital das Clínicas da Faculdade de Medicina da Universidade de São Paulo. Este projeto, denominado Programa de Estudos Avançados em Administração Hospitalar e Sistemas de Saúde (PROAHSA), vem desde então ministrando cursos de especialização e mestrado *strictu sensu*, destinados a profissionais da área de saúde, bem como realizando pesquisas e consultorias neste setor.

A logística dos materiais assume importância crescente nas entidades de saúde. O elevado custo da manutenção dos estoques, de um lado, e a necessidade de proporcionar um perfeito nível de atendimento aos pacientes, sem ocorrência de qualquer falta de insumos, do outro, requerem extrema proficiência por parte do gestor de materiais.

Como o preço cobrado do paciente ou do convênio de saúde é fixado, é na redução do custo de compra dos medicamentos e dos materiais médico-hospitalares que o hospital privado pode esperar a obtenção de lucro e o hospital público equilibrar seu orçamento.

A gestão adequada de materiais afasta três graves males do hospital: compra cara, estoque excessivo e falta de material no momento em que é necessário. Os dois primeiros flagelos são fatais para o hospital e, o terceiro, fatal para o paciente. A ocorrência de materiais em excesso, enquanto outros estão faltando no momento em que são requeridos, é uma das muitas situações típicas de uma logística deficiente que este livro procura sanar.

A administração de materiais na área de saúde é mais complexa do que a de outros segmentos da economia, porque os medicamentos e materiais de enfermagem amontoam a milhares; têm prazos de validade exíguos; requerem conservação em condições especiais, como baixa temperatura; devem ser passíveis de rastreabilidade; são facilmente furtados; apresentam-se sob as formas mais diversas, desde comprimidos até injetáveis; as doses individuais devem ser diariamente prescritas, preparadas, baixadas dos estoques, ministradas ao paciente e faturadas sem omissão nem erro; e, finalmente, os resíduos contaminados devem ser removidos e incinerados com extremo cuidado.

A gestão eficiente de materiais exige por parte dos responsáveis inúmeros e constantes esforços. A diretoria não pode escapar de estabelecer diretrizes básicas, como não deixar faltar qualquer item vital para a saúde do paciente, o que significa, traduzindo essa política em indicador, visar um nível de serviço de 100%, mas sem elevar os custos pelo aumento dos níveis de estoques. Outros parâmetros que a cúpula da instituição precisa definir são os estoques mínimo e máximo que se deve manter, por exemplo, uma semana ou um mês de consumo médio, conforme o tipo de material e sua importância para o usuário.

A presente obra destina-se aos leitores interessados nos diversos aspectos da logística hospitalar e dos sistemas de saúde, desde a seleção dos materiais até a entrega aos usuários. Nela encontrarão definições, conceitos, princípios consagrados de gerenciamento eficaz e modelos destinados a racionalizar as operações e otimizar os resultados. Especial atenção é dada aos parâmetros de planejamento e controle que devem ser estabelecidos ao nível estratégico para alcançar efeito em todas as áreas operacionais do hospital. Grande parte do que é tratado nesse livro também é aplicável às organizações de outros setores, pois todas necessitam uma gestão do fluxo de materiais que atenda as necessidades dos usuários ao mínimo custo possível.

A bagagem conceitual que o livro oferece deve ser completada por um árduo trabalho do administrador. Um célebre adágio diz que "a prática, sem a teoria, é cega". Na gestão de materiais é possível sentenciar que "a teoria sem muita lição de casa, é inócua".

Agradecemos aos colegas da Escola de Administração de Empresas de São Paulo, da Fundação Getulio Vargas, e do Hospital das Clínicas da Faculdade de Medicina da Universidade de São Paulo e de muitas organizações hospitalares em que tivemos a oportunidade de interagir. Aos diretores dessas instituições e a todos os dirigentes e trabalhadores de hospitais e entidades de saúde que nos auxiliaram neste empreendimento, nossa gratidão por viabilizarem a presente obra.

Agradecemos também aos leitores que diretamente ou via e-mail fizeram críticas, apontaram falhas e deram sugestões para a 3ª edição deste livro. Esta edição apresenta, além de revisões e atualizações do conteúdo da edição anterior, os conceitos de produção enxuta (*lean production*), sua adequação à gestão hospitalar e um dos seus principais instrumentos de gestão do fluxo de materiais, o *kanban*. Por ter sua origem em empresas manufatureiras de grande porte, a adoção da produção enxuta encontrou, e ainda encontra, muitas resistências no ambiente hospitalar. Esta edição busca esclarecer esses conceitos e relacioná-los com as práticas usuais de gestão de modo a eliminar as resistências e facilitar a sua implementação.

Os autores

SUMÁRIO

Capítulo 1 • INTRODUÇÃO À LOGÍSTICA HOSPITALAR 1

1.1 Bens materiais. 5

1.2 Pacote produto/serviço 7

Termos e conceitos 10

Questões para revisão 10

Capítulo 2 • PARÂMETROS DE PLANEJAMENTO E CONTROLE 11

2.1 Informações e estoques. 12

2.2 Dispensação de medicamentos 13

2.3 Nível de serviço 17

    2.3.1 Nível de atendimento. 18

    2.3.2 Rapidez e pontualidade 23

    2.3.3 Flexibilidade e qualidade das entregas. 24

2.4 Impactos financeiros dos materiais 25

    2.4.1 Avaliação de estoque 25

    2.4.2 Estoque médio. 28

    2.4.3 Giro de estoque e retorno sobre investimento 29

    2.4.4 Ciclo operacional e necessidade de caixa 32

Termos e conceitos 34

Questões para revisão 34

Capítulo 3 • SELEÇÃO E CLASSIFICAÇÃO DE MATERIAIS 37

3.1 Especificação 39

3.2 Simplificação e padronização 39

    3.2.1 Seleção de medicamentos 40

3.3 Codificação 42

x Logística hospitalar

3.3.1 Rastreamento da cadeia de suprimento 44
3.4 Classificação 45
    3.4.1 Classificação ABC 46
    3.4.2 Classificação XYZ 52
    3.4.3 Uso combinado das classificações ABC e XYZ 54
Termos e conceitos 56
Questões para revisão 56

Capítulo 4 • PREVISÃO DA DEMANDA 59
4.1 Modelos e métodos de previsão 60
4.2 Júri de opiniões 62
4.3 Métodos ingênuos 63
4.4 Métodos baseados em séries temporais 63
    4.4.1 Média móvel aritmética 63
    4.4.2 Média móvel ponderada 65
    4.4.3 Média suavizada exponencialmente 66
    4.4.4 Método da regressão linear simples 69
    4.4.5 Método da regressão linear móvel 70
4.5 Métodos baseados na decomposição da série temporal 72
    4.5.1 Tendência 73
    4.5.2 Tendência suavizada exponencialmente 73
    4.5.3 Sazonalidade 74
    4.5.4 Variações aleatórias e cíclicas 78
4.6 Escolha do método 79
4.7 Avaliação da previsão 80
    4.7.1 Sinal de rastreamento 83
Termos e conceitos 86
Questões para revisão 86

Capítulo 5 • SISTEMAS DE REPOSIÇÃO DE ESTOQUES 89
5.1 Quando e quanto repor 92
    5.1.1 Período de revisão e prazo de espera 93
5.2 Estoque de segurança 94
5.3 Sistema do ponto de pedido 97
    5.3.1 Custo dos estoques 98
    5.3.2 Lote econômico de compra 102
    5.3.3 Variações do lote econômico 104

Sumário **XI**

5.3.4 Lote econômico com desconto de quantidade 105

5.3.5 Críticas ao lote econômico. 107

5.3.6 Outros critérios para dimensionar o lote de compra. 108

5.3.7 Determinação do ponto de pedido 109

5.3.8 Métodos simplificados para determinar o ponto de pedido. . . . 111

5.3.9 Cálculos decorrentes 112

5.4 Sistema de reposição periódica 113

5.4.1 Cálculo do lote variável 115

5.4.2 Determinação do período de reposição 116

5.4.3 Calendários de compras. 118

5.4.4 Cálculos decorrentes 120

5.5 Sistema misto 120

5.6 Sistema de duas gavetas. 121

5.7 *Kanban*. 122

5.8 Sistemas integrados 126

Termos e conceitos 128

Questões para revisão 128

Capítulo 6 • COMPRAS **131**

6.1 Processo de compra 132

6.1.1 Órteses, próteses e materiais especiais. 135

6.1.2 Pedido de compra 136

6.1.3 Compras eletrônicas 137

6.1.4 Compras antecipadas 139

6.2 Fornecedores 141

6.2.1 Seleção de fornecedores. 143

6.2.2 Avaliação financeira 144

6.2.3 Responsabilidade socioambiental. 146

6.3 Seleção de propostas 147

6.3.1 Preço e condições de pagamento 148

6.3.2 Reajuste de preços 150

6.3.3 Índices de preços. 151

6.4 Avaliação do departamento de compras 153

6.4.1 Custo do pedido 153

6.4.2 Tempo de colocação do pedido e tempo total 154

6.4.3 Avaliação econômica e financeira. 155

6.4.4 Nível de serviço 156

6.5 Ética em compras 158

Termos e conceitos 159

Questões para revisão 160

Capítulo 7 • COMPRAS NA ADMINISTRAÇÃO PÚBLICA **163**

7.1 Princípios da licitação 164

7.2 Modalidades de licitação 166

    7.2.1 Dispensa e inexigibilidade 167

7.3 Tipos de licitação 168

7.4 Compra de materiais 169

    7.4.1 Registro de preços 173

7.5 O pregão 174

    7.5.1 Pregão eletrônico 177

    7.5.2 Cotação eletrônica de preços 180

7.6 Contratações públicas sustentáveis 181

Termos e conceitos 184

Questões para revisão 184

Capítulo 8 • ARMAZENAGEM E DISTRIBUIÇÃO **187**

8.1 Locais de armazenagem 187

    8.1.1 Farmácia hospitalar 188

    8.1.2 Nutrição e dietética 192

    8.1.3 Lavanderia hospitalar 193

    8.1.4 Manutenção 196

    8.1.5 Almoxarifado geral 197

    8.1.6 Armazenamento de gases medicinais 199

8.2 Atividades administrativas 202

    8.2.1 Recebimento 202

    8.2.2 Localização dos materiais 203

    8.2.3 Inventários 204

    8.2.4 Acurácia dos estoques 206

Termos e conceitos 207

Questões para revisão 208

REFERÊNCIAS **209**

Legislação citada 210

ÍNDICE REMISSIVO **213**

CAPÍTULO 1

INTRODUÇÃO
À LOGÍSTICA
HOSPITALAR

Por mais diferentes que sejam as organizações, todas utilizam materiais em suas atividades, em maior ou menor grau. No caso dos hospitais, os materiais desempenham um papel importante, de modo que a sua administração se tornou uma necessidade, independentemente do seu porte ou tipo. A logística pode ser entendida como uma área especializada da administração geral de uma organização e, como tal, trata-se de um trabalho realizado por pessoas dedicadas à entregar o material certo ao usuário certo, no momento e nas quantidades certas, observando as melhores condições para a organização[1]. Para isso, é necessário estabelecer diretrizes e ações, como planejamento, controle, organização, além de outras, relacionadas com o fluxo de materiais e informações dentro e fora da organização. Como há muitas expressões que se referem a esse fluxo, é necessário esclarecê-las antes de prosseguir.

As atividades voltadas para administrar o fluxo de materiais e de informações relacionadas com esse fluxo ao longo da cadeia de suprimento constituem o que genericamente se denomina *logística*. De acordo com uma definição do *Council of Supply Chain Management Professionals* (CSCMP),

> **Logística** é a parte de gestão da cadeia de suprimentos que planeja, implementa e controla o fluxo direto e reverso e o armazenamento eficiente e eficaz de bens, serviços e as informações relacionadas, do ponto de origem ao ponto de consumo, de modo a atender às necessidades dos consumidores.[2]

Uma *cadeia de suprimento* é um conjunto de unidades produtivas unidas por um fluxo de materiais e informações com o objetivo de satisfazer às necessidades de

---

1 BALLOU, R. H. *Gerenciamento da cadeia de suprimentos*: logística empresarial. Porto Alegre: Bookman, 2005.
2 CSCMP. Disponível em: <https://cscmp.org/supply-chain-management-definitions>. Acesso em: 28 ago. 2016.

usuários ou clientes específicos. A gestão da cadeia de suprimento, ainda de acordo com a CSCMP, compreende o planejamento e a gestão de todas as atividades concernentes ao fornecimento e às aquisições, conversões e todas as atividades de logística, incluindo coordenação e colaboração com parceiros do canal de distribuição, como fornecedores, intermediários, provedores de serviços e clientes.[3]

Assim, a logística atua em todo o fluxo da cadeia de suprimento, desde os fornecedores de materiais até a entrega de produtos aos clientes externos à organização, incluindo a prestação de serviços pós-venda e pós-entrega, como a assistência técnica e a prestação de serviços de garantia. Tradicionalmente, o que se denomina suprimento consiste nas atividades relacionadas com um dos segmentos desse fluxo, como mostra a Figura 1.1, o que abastece a organização com os materiais necessários às suas atividades e, desse modo, é o elo entre a organização e os seus fornecedores de materiais. As atividades de distribuição física relacionam-se ao fluxo em direção aos clientes ou consumidores, por exemplo, seleção dos membros do canal de distribuidores (distribuidores, atacadistas, varejistas, armazém e centros de distribuição etc.), processamento dos pedidos dos clientes, expedição das mercadorias, assistência aos clientes pós-venda e muitas outras relacionadas com o atendimento das necessidades do cliente.

A Figura 1.2 representa uma cadeia de suprimento de uma organização hospitalar genérica. Os responsáveis pela prestação dos serviços aos pacientes em suas

FIGURA 1.1 • Logística: segmentos e atividades típicas

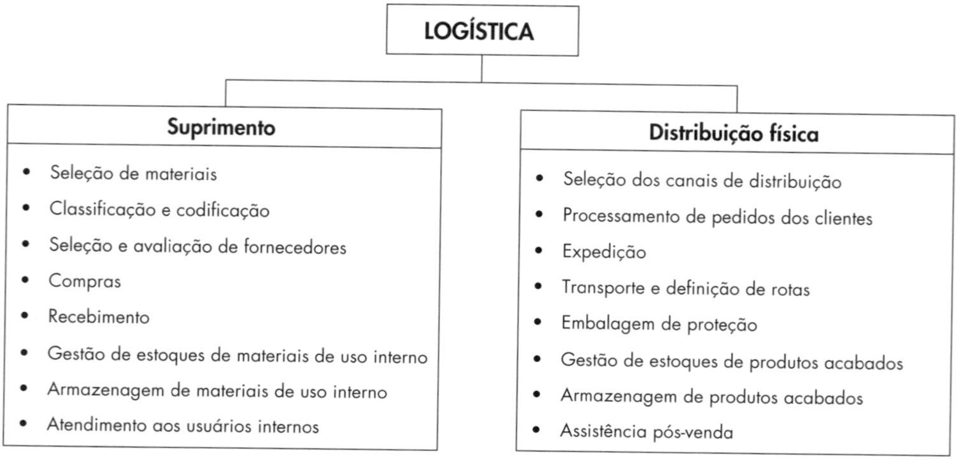

LOGÍSTICA

Suprimento
- Seleção de materiais
- Classificação e codificação
- Seleção e avaliação de fornecedores
- Compras
- Recebimento
- Gestão de estoques de materiais de uso interno
- Armazenagem de materiais de uso interno
- Atendimento aos usuários internos

Distribuição física
- Seleção dos canais de distribuição
- Processamento de pedidos dos clientes
- Expedição
- Transporte e definição de rotas
- Embalagem de proteção
- Gestão de estoques de produtos acabados
- Armazenagem de produtos acabados
- Assistência pós-venda

Fonte: elaborada pelos autores.

3 CSCMP. Disponível em: <https://cscmp.org/supply-chain-management-definitions>. Acesso em: 28 ago. 2016.

Capítulo 1 • Introdução à logística hospitalar **3**

diversas áreas de atuação, como ambulatório, centro cirúrgico, pronto-socorro, unidade de tratamento intensivo e alimentação são os clientes internos da área de suprimento de materiais, como as áreas de compra, almoxarifado e farmácia. Nas organizações hospitalares praticamente todas as unidades prestadoras de serviços aos pacientes são cliente interno (os solicitantes ou usuários dos materiais) das áreas de suprimento. Os materiais, mesmo os que se destinam aos pacientes ou aos seus acompanhantes, sempre circulam com base em uma intermediação feita por funcionários da organização hospitalar responsáveis pelos serviços prestados aos clientes.

FIGURA 1.2 • Exemplo de cadeia de suprimento simplificada de um hospital

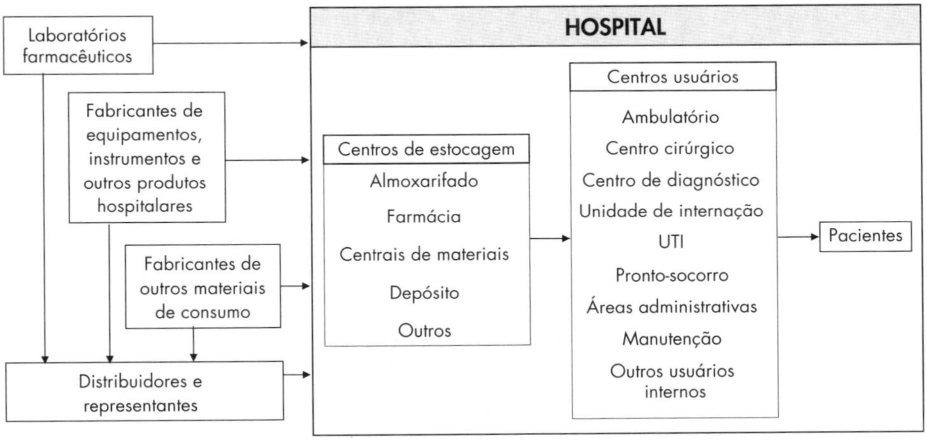

Fonte: elaborada pelos autores.

As atividades típicas de suprimento mencionadas na Figura 1.1, podem ser agrupadas formando famílias de atividades com objetivos comuns e inter-relacionadas, como mostra a Figura 1.3. São elas:

1. **seleção de materiais** – envolve atividades de especificação de materiais, padronização e definição de critérios para adotar novos materiais e substituir os que estão sendo usados. O objetivo dessas atividades é responder à seguinte pergunta: Quais materiais devem ser utilizados pela organização?

2. **gestão de estoques** – tem entre as principais atividades a realização de previsões da demanda e a montagem e operação de sistemas de reposição de estoques. Após ter definido os materiais que a organização pretende utilizar, as atividades dessa família procuram responder à seguinte pergunta: Quando e quanto comprar?

3. **compras ou aquisições** – conjunto de atividades voltadas para selecionar, avaliar e desenvolver fornecedores, selecionar propostas dos fornecedores e negociar com eles, emitir ordens de compra, acompanhar as compras etc. Em outras palavras, procuram responder às seguintes questões: Como e de quem comprar?
4. **armazenagem e distribuição** – atividades de recebimento, guarda, preservação, segurança dos materiais e distribuição aos solicitantes. Essas atividades respondem às seguintes questões: Onde localizar os materiais estocados, como estocá-los e como entregar aos solicitantes?

FIGURA 1.3 • Suprimento de materiais: famílias ou grupos de atividades

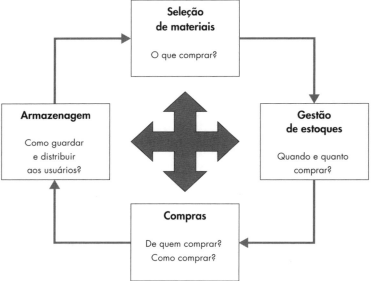

Fonte: elaborada pelos autores.

A Figura 1.3 apresenta um esquema lógico de interação entre os diferentes grupos que constituem a logística de um hospital ou estabelecimento assemelhado. Primeiro é necessário saber quais materiais serão utilizados pela organização, para depois decidir sobre quanto e quando comprá-los, de quem comprá-los e como armazená-los e distribuí-los corretamente aos solicitantes. As informações resultantes dessas últimas atividades realimentam o processo de escolha dos materiais, de gestão de estoques e assim por diante, formando um processo contínuo de atividades que se interagem de modo complexo em todas as direções, como indicam as setas no interior da figura. Antes de prosseguir, é preciso definir o que se entende por materiais quando se fala em logística hospitalar. Pretende-se, a seguir, responder a seguinte questão: Quais são os materiais que a logística se ocupa?

1.1 BENS MATERIAIS

A pergunta acima é pertinente, pois a logística hospitalar não lida com a totalidade dos materiais utilizados na organização. Por material se entende qualquer coisa constituída por matéria, ou seja, qualquer coisa que possui massa. Especialidades farmacêuticas, fios cirúrgicos, gêneros alimentícios, cateteres, gases medicinais, respiradores, vaporizadores, instrumentos cirúrgicos, balanças, compressores, móveis e utensílios são exemplos de bens materiais, mas apenas alguns dessa lista são objetos da logística. Como mostra a Figura 1.4, os bens materiais podem ser classificados em bens de consumo e bens patrimoniais, sendo que só os primeiros são tratados integralmente pela logística.

FIGURA 1.4 • Classificação e exemplos de bens materiais

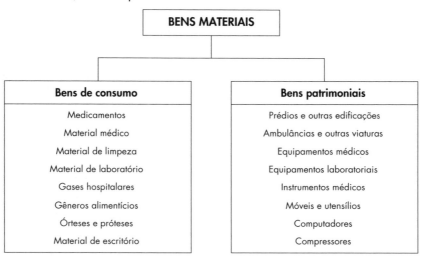

Fonte: elaborada pelos autores.

Como definido no início deste capítulo, o objeto da logística são os fluxos dos materiais e das informações pertinentes para atender o cliente certo, com o material certo, nas quantidades e nos momentos certos e nas melhores condições para a organização. Assim, a logística lida com os materiais que circulam pela organização, ou seja, materiais que são adquiridos e consumidos durante os processos realizados pela organização para cumprir sua razão de ser, sua finalidade, podendo ser ou não estocados em diferentes locais e momentos. Nem todos os materiais desta categoria são consumidos integralmente, podendo retornar ao fluxo após passar por processos de higienização, a exemplo dos enxovais, campos cirúrgicos e cateteres.

Alguns desses materiais, ao serem consumidos, passam a integrar os custos diretos do hospital. Uma vez adquiridos, porém ainda não utilizados, eles integram a conta Estoque no Balanço Patrimonial da organização, uma das contas que compõem o ativo circulante. Os estoques são constituídos de todo material mantido pela organização para atender uma demanda futura. A conta Estoque compreende os valores referentes a materiais existentes (matérias-primas, materiais de consumo, produtos em processo, produtos acabados etc.) relacionados com as atividades fins da organização.

Enquanto a administração dos bens de consumo baseia-se na lógica da circulação dos materiais, a administração dos bens patrimoniais baseia-se na sua permanência e conservação. Os bens patrimoniais integram o ativo imobilizado da organização e são objetos do que se denomina Administração Patrimonial. O ativo imobilizado é a parcela do ativo permanente constituído por bens e direitos, tangíveis e intangíveis, utilizados na consecução das atividades fins da organização. Ele é constituído pelos bens e direitos não destinados à transformação direta em meios de pagamento e cuja perspectiva de permanência na organização ultrapasse um exercício. Esses bens não são consumidos no mesmo sentido dos bens incluídos na conta Estoque. Porém, eles se desgastam e sofrem perdas com o uso e integram os custos indiretos hospitalares pela via da depreciação.

Alguns bens materiais suscitam dúvidas quanto à sua correta categorização, como certos instrumentos de trabalho, utensílios e peças de reposição. Entre os critérios para solucionar impasses dessa ordem estão o valor do bem e o tipo de uso. A rigor, bens de uso repetitivo e que permanecem por muito tempo antes de serem descartados deveriam ser considerados patrimoniais. Apesar das diferenças mencionadas, a logística e a administração patrimonial se interagem em diversos momentos. Pontos importantes de interseção entre elas são as atividades de compra, pois o setor da organização que compra materiais de um tipo pode também comprar de outro, embora seus processos de compra sejam distintos. As decisões sobre certos materiais de consumo a serem adotados pela organização devem levar em conta os bens patrimoniais em que serão utilizados.

Há outros materiais que não se encaixam em nenhum desses grupos, como é o caso da água, um insumo dos mais importantes para qualquer atividade humana, cujo fornecimento não tem sido objeto da logística. Com a implementação de leis federais e estaduais relativas ao gerenciamento de recursos hídricos, bem como a

Capítulo 1 • Introdução à logística hospitalar **7**

sua escassez em certas regiões, esse insumo também requer um tratamento especializado em termos de gestão, pelo menos em hospitais de grande porte.

Outros materiais que estiveram fora da área de abrangência da logística são os resíduos hospitalares. Atualmente, essa ausência não se justifica mais. A definição de logística apresentada no início desse capítulo não deixa dúvidas de que a logística se ocupa do fluxo direto e reverso. Esses resíduos não se caracterizam como bens materiais, pois em geral não possuem valor econômico ou, se possuem, não servem para as atividades realizadas pelo hospital, mas a sua gestão é necessária pelos impactos ambientais e sociais que causam.

1.2 PACOTE PRODUTO/SERVIÇO

A qualidade dos serviços prestados por um hospital ou qualquer outra organização de saúde se relaciona de modo muito intenso com a qualidade da logística, pois para que um serviço seja bem feito é imprescindível que o material certo esteja disponível no momento em que for necessário. O que todas as organizações oferecem aos seus clientes é um conjunto de bens tangíveis e intangíveis em diferentes proporções, formando um pacote que a moderna administração denomina *pacote produto/serviço*. Nos hospitais, esse pacote é formado pelos serviços médicos e correlatos e pelos bens materiais, ou seja, pelos bens patrimoniais (prédios, instalações, equipamentos e outros bens materiais presentes onde os serviços são prestados) e os bens de consumo, como os exemplificados na Figura 1.5.

FIGURA 1.5 • Exemplos de componentes de pacote produto/serviço de um hospital

COMPONENTES DO PACOTE PRODUTO/SERVIÇO		
Ativos permanentes	**Bens materiais de consumo**	**Serviços**
Estado das instalações físicas	Medicamentos	Recebimento de pacientes
Equipamentos cirúrgicos	Materiais médicos	Triagem
Equipamentos de diagnóstico	Materiais de laboratórios	Tratamento
Instrumentos médicos	Material de limpeza	Informação e apoio aos familiares
Mobiliário	Alimentos	Registros e estatísticas

Fonte: elaborada pelos autores.

A importância dos materiais que compõem um *pacote produto/serviço* não se mede apenas pelo seu valor econômico, embora no caso dos hospitais esse valor seja significativo. Na realização dos serviços, de modo geral, há uma fase em que os prestadores do serviço e os usuários do serviço estão em estreito contato. Se o material necessário para apoiar as atividades dos prestadores do serviço não estiver presente ou não for suficiente ou adequado a essas atividades, o serviço como um todo ficará comprometido. Os materiais são componentes que integram a *hora da verdade*, expressão que se refere à qualidade do contato entre os clientes e o pessoal da organização encarregada de prestar os serviços, e que determina a percepção da qualidade dos serviços prestados.[4] Os materiais encontram-se em todos os momentos das atividades hospitalares, desempenhando funções essenciais independentemente dos seus valores monetários. Desse modo, a importância dos materiais nas atividades hospitalares e de saúde não se mede apenas pelo seu valor econômico, mas pela sua essencialidade à prestação dos serviços que dão suporte.

Os materiais que as organizações utilizam nos seus processos de produção e comercialização de produtos e serviços precisam ser administrados de forma a gerar o máximo resultado possível. Além dos aspectos já comentados, os materiais representam uma parcela significativa dos custos hospitalares. Em geral, nos hospitais de médio e grande porte, o custo direto dos materiais hospitalares (medicamento, materiais médicos, órteses e próteses, gases etc.) representam em média 25% do custo total dos serviços prestados. Considerando os custos administrativos, operacionais e financeiros concernentes às atividades logísticas (compra, recebimento, estocagem etc.), esse custo pode alcançar mais de 35%. Trata-se, portanto, de uma parcela de recursos considerável que não pode ser negligenciada.

Qualquer economia resultante de uma melhor gestão dos materiais é sempre bem-vinda, pois é amplamente conhecida a grande dificuldade por que passa uma parcela expressiva dos hospitais brasileiros. Essas economias poderiam muito bem suprir outras deficiências para melhorar os serviços prestados, por exemplo, para melhorar a remuneração dos profissionais ou de outros componentes dos pacotes produto/serviço que o hospital oferece ou venha a oferecer. Essa questão, importante por si mesma em qualquer circunstância, torna-se crucial quando se verifica a situação do Brasil em relação à saúde.

Uma gestão eficiente dos recursos materiais pode dar uma contribuição importante para melhorar os serviços hospitalares, na medida em que reduz os custos desses recursos ao mesmo tempo que promove uma melhoria dos serviços prestados, ou seja, atender os clientes com qualidade e ao menor custo envolvido com os materiais. Essas duas preocupações devem estar sempre presentes, formando dois conjuntos de parâmetros de planejamento e controle que devem ter suas definições

---

4 CARLZON, Jan. *A hora da verdade*. São Paulo: Sextante, 2005.

nos níveis de decisão estratégicos, pois elas visam alcançar efeitos sobre todas as atividades relacionadas com os fluxos de materiais e informações correspondentes.

Esses fluxos, que ocorrem em diversos locais e momentos, envolvem muitas pessoas vinculadas a vários segmentos dentro da organização, cada qual com diferentes entendimentos sobre as atividades que desenvolvem. Todas essas diferenças geram modos de pensar e agir muitas vezes contraditórios, que, se deixados ao sabor de cada um, resultam na busca de otimizações individualizadas que acabam por comprometer os objetivos gerais da organização. Por exemplo, os compradores gostariam de realizar compras em grandes quantidades para obter descontos nos preços unitários dos itens comprados, o que também reduz as suas atividades diárias, pois, comprando lotes maiores, diminuem as emissões totais de pedidos de compras. Os administradores financeiros, ao contrário, gostariam que as aquisições fossem efetuadas em quantidades pequenas para economizar capital de giro. Os usuários ou clientes provavelmente concordariam com os compradores, pois compras em grande quantidade reduzem a possibilidade de faltar materiais no momento em que são necessários. Os exemplos de entendimentos conflitantes não param por aqui. O exercício de atividades específicas, mesmo quando concorrem para uma mesma finalidade, geram visões diferentes, quando não conflitantes. Daí a necessidade de considerar os fluxos de materiais como um todo, dos fornecedores aos clientes finais, e estabelecer diretrizes que permitam alcançar os objetivos gerais da organização.

Uma abordagem por função tende a reforçar a visão particularizada de cada segmento ou, o que é pior, a visão de um segmento hegemônico. Essa abordagem enfatiza os cargos agrupados pelas habilidades necessárias ao desenvolvimento das atividades afins e correlatas, por exemplo, setor de compras, almoxarifado e contas a pagar. Nesse caso, os parâmetros de planejamento e controle enfatizam o desempenho desses segmentos e dos cargos envolvidos. Com isso, as racionalidades específicas de cada segmento da organização se reforçam, levando cada um a buscar o melhor para o setor, julgando estar contribuindo para os objetivos da organização como um todo. Porém, a busca por otimizações parciais não leva ao melhor resultado. Por isso, neste livro será enfatizada a abordagem por processo, isto é, uma abordagem na qual o que importa é a gestão do fluxo de atividades com o objetivo de atender às necessidades dos clientes e da organização.

Desse modo, os parâmetros de planejamento e controle devem ser de duas ordens: parâmetros que levem em conta as necessidades da organização e parâmetros concernentes à satisfação dos clientes. Com tais parâmetros definidos em nível estratégico, as diversas atividades operacionais relacionadas com o fluxo de materiais serão orientadas por diretrizes coerentes com os fins que se pretende alcançar. Por isso, antes de tratar de cada um dos quatro grupos de atividades considerados na Figura 1.3, serão apresentados no próximo capítulo os parâmetros de planejamento e controle necessários para estabelecer uma coordenação estratégica dos fluxos de materiais e informações.

» TERMOS E CONCEITOS

Ativo permanente	Distribuição física
Bens de consumo	Estoque
Bens materiais	Hora da verdade
Bens patrimoniais	Logística
Cadeia de suprimento	Pacote produto/serviço
Custos hospitalares	Suprimento

» QUESTÕES PARA REVISÃO

1. O que se entende por pacote produto/serviço e como esse conceito se aplica às atividades de:
   a. um hospital
   b. um pronto-socorro municipal
   c. um posto de saúde
   d. uma farmácia pública

2. O que se entende por bem de consumo e bem patrimonial em um hospital? Apresente outros exemplos, além dos que foram apresentados neste capítulo.

3. Este livro apresenta e discute as questões pertinentes à logística de acordo com uma abordagem por processo. No que essa abordagem se diferencia de uma abordagem por função?

4. Verifique em sua organização como as atividades indicadas na Figura 1.4 estão distribuídas na estrutura organizacional e como estão relacionadas entre si.

5. Neste capítulo foi apresentado o percentual do consumo de materiais de uma amostra de hospitais. Verifique em sua organização qual o percentual que o consumo de materiais representa no custo total.

CAPÍTULO 2

PARÂMETROS DE PLANEJAMENTO E CONTROLE

A maneira pela qual os materiais são administrados condiciona a capacidade das organizações de atender aos seus objetivos, independentemente do tipo de atividade que ela realiza. Quanto maior a capacidade de uma organização em gerir os materiais de forma adequada, maior a sua capacidade de oferecer a sua clientela bens e serviços de qualidade com baixos custos operacionais. Isso vale tanto para as organizações manufatureiras quanto para as que atuam nas áreas de serviço, como as organizações hospitalares. Para o atendimento das atividades hospitalares, é necessário evitar o excesso e a falta de materiais, duas situações prejudiciais ao bom desempenho da organização, pois geram gastos adicionais que não agregam valor aos serviços prestados por motivos diversos. A falta de materiais pode provocar a paralisação dos serviços, com todos os problemas decorrentes. Os materiais são importantes elementos de apoio aos serviços, cuja falta gera graves consequências. Do ponto de vista administrativo, a falta de material no momento em que ele é necessário, obriga a organização a incorrer em gastos adicionais para realizar compras urgentes que, via de regra, são mais dispendiosas que as compras normais, além de prejudicar a sua imagem junto à clientela atual e potencial.

O excesso de materiais não é menos nocivo para as organizações. Materiais estocados em demasia consomem recursos que poderiam ser mais bem aplicados em outras atividades da organização. Isto sem contar que os materiais desnecessários no momento podem estar remunerando recursos de terceiros, como fornecedores e banco, gerando despesas financeiras. Materiais em excesso requerem depósitos maiores, elevam as despesas de manuseio e movimentação internos e aumentam as possibilidades de perdas por perecibilidade e obsolescência. Por isso, os administradores devem procurar saber quantos materiais desnecessários estão sendo mantidos à custa de recursos financeiros que são caros e escassos. Em outras palavras, devem procurar saber quanto desses recursos pode ser liberado se os estoques forem reduzidos ao mínimo necessário.

O excesso de material também causa um outro tipo de prejuízo para a organização: ele esconde as ineficiências do sistema produtivo perpetuando os problemas administrativos e operacionais, como manutenção de equipamentos deficientes, relacionamento conflituoso com os fornecedores, pessoal desmotivado ou altos índices de absenteísmo. Qualquer estoque além do necessário é um desperdício que deve ser combatido. Além da economia resultante, a eliminação dos materiais excedentes aumenta a visibilidade do sistema produtivo, revelando os seus problemas e induzindo a realização de melhorias em bases contínuas.

As atividades logísticas devem, portanto, contribuir para ampliar as condições da organização de atender às necessidades dos seus clientes em termos de prazos, custos, flexibilidade e qualidade, obtendo o máximo benefício dos recursos aplicados em materiais. No caso das organizações sem fins lucrativos, ela deve contribuir para otimizar os recursos orçados. Para isso, é necessário atender ao mesmo tempo requisitos financeiros e operacionais, algo que só pode ser alcançado por meio de uma abordagem estratégica.

Essa abordagem envolve a totalidade dos fluxos de materiais e das informações correspondentes, desde os fornecedores até o atendimento aos usuários ou consumidores finais, além de enfatizar a importância dos resultados globais e não apenas otimizações parciais dos diversos segmentos envolvidos, como farmácia hospitalar, almoxarifado, compras ou tesouraria. Vale dizer que ao cliente do hospital ou aos seus familiares importa o atendimento integral desde a sua entrada no hospital, ou até mesmo antes, quando da busca de informações. O contato frequente com pessoas e bens materiais do hospital cria inúmeros momentos em que a falta do material apropriado na quantidade certa compromete os serviços prestados pelos diferentes profissionais envolvidos. Uma gestão logística conduzida de modo apropriado pode contribuir de forma decisiva para que os clientes do hospital não só recebam um bom serviço, mas também tenham uma impressão muito favorável da qualidade dos serviços que ele presta.

2.1 INFORMAÇÕES E ESTOQUES

A quantidade ou o nível dos estoques de qualquer tipo de material é afetado pela qualidade e quantidade de informações sobre eles, como previsão de consumo, prazos de entrega, alternativas de distribuição, estoques existentes nos almoxarifados e depósitos, entre outras. Quanto mais precisas forem as informações disponíveis, maiores serão as possibilidades de determinar o nível adequado de estoques para atender às atividades da organização. Porém, a obtenção de informações dessa natureza gera custos crescentes à medida que desejamos que sejam mais exatas e completas.

A Figura 2.1 ilustra essa questão.[1] O custo das informações cresce exponencialmente, enquanto o seu valor cresce logaritmicamente, ou seja, o custo das informações segue a lei dos incrementos crescente, e o valor das informações, a lei dos rendimentos incrementais decrescentes. Assim, é importante para o administrador encontrar a melhor solução entre esses dois aspectos da questão, pois o custo das informações necessárias para gerir os estoques não pode consumir as economias produzidas pelo seu correto dimensionamento. A região marcada da Figura 2.1 exemplifica uma situação na qual as informações são valiosas para o gestor e obtidas com baixo custo. Buscar mais precisão eleva os custos em proporção maior do que o valor que acrescenta ao gestor.

FIGURA 2.1 • Custo × Valor das informações

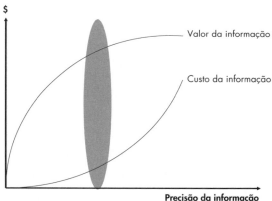

Fonte: elaborada pelos autores.

2.2 DISPENSAÇÃO DE MEDICAMENTOS

No caso de medicamentos, o sistema de dispensação também exerce influência sobre os níveis de estoque. Dispensação é o ato de fornecimento ao consumidor de drogas, medicamentos, insumos farmacêuticos e correlatos, a título remunerado ou não.[2] A farmácia hospitalar não é somente um almoxarifado de medicamentos. Além de ter de zelar pelas delicadas precauções físicas relativas à estocagem segura de medicamentos, como o controle da temperatura e umidade, ela tem atuação fundamental na dispensação dos mesmos. Há três sistemas básicos de dispensação: o coletivo, o individualizado e dose unitária.

O **sistema de dispensação coletivo**, pelo qual os medicamentos são distribuídos pelas unidades do hospital com base em requisições dos seus responsáveis, transforma

---

[1] MACHLINE, Claude. *O executivo, a informação e o processo decisório*. São Paulo. Escola de Administração de Empresas de São Paulo (EAESP/FGV-POI); PR-L-764, 1986.
[2] BRASIL/ANVISA, RDC n. 67 de 2007, definições.

cada unidade em ponto de formação de estoques (Figura 2.2-A). Nesse sistema, o mais tradicional, o papel da farmácia hospitalar consiste em atender às requisições dos postos de enfermagem, que solicitam medicamentos e materiais hospitalares em suas embalagens originais, como caixas e frascos (Foto 2.1). Os produtos requisitados são transferidos aos postos de enfermagem, onde formam subestoques. As enfermeiras recebem as prescrições médicas, extraem dos seus subestoques a medicação prescrita e a ministram ao paciente. O controle dos medicamentos, nesse sistema, é precário, pois ocorrem erros de todo tipo, desde a leitura até a interpretação da prescrição, sendo mais comuns as perdas por caducidade, extravios e furtos.

Esse sistema coletivo favorece a disponibilidade dos medicamentos para os usuários, mas tende a aumentar os níveis gerais de estoques pela existência de subestoques distribuídos pelo hospital, e torna mais difíceis a gestão de materiais e o controle de perdas e devoluções. Além disso, dificulta a identificação das doses aplicadas aos pacientes, o que prejudica o processo de montagem da conta dos pacientes. Entretanto, o sistema é usado para transferir os materiais médicos às farmácias satélites, necessárias nas unidades de internação muito afastadas da farmácia central, nos hospitais de grande porte, e também às unidades de tratamento intensivo (UTI), aos prontos-socorros, pronto-atendimentos e centro cirúrgicos.

No **sistema de individualizado** as unidades não se transformam em pontos de estocagem, pois os medicamentos são dispensados por pacientes por período, por exemplo, 24 horas, e entregues aos postos de enfermagem que os administram após sua separação por horários (Figura 2.2-B). A entrega à unidade usuária pode ser feita por meio de uma única embalagem por paciente, por exemplo, um saco plástico com todos os medicamentos a ser ministrados no período, com ou sem indicação dos horários de cada aplicação. A farmácia recebe a prescrição médica e a prepara a partir dos seus estoques. A prescrição pode vir sob forma digital, se o hospital dispuser de sistema de prescrição eletrônica, ou pode ser uma cópia da prescrição original destinada à enfermagem.

Dose unitária é a adequação da forma farmacêutica à quantidade correspondente à dose prescrita, preservadas suas características de qualidade e rastreamento.[3] Dose unitarizada é a adequação da forma farmacêutica em doses previamente selecionadas para atendimento a prescrições nos serviços de saúde.[4] No **sistema de dose unitária**, o medicamento é dispensado por paciente após avaliação do

---

3 Brasil/Anvisa, RDC n. 67 de 2007, Anexo VI.
4 Idem.

FIGURA 2.2 • Sistemas básicos de dispensação

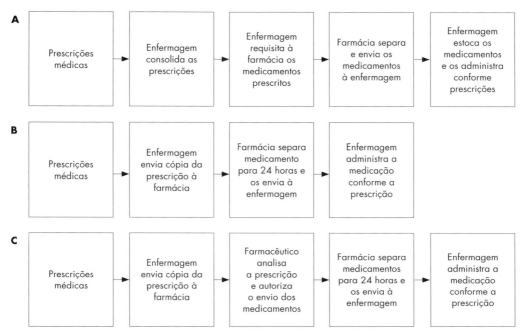

Fonte: elaborada pelos autores.

FOTO 2.1 • Embalagem de medicamentos e materiais médicos dispensados coletivamente

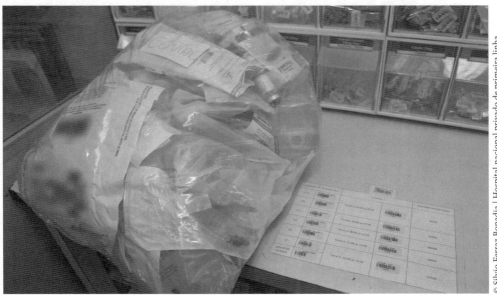

© Silvio Ferraz Bonadia | Hospital nacional privado de primeira linha

farmacêutico, ou seja, é a dose prescrita a um paciente individualizado para um período curto, em geral 24 horas (Foto 2.2). A medicação, preparada pela farmácia, é cuidadosamente separada por horários de ministração e entregue à enfermagem com divisões por horário (Figura 2.2-C). Como os medicamentos são entregues pela farmácia em condições de uso, os cálculos e preparos por parte da enfermagem são eliminados. Também nesse sistema há uma tendência à redução dos níveis de estoques de medicamentos pela sua concentração na farmácia, o que elimina os estoques intermediários nas unidades de assistência. Como os medicamentos são separados para cada paciente, é necessário retirá-los das embalagens originais e colocá-los em embalagens padronizadas pelo hospital. Requer equipamentos especiais para separar, fragmentar, codificar, embalar e etiquetar os medicamentos e materiais médicos unitizados (Foto 2.3).

FOTO 2.2 • Embalagem de uma dose unitária

© Silvio Ferraz Bonadia | Hospital nacional privado de primeira linha

O sistema de dose unitária permite maior controle sobre os prazos de validade dos medicamentos. Se a dose unitária dispensada ao paciente não for usada, ela não pode mais voltar ao estoque, pois seu prazo de validade é o do período prescrito pela farmácia, e não o estabelecido pelo fabricante. Esse problema não ocorre com os dois primeiros sistemas. Se houver rompimento da embalagem primária, o prazo de validade será, quando não houver recomendação específica do fabricante, de no máximo 25% do tempo remanescente constante na embalagem original, desde que preservadas a segurança, qualidade e eficácia do medicamento[5]. Doses unitárias não utilizadas

---

5 Idem, Anexo VI, art. 3.9-b.

FOTO 2.3 • Exemplos de equipamentos para produzir doses unitárias

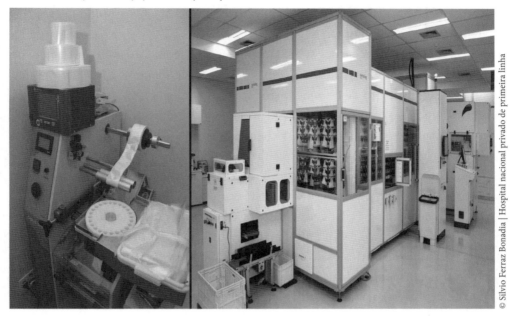

são mais frequentes em pacientes com condições de saúde instáveis, de modo que a medicação preparada com antecedência de 24 horas já pode não ser mais apropriada. Nesses casos, pode trabalhar com doses unitárias de oito horas, podendo a prescrição ser alterada no intervalo de 24 horas se as condições do paciente mudar.

Mais do que qualquer benefício em termos de logística pela redução de subestoques, os dois últimos sistemas de dispensação aumentam a segurança do paciente na medida em que tende a reduzir erros na aplicação de medicamentos. Sem tantos subestoques, o controle do estoque é facilitado e as perdas são menores. Além disso, eles permitem que a farmácia hospitalar se inteire da medicação prescrita pelo médico e, ocasionalmente, previna alguma intercorrência entre medicamentos prescritos, sugira substitutos genéricos ou de marcas alternativas e informe o médico de novos lançamentos.

2.3 NÍVEL DE SERVIÇO

Nível de serviço é uma expressão genérica que envolve diversas dimensões da satisfação dos clientes com respeito ao pacote produto/serviço que recebem de uma organização. Pode ser entendido como a capacidade de uma organização em oferecer produtos ou serviços que satisfaçam as necessidades ou exigências dos seus clientes. Manter um alto nível de serviço com o mínimo de estoque não é tarefa fácil. Não deixar faltar materiais no momento em que eles são necessários e, ao mesmo tempo, diminuir as necessidades de recursos financeiros para cobrir as despesas com aquisição e manutenção de estoques podem constituir dois objetivos conflitantes se não forem tratados em conjunto.

Há diferentes percepções sobre a combinação adequada desses dois objetivos. Os dirigentes se preocupam mais com a obtenção de menores níveis de estoque, pois isso significa giro de estoque maior e, portanto, menor necessidade de capital de giro para pagar fornecedores. Na ótica de quem administra recursos financeiros, quanto menos estoque, melhor. Os clientes internos, isto é, os que requisitam e usam os materiais (médicos, enfermeiras, nutricionistas, radiologistas etc.) não se preocupam com essas questões, o que é correto, mas sim com a possibilidade de os materiais faltarem no momento em que eles precisam. Por isso, para estes, quanto mais estoque, melhor. Daí a necessidade de tratar estas duas questões, nível de serviço e recursos financeiros, no nível mais elevado da organização a fim de levar em conta os conflitos entre estes dois interesses conflitantes: os dirigentes preocupados com custos e disponibilidade de recursos e os usuários preocupados com a disponibilidade de materiais para assegurar a qualidade do serviço.

Nível de serviço entendido como satisfação do cliente ou usuário do material é uma expressão vaga, pois comporta muitos entendimentos e, dessa forma, deixa de servir como parâmetro de planejamento e controle da atividade logística. É comum dizer que não se consegue administrar o que não se pode quantificar. Para poder quantificar o nível de satisfação dos usuários de materiais, é preciso desagregar o serviço em componentes passíveis de serem mensurados. Podendo ser medidos, esses componentes passam a ser, portanto, as dimensões do nível de serviço. Para efeito da logística hospitalar, essas dimensões são as seguintes: atendimento, pontualidade, rapidez das entregas, flexibilidade no atendimento aos clientes ou solicitantes, prestação de informações aos solicitantes e qualidade da entrega.

2.3.1 Nível de atendimento

O atendimento aos usuários é uma das dimensões do nível de serviço. O nível de atendimento refere-se à disponibilidade de materiais para atender ao pedido ou à requisição dos clientes. Quando se procura atender todas as requisições de materiais, tende-se a elevar os estoques além do necessário; quando se procura conter os gastos com materiais, pode-se incorrer em faltas. Para compatibilizar esses objetivos conflitantes, reduzir os estoques e aumentar o atendimento aos usuários, é necessário tolerar alguma possibilidade de falta de material no momento em que ele é requisitado, pois, do contrário, o volume dos estoques atinge proporções altíssimas, incorrendo em todos os prejuízos que o excesso pode acarretar. Tolerar algumas faltas significa admitir um Nível de Atendimento (NA) menor que 100%. Por exemplo: um nível de atendimento de 98% significa que a cada 100 requisições de materiais, duas poderão não ser atendidas prontamente no momento esperado por falta de estoque no centro de estocagem, o que irá exigir uma nova entrega assim que o estoque for restabelecido.

À medida que o nível de atendimento cresce, os investimentos em estoques tendem a crescer mais que proporcionalmente à elevação do nível do estoque, conforme mostra a Figura 2.3, podendo chegar a valores elevadíssimos e mesmo assim nunca alcançar um nível de atendimento 100%. A relação *Custo × Nível de Atendimento*, mostrado na figura, reflete as práticas operacionais e administrativas adotadas pela organização em determinado período. Essa relação pode ser alterada com a adoção de melhores práticas a fim de obter maiores níveis de atendimento sem elevar os custos, o que significa deslocar a curva da figura para a direita (curvas pontilhadas). O uso de técnicas de gestão apropriadas às características operacionais da organização contribui para isso.

FIGURA 2.3 • Nível de Atendimento aos clientes × Custo dos Estoques

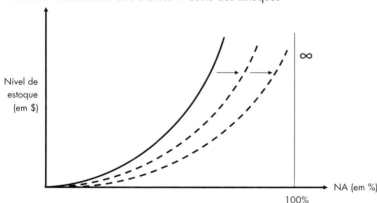

Fonte: elaborada pelos autores.

O nível de atendimento planejado pela organização pode ser estabelecido inicialmente como um objetivo a ser alcançado em um período de tempo, por exemplo, "estar capacitado para atender prontamente 97% das solicitações feitas nos próximos dois anos". Isso significa que a organização, nesse período, irá tolerar três faltas de disponibilidade para pronto atendimento a cada 100 requisições. Esse objetivo pode ser fixado mediante comparações com as organizações líderes do setor ou mediante pesquisas com usuários para conhecer o nível que eles entendem como aceitável.

O nível de atendimento planejado pode ser determinado em função das oportunidades de faltar material durante determinado horizonte de planejamento. Essas oportunidades, por sua vez, dependem do número de requisições estimadas durante esse horizonte, conforme a seguinte equação:

$$NA = \frac{\text{reposições estimadas durante o período} - \text{oportunidades de faltas toleradas}}{\text{reposições estimadas durante o período}} \quad (2.1)$$

Exemplo: se durante os próximos 12 meses estima-se que serão efetuados 48 pedidos de compras de uma certa especialidade farmacêutica e a direção do hospital admite uma única possibilidade de falta nesse período, então o nível de atendimento planejado será de aproximadamente 98%, ou seja: $NA = [(48 - 1)/48]100\% = 97,9\%$. Se admitir duas possibilidades de faltas, o nível cairá para 95,8%.

Essa forma de calcular o nível de atendimento baseia-se na ideia de que as faltas geralmente ocorrem quando os níveis de estoque existente indicam a necessidade de iniciar os processos de reposição de estoques, emitindo novos pedidos de compra. A Figura 2.4 ilustra esse raciocínio: nesse gráfico, denominado dente de serra (ver Quadro 2.1), as linhas inclinadas representam o consumo de certo material ao longo do tempo e as linhas verticais, as quantidades de reposição encomendadas para atender a esse consumo. Como mostra a figura, as possibilidades de faltas ocorrem quando o nível de estoque existente está baixo, indicando a necessidade de repor os estoques para continuar atendendo o mesmo padrão da demanda observado no passado.

O nível de atendimento observado ou real deve ser calculado todo mês para verificar se o nível planejado está sendo alcançado. O nível real é calculado como segue:

FIGURA 2.4 • Níveis de estoque e oportunidades de faltas

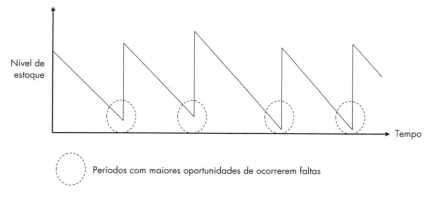

Fonte: elaborada pelos autores.

$$NA = \frac{\text{solicitações atendidas}}{\text{solicitações recebidas}} \times 100\% \qquad (2.2)$$

em que as solicitações de materiais podem ser consideradas em termos de valores monetários ou unidades solicitadas. O nível de atendimento real tem como complemento o nível de faltas (NF) observado ao final de um período, ou seja:

$$NA = 100\% - NF \qquad (2.3)$$

em que o NF é calculado como a porcentagem entre o total de solicitações não atendidas durante o período e o total de solicitações feitas pelas unidades usuárias dos materiais (enfermarias, pronto-socorro, laboratórios, centros cirúrgicos, lavanderia etc.).

QUADRO 2.1 • Gráfico dente de serra

Dia	Entradas	Saídas	Saldo
1		0	525
2		45	480
3		32	448
4		54	394
5		29	365
6		77	288
7		36	252
8		0	252
9		27	225
10		70	155
11		73	82
12	500	67	515
13		42	473
14		80	392
15		0	392
16		50	342
17		75	267
18		75	192
19		83	109
20	450	62	471
21		87	384

Os textos de administração de materiais e logística usam e abusam do gráfico dente de serra. E há muita razão para isso, pois ele representa muito bem o fluxo de entradas e saídas da maioria dos materiais de consumo ao longo do tempo. Em geral, esses materiais são requisitados pelos usuários aos poucos (saídas) e são reabastecidos por lotes (entradas), como exemplificado na tabela ao lado. Com isso, forma-se um gráfico semelhante à parte dentada de uma serra. As entradas e saídas reais geram gráficos irregulares, a exemplo da Figura A, que representa os dados da tabela. Para efeito didático, esses gráficos são apresentados de modo simplificado, por isso são elaborados com linhas regulares como mostra a Figura B.

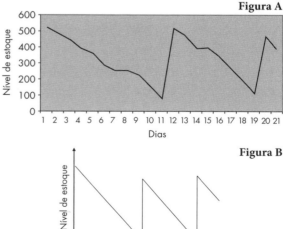

Figura A

Figura B

Fonte: elaborado pelos autores.

O nível de falta pode ser calculado considerando-se como falta o item com estoque zero ao final do período de controle, por exemplo, todo final de mês. Assim o NF é dado por,

$$NF = \frac{\text{número de itens com estoque zero}}{\text{número total de itens em estoque}} \qquad (2.4)$$

Essa última forma é mais simples para efeito de cálculos, pois aproveita as informações dos relatórios semanais e mensais de estoque. Porém, apresenta dados aproximados, pois um item com estoque zero não significa, necessariamente, que houve falta. Pode ser que naquele período o item chegou a zero após atender integralmente à demanda dos seus usuários. Não importa a forma de calcular o nível de atendimento, ou o seu oposto, o nível de falta, a comparação entre os níveis desejados e os níveis observados ao final das unidades de tempo dos períodos de planejamento e controle permitirá aos gestores avaliar o seu desempenho em relação ao cumprimento das políticas adotadas, como mostra a Figura 2.5. Nela, note que o nível de atendimento planejado aumentou a partir de julho de 95% para 95,5%. Manter níveis estagnados sem mudanças não é uma boa política de gestão.

FIGURA 2.5 • Acompanhamento mensal do nível de atendimento planejado × realizado

Mês	Nível de atendimento (em %)	
	Planejado	Real
Janeiro		94,3
Fevereiro		95,2
Março		95,3
Abril	95,0	94,6
Maio		95,3
Junho		95,7
Julho		95,2
Agosto	95,5	96,4
Setembro		95,7

Fonte: elaborada pelos autores.

O nível de atendimento planejado é uma decisão estratégica, pois influenciará diversas outras decisões sobre os fluxos de materiais. Esta dimensão do serviço ao cliente estabelece restrições em termos de custos para o hospital e define o grau de

Capítulo 2 • Parâmetros de planejamento e controle **23**

satisfação dos usuários internos. Embora as organizações sejam livres para decidir sobre o nível de atendimento que desejam alcançar, nas organizações hospitalares, esse nível nunca deve ser inferior a 98%. Isso não significa que a cada 100 requisições duas irão faltar sempre. Significa que a gestão estabeleceu um limite para o pronto atendimento e que as requisições faltantes serão atendidas em outro momento.

2.3.2 **Rapidez e pontualidade**

Rapidez em termos logísticos significa quanto tempo o solicitante terá de esperar para receber o material solicitado. Para quem solicita materiais ao almoxarifado ou à farmácia ou faz um pedido de compra ao seu fornecedor, importa não só recebê-los nas quantidades solicitadas, mas também o mais rapidamente possível. A rapidez depende da existência de estoques no fornecedor e do ciclo de produção (pedido → produção → expedição → recebimento), bem como dos procedimentos administrativos para processar os pedidos de compra. A rapidez pode ser medida como o tempo médio decorrido, em dias ou horas, entre o pedido ou solicitação dos clientes e as entregas dos materiais solicitados, conforme a equação abaixo:

$$Tempo\ médio = \frac{\sum tempos\ para\ atender\ solicitações}{quantidade\ de\ solicitações\ do\ período} \qquad (2.5)$$

A variação do tempo de atendimento é outra medida importante que revela a qualidade do serviço logístico, podendo-se para isso usar alguma medida de dispersão, como o desvio padrão ou o desvio médio absoluto dos tempos que os clientes aguardam para receber os materiais solicitados.

A pontualidade mede a capacidade da organização, ou de um de seus segmentos, de honrar os compromissos com seus clientes em relação aos prazos prometidos para a realização de alguma atividade. Quanto aos clientes internos de um hospital, a pontualidade é a capacidade de qualquer área de estocagem de atender aos usuários dos materiais nos prazos combinados. Ela reflete o quanto o fornecedor externo ou interno é confiável. A pontualidade pode ser avaliada por meio da porcentagem de entregas dentro dos prazos combinados. Isto é:

$$Pontualidade = \left(\frac{entregas\ dentro\ dos\ prazos\ combinados}{total\ de\ entregas} \right) 100\% \qquad (2.6)$$

A pontualidade também pode ser medida em dias que ultrapassam os prazos combinados, como a média dos atrasos em dias. Essa medida permite estimar o nível de estoque adicional devido à falta de pontualidade – um atraso médio de cinco dias, por exemplo, implica que a organização deverá manter em média cinco dias a mais de estoque para não interromper o consumo previsto.

2.3.3 Flexibilidade e qualidade das entregas

Flexibilidade em relação ao suprimento de materiais significa capacidade para aceitar mudanças nas regras estabelecidas. Exemplos: mudanças nas quantidades dos materiais e serviços já solicitados, apressamento de uma dada entrega, mudança do local de entrega etc. Há períodos do mês ou do ano em que a demanda aumenta sensivelmente, de modo que o hospital necessita ter flexibilidade para poder atender esses momentos sem prejudicar a qualidade dos serviços demandados.

A flexibilidade pode ser medida por meio de indicadores que mostrem a sua capacidade de efetuar as entregas solicitadas em condições especiais, como horário fora do habitual ou em locais diferentes, bem como de efetuar entregas com alterações nas quantidades e nos prazos iniciais combinados com os solicitantes. Uma forma de medi-la é a seguinte:

$$Flexibilidade = \left(\frac{entregas\ com\ alterações\ nas\ condições\ iniciais}{total\ de\ solicitações\ de\ alterações} \right) 100\% \qquad (2.7)$$

A porcentagem de entregas que geraram algum tipo de reclamação, por exemplo, entregas incompletas, pode ser utilizada como indicador da qualidade do serviço ao cliente. Ou seja, a qualidade das entregas dos materiais solicitados pode ser medida da seguinte maneira:

$$Qualidade\ das\ entregas = \left(\frac{entregas\ sem\ reclamações}{total\ de\ entregas} \right) 100\% \qquad (2.8)$$

Se a qualidade que se quer medir se refere a ter informação sobre os pedidos em andamento, usa-se a seguinte equação:

$$Qualidade\ das\ informações = \left(\frac{informações\ atendidas\ prontamente}{total\ de\ informações\ solicitadas} \right) 100\% \qquad (2.9)$$

Concluindo: atendimento, rapidez, pontualidade, flexibilidade e qualidade das entregas, enquanto dimensões do nível de serviço, medem a satisfação dos clientes internos e externos, constituindo-se, dessa forma, em importantes parâmetros de planejamento e controle logísticos. O Quadro 2.2 apresenta um resumo desses parâmetros. Eles não devem ser tratados de modo isolado, mas combinados entre si e com outros que reflitam os impactos financeiros dos materiais, assunto que será tratado a seguir.

QUADRO 2.2 • Níveis de serviço: dimensões e métodos de quantificação

Dimensão	Conceito	Métodos de quantificação
Atendimento	Disponibilidade de materiais	• Quantidades entregues / Quantidades solicitadas (em %). • 100% – quantidades não atendidas (em %).
Rapidez das entregas	Tempo para atender um pedido ou solicitação de materiais	• Tempo decorrido entre o pedido do cliente ou usuário e a entrega do material solicitado (em semanas, dias ou horas). • Variação em torno do tempo médio.
Pontualidade	Cumprir os prazos de entrega prometidos	• Entregas dentro dos prazos combinados (em %). • Atraso médio (em semanas, dias ou horas).
Flexibilidade	Capacidade de aceitar mudanças	• Entregas regulares (em %). • Entregas atendendo condições especiais (em %). • Entregas atendendo alterações nas condições iniciais (em %).
Qualidade das entregas	Entregas sem problemas	• Entregas sem reclamações (em %). • Informações sobre pedidos atendidas satisfatoriamente (em %).

Fonte: elaborado pelos autores.

2.4 IMPACTOS FINANCEIROS DOS MATERIAIS

Quanto mais longo for o tempo que os materiais permanecem dentro da organização, maior será o montante de capital aplicado em estoques. No caso das organizações que visam lucro, esse capital só retornará acrescido de lucro quando os clientes pagarem pelos serviços que lhes foram prestados, isto é, quando o ciclo constituído pela compra de materiais, atendimento e recebimento se completar. É, portanto, na rotação ou no giro dos estoques que reside a possibilidade de obter lucro para remunerar o capital empregado na prestação dos serviços, que, consiste no fornecimento de pacotes constituídos por bens tangíveis e intangíveis. Por isso, do ponto de vista financeiro, o estoque médio e o giro dos estoques são as primeiras informações a serem obtidas para orientar o planejamento e o controle dentro de uma abordagem logística.

2.4.1 Avaliação de Estoque

Os estoques são constituídos por todos os materiais destinados à venda, ao processamento interno e ao consumo concernentes às atividades fins da organização. Esses materiais fazem parte do Ativo Circulante e passam a integrar o custo do serviço quando consumidos para a realização das atividades fins da organização. A Figura 2.6 apresenta as estruturas simplificadas do Balanço Patrimonial e da Demonstração do Resultado do Exercício.

Há diversos métodos para efetuar a avaliação de estoques, mas aqui serão apresentados apenas três. A legislação fiscal brasileira permite o uso do método do custo médio ponderado e o método PEPS (primeiro que entra primeiro que sai, conhecido, do inglês pela sigla FIFO, de *first in first out*). O método UEPS ou LIFO (último

26 Logística hospitalar

FIGURA 2.6 • Estruturas simplificadas de Balanço Patrimonial e Demonstração do Resultado

BALANÇO PATRIMONIAL		DEMONSTRAÇÃO DO RESULTADO
Ativo	**Passivo**	**Receita da Venda do Serviço**
Ativo Circulante	Passivo Circulante	– Custo do serviço vendido
• Disponíveis (caixa, bancos etc)	• Contas a pagar	= Lucro bruto
• Contas a receber	• Outras contas de curto prazo	– Despesas
• Estoques	Exigível de longo prazo	= Lucro operacional
Ativo Permanente	Patrimônio Líquido	+ Receita não operacional
• Investimentos	• Capital social	– Despesas não operacionais
• Imobilizado	• Reserva de capital	= Resultado antes do Imposto de Renda
• Diferido	• Reserva de lucro	– Imposto de Renda
Total do Ativo	Total do Passivo	= Lucro líquido

Fonte: elaborada pelos autores.

que entra, primeiro que sai/*last in first out*) não é aceito pela legislação fiscal, porque com a elevação constante dos preços, o custo da mercadoria ou do serviço vendido incorpora a variação de preço mais recente, o que reduz a base tributável do exercício. As Tabelas 2.1, 2.2 e 2.3 mostram exemplos de aplicação desses três métodos, considerando as seguintes operações com estoques:

* saldo de estoque de 300 unidades com valor unitário de $ 10,00 em 30/5;
* 100 unidades vendidas no dia 5/6;
* 100 unidades vendidas no dia 12/6;
* 300 unidades compradas a $ 15,00 por unidade no dia 14/6;
* 200 unidades vendidas em 20/6;
* 100 unidades compradas a $ 22,00 por unidade no dia 15/7;
* 250 unidades vendidas em 22/7.

TABELA 2.1 • Exemplo de Avaliação de Estoques: método do custo médio ponderado

Data	Entrada			Saída			Saldo		
	Quantidade	Valor unitário	Valor total	Quantidade	Valor unitário	Valor total	Quantidade	Valor unitário	Valor total
30/5							300	10,00	3.000,00
5/6				100	10,00	1.000,00	200	10,00	2.000,00
12/6				100	10,00	1.000,00	100	10,00	1.000,00
14/6	300	15,00	4.500,00				400	13,75	5.500,00
20/6				200	13,75	2.750,00	200	13,75	2.750,00
15/7	100	22,00	2.200,00				300	16,50	4.950,00
22/7				250	16,50	4.125,00	50	16,50	825,00

Fonte: elaborada pelos autores.

Capítulo 2 • Parâmetros de planejamento e controle

TABELA 2.2 • Exemplo de Avaliação de Estoques: método PEPS

Data	Entrada			Saída			Saldo		
	Quantidade	Valor unitário	Valor total	Quantidade	Valor unitário	Valor total	Quantidade	Valor unitário	Valor total
30/5							300	10,00	3.000,00
5/6				100	10,00	1.000,00	200	10,00	2.000,00
12/6				100	10,00	1.000,00	100	10,00	1.000,00
14/6	300	15,00	4.500,00				100	10,00	1.000,00
							300	15,00	4.500,00
20/6				100	10,00	1.000,00	—	—	—
				100	15,00	1.500,00	200	15,00	3.000,00
15/7	100	22,00	2.200,00				200	15,00	3.000,00
							100	22,00	2.200,00
22/7				200	15,00	3.000,00	—	—	—
				50	22,00	1.100,00	50	22,00	1.100,00

Fonte: elaborada pelos autores.

TABELA 2.3 • Exemplo de Avaliação de Estoques: método UEPS

Data	Entrada			Saída			Saldo		
	Quantidade	Valor unitário	Valor total	Quantidade	Valor unitário	Valor total	Quantidade	Valor unitário	Valor total
30/5							300	10,00	3.000,00
5/6				100	10,00	1.000,00	200	10,00	2.000,00
12/6				100	10,00	1.000,00	100	10,00	1.000,00
14/6	300	15,00	4.500,00				100	10,00	1.000,00
							300	15,00	4.500,00
20/6				200	15,00	3.000,00	100	10,00	1.000,00
							100	15,00	1.500,00
15/7							100	10,00	1.000,00
	100	22,00	2.200,00				100	15,00	1.500,00
							100	22,00	2.200,00
22/7				50	10,00	500,00	50	10,00	500,00
				100	15,00	1.500,00	—	—	—
				100	22,00	2.200,00	—	—	—

Fonte: elaborada pelos autores.

Note que os valores das saídas e do estoque final diferem conforme o método adotado, embora os estoques em quantidades físicas sejam idênticos. Métodos diferentes geram diferentes custos do serviço vendido, como mostra a Tabela 2.4 e, portanto, diferentes situações em termos de resultados financeiros. Os dois primeiros métodos geram custos menores do que o UEPS, o que aumenta o lucro e a tributação correspondentes. O valor do estoque inicial para o próximo exercício será diferente conforme o método adotado, gerando compensações ao longo do tempo. A base tributável se igualaria para os três casos se, em algum momento, o estoque

28 Logística hospitalar

fosse completamente zerado e não mais reposto. Desse modo, o imposto devido também se igualaria, embora com defasagem no tempo, uma hipótese que pode ser válida apenas para os itens de materiais que serão descontinuados em algum momento. Seja como for, o apetite pantagruélico do Estado faz com que este aceite apenas os métodos que reduzem os custos da mercadoria vendida ou do serviço prestado.

TABELA 2.4 • Custo da Mercadoria Vendida

Data	Quantidade	Custo médio	PEPS	UEPS
5/6	100	1.000,00	1.000,00	1.000,00
12/6	100	1.000,00	1.000,00	1.000,00
20/6	200	2.750,00	2.500,00	3.000,00
22/7	250	4.125,00	4.100,00	4.200,00
Total	650	8.875,00	8.600,00	9.200,00

Fonte: elaborada pelos autores.

2.4.2 Estoque Médio

Para calcular os valores médios dos estoques usam-se os valores resultantes da avaliação de estoque. O Estoque Médio (EM) de um item específico é a média dos saldos de estoques ao longo de um certo período. Um método simplificado para calcular o estoque médio é considerá-lo como a média aritmética do estoque inicial e do estoque final desse período. Considerando os dados das Tabelas 2.1, 2.2 e 2.3, o estoque médio do período em quantidades físicas entre 30/5 e 22/7 é (300 + 50)/2 = 175. Em termos genéricos,

$$EM = \frac{EI + EF}{2} \tag{2.10}$$

em que: EI = estoque inicial do período;

EF = estoque final.

Para efeito de planejamento, o ideal é calcular o EM anual e a Equação 2.10 não é a mais indicada, pois a demanda mensal do item pode variar bastante em relação aos períodos extremos, caso haja demanda com sazonalidade significativa. Não é raro ocorrer compras adicionais no final do ano para reduzir a base tributável do exercício, para consumir os saldos orçamentários ou ainda para se precaver de aumentos de preços após a virada do ano. Um meio para obter o EM anual mais próximo da realidade é pela média dos estoques médios mensais, ou seja:

Capítulo 2 • Parâmetros de planejamento e controle   **29**

$$EM = \frac{EM_{janeiro} + EM_{fevereiro} + EM_{março} + \cdots\cdots + EM_{dezembro}}{12} \qquad (2.11)$$

com os estoques médios mensais calculados de acordo com a Equação 2.10.

No mínimo, o EM anual deve ser calculado com base em trimestres, usando os dados do balancete, como exemplificado pela Tabela 2.5. Note que, se calculado pela Equação 2.10, o EM seria (6.000 + 5.600)/2 = 5.800, um valor superestimado, porque os estoques nos extremos estão mais elevados do que durante o ano, conforme dados desse exemplo. Os cálculos são feitos para cada item específico, sendo que o EM total da organização é a soma dos estoques médios de todos os itens.

TABELA 2.5 • Exemplo de cálculo do Estoque Médio trimestral e anual

Trimestre	Estoque inicial	Estoque final	Estoque médio	
1º	6.000,00	2.400,00	4.200,00	
2º	2.400,00	3.200,00	2.800,00	$EM = \dfrac{4.200 + 2.800 + 4.000 + 5.200}{4} = 4.050$
3º	3.200,00	4.800,00	4.000,00	
4º	4.800,00	5.600,00	5.200,00	
Estoque médio anual			4.050,00	

Fonte: elaborada pelos autores.

2.4.3 Giro de estoque e retorno sobre investimento

A utilização e reposição de materiais originam o giro dos estoques, isto é, a renovação dos estoques durante determinado período. O giro dos estoques (GE) pode ser expresso por um número que mostra quantas vezes o estoque se renovou em dado período, conforme as duas equações seguintes:

$$GE = \frac{Custo\ da\ Mercadoria\ Vendida}{Estoque\ Médio} \quad ou \quad GE = \frac{Valor\ das\ Vendas}{Estoque\ Médio} \qquad (2.12)\ e\ (2.13)$$

O resultado dessas equações são números que medem a velocidade com que os estoques são renovados. Um GE igual a 10, por exemplo, significa que o estoque se renovou dez vezes em relação ao Custo da Mercadoria Vendida (Equação 2.12), ou dez vezes em relação à receita de vendas (Equação 2.13). Esta última equação é a mais adequada para o planejamento logístico, porque representa o ciclo completo, da compra de materiais ao recebimento pela venda do bem ou serviço.

A Cobertura dos Estoques (CE) mede o tempo médio de permanência dos estoques na organização. A CE, também denominada *antigiro*, se obtém pelo quociente entre o período de tempo considerado e o GE, que é o número de vezes que o estoque se renovou neste período. Ou seja:

$$CE = \frac{Período\ de\ tempo\ considerado}{Giro\ dos\ estoques} \qquad (2.14)$$

ou da seguinte forma:

$$CE = \left(\frac{Estoque\ Médio}{Vendas}\right) Período\ de\ tempo \qquad (2.15)$$

Das equações anteriores, pode-se perceber que a cobertura e o giro dos estoques, embora caminhem em direções opostas (maior giro, menor cobertura; menor giro, maior cobertura), são indicadores de eficiência da gestão dos fluxos de materiais. O GE é um dos componentes do Retorno Sobre o Investimento (RSI), a relação entre o capital investido em ativos e o resultado obtido dessa aplicação, conforme a equação que segue:

$$RSI = \left(\frac{Lucro\ Líquido}{Ativo\ Total}\right) 100\% \qquad (2.16)$$

Esta equação pode ser decomposta, conforme mostrado a seguir, indicando que o RSI é o produto do giro dos investimentos, ou dos ativos, pela lucratividade dos serviços prestados, expresso como lucro sobre a receita obtida em determinado período, geralmente um ano:

$$RSI = \left[\left(\frac{Lucro}{Receita}\right) 100\%\right]\left(\frac{Receita}{Ativo\ Total}\right) \qquad (2.17)$$

A primeira fração do RSI decomposto mostra a lucratividade das vendas desses serviços em porcentagem. Essa fração é um indicador da eficiência com que a organização gera lucros com as vendas dos seus serviços. A segunda fração é o giro dos ativos em relação às vendas, mostra quantas vezes o ativo se renovou em relação à receita de vendas. Assim, para aumentar o RSI, pode-se pensar nas seguintes alternativas:

1. aumentar o lucro aumentando a margem de lucratividade das vendas ou diminuindo os custos e despesas totais;
2. aumentar a receita mais que proporcionalmente ao aumento dos custos e despesas;
3. reduzir componentes do ativo sem prejudicar as atividades da organização.

Capítulo 2 • Parâmetros de planejamento e controle **31**

A primeira alternativa nem sempre é viável, pois depende das condições de mercado e das ações dos concorrentes. Aumentar a margem nem sempre é socialmente desejável, principalmente quando se consideram as carências da população e as políticas públicas de saúde deficientes. A segunda alternativa aumenta o retorno se os custos para aumentar os serviços crescerem menos que proporcionalmente ao crescimento da receita. A redução dos níveis de estoques sem provocar redução do nível de atendimento faz parte das medidas para implementar a terceira alternativa. Para isso é necessário aumentar o giro dos estoques. Essa é a alternativa mais acessível para as organizações genericamente consideradas, pois depende basicamente de esforços internos para melhor administrar os materiais que elas necessitam.

Este fato pode ser exemplificado na Tabela 2.6, que apresenta diversas situações de estoques com seus respectivos giros e coberturas de estoques, considerando um período de 365 dias. Neste exemplo, a mesma quantidade de serviços que gerou uma receita de $ 500.000,00 foi sustentada com estoques médios diferentes em cada uma das situações. Na situação A, cada unidade monetária investida em estoque gerou $ 5,00 em vendas, enquanto na situação B gerou $ 10,00. Como a lucratividade das vendas permaneceu constante (20.000/500.000 = 0,04 ou 4%), o retorno sobre o investimento em estoque na situação B foi duas vezes mais do que na situação A.

TABELA 2.6 • Exemplo hipotético de Giro e Cobertura de Estoques

	Situação A	Situação B
A – Estoque Médio do Período ($)	100.000	50.000
B – Vendas do Período ($)	500.000	500.000
C – Custo Total das Vendas ($)	480.000	480.000
D – Lucro (B – C)	20.000	20.000
E – Giro dos Estoques (B/A)	5	10
F – Cobertura dos Estoques em dias (365 dias/E)	73 dias	≈36 dias
G – RSI = (D/A) × 100%	20%	40%

Fonte: elaborada pelos autores.

Elevar o Giro dos Estoques sem diminuir o Nível de Atendimento é um dos objetivos básicos da logística hospitalar. Isso não significa elevar o giro de cada item de estoque individualmente considerado, mas sim o giro total. Com efeito, deve-se atentar que o esforço para elevar o giro dos estoques tende a aumentar os gastos administrativos com a aquisição dos materiais e o seu controle. E muitos itens de estoque representam valores monetários tão insignificantes que os esforços para aumentar o seu giro acabam sendo maiores que os benefícios esperados.

2.4.4 Ciclo operacional e necessidade de caixa

A logística procura integrar o fluxo físico dos materiais desde os fornecedores até o usuário final com o fluxo financeiro constituído por pagamentos e recebimentos dos valores envolvidos nas transações. Esses fluxos se repetem ao longo do tempo, formando o que se denomina ciclo operacional, como mostrado de forma esquemática na Figura 2.7.

FIGURA 2.7 • Ciclo operacional e ciclo de caixa

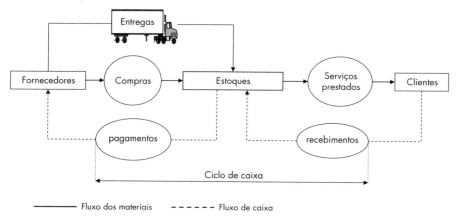

Fonte: elaborada pelos autores.

O ciclo operacional pode ser conhecido por meio de indicadores relacionados com cobranças, recebimentos e necessidades de caixa para poder pagar os fornecedores. Dois desses indicadores são os seguintes:

$$PMR = \frac{Contas\ a\ Receber}{Receita\ Operacional/360\ dias} = \frac{360\ dias}{Receita\ Operacional/Contas\ a\ Receber} \qquad (2.18)$$

$$PMP = \frac{Contas\ a\ Pagar}{Compras\ Totais/360\ dias} = \frac{360\ dias}{Compras\ Totais/Contas\ a\ Pagar} \qquad (2.19)$$

onde PMC = período médio de recebimento;
PMP = período médio de pagamento.

Capítulo 2 • Parâmetros de planejamento e controle **33**

O PMR mostra quantos dias, em média, a organização leva para receber pelos serviços prestados, considerando que parte desses serviços utilizam materiais de apoio. É um indicador da política de prestação de serviço e de créditos, muito importante quando uma parcela dos serviços prestados só será paga a prazo. Esse indicador deve ser comparado com o período médio de pagamento (PMP) aos fornecedores, pois ambos fazem parte do fluxo monetário relacionado com os materiais.

No Ciclo de Caixa (CC), o tempo médio entre os recebimentos e pagamentos depende da Cobertura de Estoque (CE), do PMR e do PMP. Caixa são as disponibilidades monetárias para cumprir os compromissos relacionados aos pagamentos. Esse ciclo resulta da seguinte operação:

$$CC = CE + PMR - PMP \qquad (2.20)$$

O giro de caixa em dias (GC), considerando o ano de 365 dias, é dado pela seguinte equação:

$$GC = 365 \ dias/CC \ em \ dias \qquad (2.21)$$

Exemplo: se o ciclo de caixa for de 30 dias, significa que o valor médio do caixa irá girar 12,2 vezes ao ano (365 dias/30 dias). Conhecido o ciclo de caixa e o giro de caixa, pode-se calcular a Necessidade de Caixa (NC) em valores monetários, conforme a seguinte equação:

$$NC = desembolso \ anual \ estimado/GC \qquad (2.22)$$

no qual o desembolso anual para efeito da logística é uma previsão dos valores monetários para efetuar os pagamentos das compras de materiais.

O exemplo a seguir ilustra o uso das equações apresentadas acima para estimar a necessidade de caixa de uma organização. Supondo que uma organização apresente os seguintes dados: desembolso anual estimado para compras de materiais de $ 3.500.000,00; giro de estoque = 10; prazo médio de recebimento = 70 dias; e prazo médio de pagamento = 40 dias. Com esses dados, têm-se:

- CE = 365 dias/GE = 365 dias/10 = 35 dias
- CC = CE + PMR − PMP = 35 + 70 − 40 = 65 dias

34 Logística hospitalar

- GC = 365 dias/CC = 365 dias/65 dias = 5,6 vezes ao ano
- NC = desembolso anual/GC = 3.500.000/5,6 = $ 625.000,00

As equações acima mostram áreas de ação integrada entre a administração dos fluxos de materiais e a administração financeira da organização. Quanto menor a cobertura de estoque, menor a necessidade de capital de giro, desde que isso não acarrete faltas em excesso que exijam compras urgentes, que são mais caras. Reduzir a cobertura de estoque reduz o ciclo de caixa, mas isso só não basta, é necessário cuidar para receber em prazos menores e pagar em prazos maiores. Porém, essa não é uma situação típica dos hospitais, na qual o PMR é em geral muito longo, chegando a mais de 90 dias dependendo das relações do hospital com as fontes pagadoras.

A elevação do PMR está muitas vezes associada às glosas realizadas pelas fontes pagadoras e que geralmente acarretam redução dos valores dos serviços prestados ou o retardamento dos pagamentos. Com a dificuldade de elevar o PMR, uma solução ao alcance das organizações é reduzir a cobertura de estoques, bem como aumentar o PMP, um indicador de desempenho da área de compras, desde que não aumente os preços dos materiais comprados.

» TERMOS E CONCEITOS

Avaliação de estoques	Necessidade de caixa
Ciclo de caixa	Nível de atendimento
Ciclo operacional	Pontualidade
Cobertura de estoque	Prazo médio de pagamento
Estoque médio	Prazo médio de recebimento
Flexibilidade	Precisão da informação
Giro de estoque	Qualidade das entregas
Giro do ativo	Sistema de dispensação
Gráfico dente de serra	Rapidez
Margem líquida	Retorno sobre o investimento

» QUESTÕES PARA REVISÃO

1. O nível de serviço é um importante conceito relacionado com a qualidade dos serviços logísticos, mas de pouca valia para efeito de planejamento e controle se não for desagregado em dimensões mensuráveis. Comente essa afirmação e

Capítulo 2 • Parâmetros de planejamento e controle   35

indique como transformar essas dimensões em parâmetros de planejamento e como mensurá-los para efeito de controle do desempenho desses serviços.

2. Responda a seguinte indagação: Se a falta de material pode acarretar problemas graves e deve ser sempre evitada, o correto não seria adotar um nível de atendimento de 100% para todos os itens utilizados pela organização?

3. Uma empresa obteve uma receita anual de $ 325 milhões com um estoque médio de $ 23 milhões. Para uma mesma receita de vendas, qual seria a redução no valor do estoque médio se o giro de estoques fosse o dobro?

4. A Farmácia Santa Terezinha pretende ter um retorno de 70% ao ano sobre o investimento em estoques e isso deverá ser obtido com uma lucratividade das vendas de 1,5%. Qual deve ser o nível de atendimento, considerando que o dono da farmácia não admite mais do que uma oportunidade de falta por ano para qualquer um dos 8.975 itens de materiais à venda na farmácia?

5. Retome o exemplo sobre necessidade de caixa apresentado na Seção 2.4.4. Calcule a necessidade de caixa para um giro de estoque igual a 30 mantendo todos os demais dados. Depois, responda: Porque em geral o PMR é elevado e o que isso acarreta em relação ao desempenho financeiro para o hospital?

CAPÍTULO 3

SELEÇÃO E CLASSIFICAÇÃO DE MATERIAIS

A administração de materiais em qualquer organização tem por objetivo primário disponibilizar o material certo, na quantidade certa e no tempo certo para o seu usuário, seja ele um cliente interno ou externo. Em relação à escolha do material certo, torna-se necessária a realização de um conjunto de atividades denominadas genericamente de seleção e classificação de materiais, cujos principais objetivos específicos são os seguintes:

1. identificar o material certo para o usuário e a organização;
2. organizar o processo de aquisição, guarda e manuseio dos materiais;
3. facilitar a comunicação com fornecedores, usuários e os setores contábil e financeiro;
4. estabelecer instrumentos de planejamento e controle apropriados;
5. reduzir custos com materiais;
6. melhorar o nível de serviço.

Para determinadas empresas ou organizações, alcançar estes objetivos é mais importante quanto maior for a quantidade de materiais necessários para dar suporte às suas atividades. É o caso dos hospitais, pois eles em geral operam com cinco a sete mil itens. A escolha do material certo normalmente envolve uma solução de compromisso entre a organização e os seus diversos usuários, aqui entendidos como clientes internos da organização. Os funcionários são clientes internos de algum processo e, como tal, recebem, manipulam e transferem materiais para outros clientes internos dentro de uma cadeia de suprimentos que termina no usuário do produto final, o cliente externo.

O que é certo para determinado usuário pode não ser para a organização e vice-versa. Grosso modo, os usuários tendem a escolher os materiais em função das suas características de desempenho, enquanto os dirigentes da organização procuram levar em consideração o preço, o prazo de entrega dos fornecedores, a facilidade de fornecimento e as condições de pagamento. Durante a Primeira Guerra Mundial, um político disse que a guerra é um assunto tão importante que não poderia ficar a cargo exclusivo dos militares[1]. Parafraseando, pode-se dizer que a escolha dos materiais é tão importante para a empresa que não pode ficar exclusivamente na mão dos usuários dos materiais. Nem dos dirigentes. Se isso é válido para qualquer organização, com maior razão será para os hospitais, onde uma parcela considerável dos materiais deverá ser selecionada considerando as suas características intrínsecas face às condutas médicas adotadas.

A seleção dos materiais que serão utilizados pela organização deve ser efetuada mediante uma administração capaz de explicitar as divergências e alcançar razoável consenso entre os diferentes atores envolvidos: usuários, compradores, farmacêutico, almoxarife, diretor financeiro, entre outros. Esse acordo pode ser obtido com o apoio de um comitê interfuncional, criado por instrumento formal apropriado (portaria, resolução ou qualquer outro documento normativo), com o objetivo de selecionar os materiais mais adequados para a organização e os seus diversos usuários. Para escolher os materiais de acordo com essas considerações é necessário realizar, em bases sistemáticas, as seguintes atividades: especificação, simplificação, padronização, classificação, codificação e catalogação. A Figura 3.1 ilustra o conjunto dessas atividades e as relações entre elas.

FIGURA 3.1 • Seleção de materiais: atividades básicas

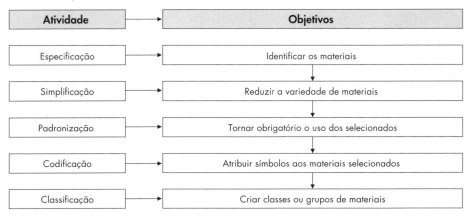

Fonte: elaborada pelos autores.

1 Frase atribuída a *Clemenceau*, que exerceu o cargo de primeiro-ministro da França durante a Primeira Guerra Mundial.

Capítulo 3 • Seleção e classificação de materiais   **39**

3.1 ESPECIFICAÇÃO

Por especificação, entende-se a atividade para identificar e individualizar os materiais. Nesse sentido, especificação significa identificação das características e propriedades de determinado material. Significa também a definição dos requisitos que um material, produto ou processo deve apresentar para cumprir uma finalidade. A palavra *especificação* pode ser entendida também como o resultado dessas atividades e, dessa forma, significa a descrição de um material, produto ou processo, de acordo com critérios fixados previamente para identificá-lo com clareza, precisão e concisão. Veja o seguinte exemplo de especificação: *álcool absoluto etílico P.A. 95%, frasco com 1.000 ml*. Os elementos constantes nessa especificação são suficientes para identificar o produto de modo inequívoco.

Uma descrição adequada permite eliminar confusões com materiais similares e facilita a comunicação entre pessoas. Para isso é necessário observar os seguintes critérios:

*   descrever o material do geral para o particular;
*   apresentar todos os dados necessários para identificá-lo de modo inequívoco;
*   evitar características desnecessárias ou redundantes;
*   usar terminologia padronizada.

Uma maneira de descrever os materiais de acordo com esses critérios é adotar uma estrutura básica constituída dos seguintes elementos: nome básico; nome modificador; características físicas; unidade metrológica e identificações suplementares. O uso de marcas registradas deve ser evitado sempre que possível.

Em relação aos medicamentos e a outros itens relacionados, as especificações devem conter, entre outros, os seguintes elementos: denominação genérica do produto, forma farmacêutica, concentração, prazo de validade, registro no Ministério da Saúde e tipo de embalagem. Vale mencionar que, dentro das regras do Sistema Único de Saúde (SUS), as prescrições devem usar obrigatoriamente a Denominação Comum Brasileira (DCB), ou, na sua falta, a Denominação Comum Internacional (DCI).

3.2 SIMPLIFICAÇÃO E PADRONIZAÇÃO

Com a simplificação busca-se reduzir a variedade desnecessária de materiais que atendem às mesmas finalidades, ou seja, materiais substitutos próximos entre si. Procura-se também eliminar os materiais selecionados anteriormente face ao surgimento de substitutos de melhor desempenho. Os fabricantes oferecem permanentemente uma grande variedade de produtos novos e similares, daí a necessidade de proceder a uma rigorosa avaliação das opções existentes para selecionar as mais convenientes para a organização e os usuários. Quanto maior a variedade de produtos com a mesma finalidade, maior será o estoque médio da organização e, portanto, o volume de recursos aplicados na aquisição e manutenção dos materiais. Variedade desnecessária é uma espécie de desperdício e, como tal, deve ser evitada.

A padronização é uma forma de normalização. De acordo com a International Organization for Standardization (ISO), normalização é a atividade que estabelece, em relação a problemas existentes ou potenciais, prescrições destinadas à utilização comum e repetitiva visando a obtenção do grau ótimo de ordem, em determinado contexto.[2] Norma é um documento resultante de um processo de normalização aprovado por uma autoridade reconhecida. Padronização de materiais é o processo pelo qual a organização, por meio de uma norma interna, torna obrigatório o uso, a compra ou a produção de certo material que passou pelas fases comentadas anteriormente. Significa que um material especificado foi adotado pela organização. O uso de materiais padronizados reduz os custos de obtenção e de manutenção dos materiais, facilitando as operações de compra, transporte, armazenagem e uso dos materiais no momento em que são necessários.

3.2.1 Seleção de medicamentos
Nos hospitais, a inclusão (adoção) ou exclusão (eliminação) de um medicamento deve ser realizada de acordo com um processo de seleção estruturado a partir de uma política de seleção de medicamentos e itens afins objetivando:

- a redução da variedade desnecessária; menor número de fórmulas e de formas farmacêuticas;
- a qualidade farmacológica em consonância com as normas da vigilância sanitária;
- a garantia das prescrições médicas.

O primeiro objetivo é de natureza econômica e reflete sobre o nível de estoques e, consequentemente, sobre o giro de estoques, bem como sobre os custos de efetuar as compras. Os outros dois são objetivos diretamente relacionados com a qualidade dos serviços prestados sob a ótica médica e farmacológica, embora também gerem

2 ABNT ISO/IEC Guia 2: 2006.

Capítulo 3 • Seleção e classificação de materiais   **41**

reflexos positivos sobre os custos dos serviços, à medida que reduzem os riscos, aumentam a qualidade dos serviços e facilitam o aprendizado ao proporcionar maior repetição no uso dos itens selecionados. Uma política de seleção deve induzir à uniformização do uso de medicamentos sem, no entanto, que se torne uma camisa de força que impeça o uso de novos medicamentos mais eficientes. Uma política de seleção de medicamentos poderia, portanto, ter entre outros os seguintes critérios de seleção:

- selecionar os medicamentos e materiais afins com maior valor terapêutico comprovado;
- selecionar entre as opções possíveis os de menor toxicidade;
- selecionar entre as opções possíveis os que se apresentam em formatos que facilitam o seu fracionamento para efeito de dispensação;
- selecionar entre as opções possíveis os mais fáceis de serem adquiridos no mercado interno;
- facilitar o atendimento às normas de vigilância sanitária.

Para realizar essa seleção convém ao hospital constituir uma Comissão de Padronização de Medicamentos encarregada de estabelecer critérios de seleção, proceder a seleção, divulgar informações sobre os medicamentos selecionados, prestar esclarecimentos aos usuários solicitantes e revisar as normas internas relacionadas com as rotinas referentes ao uso e à solicitação de inclusão de medicamentos. Pelos objetivos e critérios mencionados acima, tal comissão deve ser constituída por médicos representantes das diferentes áreas de atuação do hospital (cirurgia, traumatologia, pediatria, obstetrícia etc.), farmacêuticos e enfermeiros.

A solicitação de um medicamento não selecionado deve ser feita mediante procedimento especificado por essa comissão e constitui importante elemento da política de medicação. A solicitação do médico, acompanhada de justificativa, é encaminhada para a farmácia, que irá providenciar o fornecimento desse medicamento, e para a comissão que irá avaliá-lo segundo os objetivos e critérios de seleção de medicamentos para posterior adoção ou não do medicamento solicitado. Vale lembrar que o médico tem a prerrogativa da prescrição, de modo que seu pedido deve ser atendido até que a comissão se pronuncie pela adoção ou não do medicamento. O atendimento à solicitação não significa que esse medicamento irá substituir um medicamento padronizado, embora isso possa ocorrer. No processo de avaliação, a comissão pode levar em conta informações sobre a demanda do medicamento durante os últimos seis meses, as facilidades ou não de aquisição e outras de caráter administrativo.

3.3 CODIFICAÇÃO

Codificação é a atribuição de símbolos aos materiais especificados e adotados. Um tipo especial de código é o de barras (Figura 3.2), um código numérico convertido em combinações binárias formadas por barras claras e escuras, que são captadas por leitores (scanners), o que propicia rapidez e confiabilidade na identificação do item. Os medicamentos e outros itens identificados pelo código de barras são controlados eletronicamente pelos leitores ópticos sem a necessidade de digitação ou consultas a arquivos físicos.

O código de barras usado no Brasil, criado por meio do Decreto Federal n. 90.595 de 1984,[3] é administrado pela Associação Brasileira de Automação (GS1 Brasil), organização sem fins lucrativos, associada a uma rede mundial de organizações similares sob o manto da GS1 International, com sede em Bruxelas. Inicialmente, essa organização denominava-se EAN Brasil devido a sua adesão ao European Article Numbering System, o padrão de código de barras mais adotado no mundo. Os códigos de barras lineares mais utilizados para bens de consumo são o padrão EAN 13, hoje denominado GS1-13, (Figura 3.2-A), e o EAN 8 (GS1--8) para produtos com dimensão reduzida como caneta esferográfica, ampola, blister de comprimidos etc.

O GS1-128, antigo EAN 128 (Figura 3.2-B), possui mais barras (dígitos), o que permite incluir dados sobre o lote de fabricação do medicamento, a data de validade, a forma de aplicação, entre outros. Esse é o código recomendado pelo Ministério da Saúde para rastreamento de medicamentos. O código bidimensional

FIGURA 3.2 • Exemplos de códigos de barras

A   B   C

Fonte: GS1 BRASIL. Disponível em: <http//www.gs1br.org>. Acesso em: 5 set. 2016.

---

3 BRASIL. *Decreto n. 90.595 de 29 de novembro de 1984* – cria e define o Sistema Nacional de Codificação de Produtos para todo o Território Nacional. Brasília: D.O.U. de 30/11/1984.

Capítulo 3 • Seleção e classificação de materiais **43**

(Figura 3.2-C), conhecido por DataMatrix, permite a inclusão de mais dados, como os resultantes das transações realizadas entre os parceiros comerciais, o preço, os meios de transporte utilizados, os dados dos documentos emitidos (ordens de produção, notas fiscais, documentos aduaneiros etc.) e outros. Além disso, pode ser impresso em dimensão pequena, o que permite ser aplicado em medicamentos dispensados em hospitais.

A GS1 Brasil vem criando aplicações de código de barras para setores específicos mediante grupos de trabalho com a participação de organizações representantes dos setores. O setor da saúde conta com um grupo de trabalho desde a década de 1990, constituído por profissionais e representantes de hospitais e de fabricantes de medicamentos e outros produtos hospitalares.[4]

A identificação de bens materiais pode ser feita por meio de etiquetas com *microchips* e leitura por meio de ondas eletromagnéticas de radiofrequência conhecida pela sigla RFID (Radio Frequency Identification). A capacidade dos *microchips* de armazenar dados vem crescendo continuamente, o que torna esse sistema de identificação bastante atraente, apesar do custo mais elevado frente aos códigos de barras. Uma grande vantagem é a rapidez na leitura, pois permite que ela seja simultânea a partir de muitas unidades de materiais sem perda de precisão, pois não requer contato visual, enquanto os códigos de barras requerem leitura unidade a unidade. Por isso é o sistema mais promissor para a logística, pois as movimentações de materiais típicas envolvem multiplicidade de itens.

A automação hospitalar tem nos códigos seus principais instrumentos. A utilização desses códigos ao longo da cadeia logística (laboratórios, distribuidores, transportadores, farmácias e hospitais) permite alcançar altos níveis de serviço (atendimento, rapidez, pontualidade e flexibilidade) com redução significativa dos custos. Mais que isso, permite rastrear a movimentação dos materiais desde as fontes de matérias-primas até a distribuição no interior das unidades hospitalares, passando por todas as etapas de processo de produção e distribuição. Como se verá a seguir, a legislação brasileira estabelece que todos os segmentos da cadeia de suprimento de produtos farmacêuticos (fabricantes, importadores, transportadores, distribuidores etc.) respondem pela identificação, eficácia, qualidade e segurança desses produtos.

---

4 Para saber mais sobre GS1 setor de saúde: <https://www.gs1br.org/setores/Paginas/Saude.aspx>. Acesso em: 6 set. 2016.

3.3.1 Rastreamento da cadeia de suprimento

A identificação de materiais por meio de códigos relacionados à automação dos processos logísticos, como os códigos de barras lineares ou bidimensionais, já comentados, é um elemento central do processo de rastreamento de materiais em geral e, particularmente, dos medicamentos. Neste contexto, rastreamento significa o processo de identificação de um produto, ou dos materiais que o contêm, em cada fase do processo de produção, como: aquisição de matérias-primas, componentes e embalagens, fabricação, transporte, comercialização e uso. Embora a legislação brasileira que instituiu o Sistema Nacional de Controle de Medicamentos (SNCM) não mencione expressamente esses códigos, eles estão implícitos na sua redação ao determinar que esse controle seja realizado por meio de sistema de identificação exclusivo dos produtos, prestadores de serviços e usuários, com o emprego de tecnologias de captura, armazenamento e transmissão eletrônica de dados.[5] Os produtos e seus distribuidores receberão identificação específica baseada em sistema de captura de dados por via eletrônica para os seguintes componentes do SNCM:

1. fabricante (autorização de funcionamento, licença estadual e alvará sanitário municipal dos estabelecimentos fabricantes);
2. fornecedor (atacadistas, varejistas, exportadores e importadores de medicamentos);
3. comprador (inclusive estabelecimentos requisitantes de produtos não aviados em receitas com múltiplos produtos);
4. produto (produto aviado ou dispensado e sua quantidade);
5. unidades de transporte/logísticas;
6. consumidor/paciente;
7. prescrição (inclusive produtos não aviados em uma receita com múltiplos produtos);
8. médico, odontólogo e veterinário (inscrição no conselho de classe dos profissionais prescritores).[6]

A regulamentação da SNCM para a cadeia de produtos farmacêuticos abrangendo as etapas da produção, importação, distribuição, transporte, armazenagem e dispensação de medicamentos, conforme instituído pela Resolução ANVISA RDC N. 59 de

---

5 BRASIL. *Lei n. 11.903, de 14 de janeiro de 2009*. Dispõe sobre o rastreamento da produção e do consumo de medicamentos por meio de tecnologia de captura, armazenamento e transmissão eletrônica de dados. Brasília: D.O.U. de 15/1/2009, art. 3º.
6 BRASIL, art. 3º, § 1º.

Capítulo 3 • Seleção e classificação de materiais   **45**

2009, estabeleceu o código de barras bidimensional (DataMatrix) como a tecnologia de captura e transmissão eletrônica de dados necessários ao rastreamento de medicamentos em todo território do Brasil. Esse código de barras contém um Identificador Único de Medicamento (IUM), correspondente a cada unidade de medicamento a ser comercializada no território brasileiro.[7] O rastreamento é uma arma importante contra falsificações, roubos e contrabando de medicamentos, três problemas logísticos com sérias implicações sobre a prestação de serviços médicos em geral e hospitalares.

3.4 CLASSIFICAÇÃO

O objetivo básico do código de barras e do *microchip*, já mencionados, é identificar produtos e não os classificar. Para incorporar informações derivadas de uma classificação de materiais é necessário utilizar outra estrutura de codificação, como exemplificado no Quadro 3.1 e na Figura 3.3. Os códigos de barra bidimensional e os *microchips* podem incluir entre as informações do item a sua classificação. A elaboração de catálogos ou listagens de materiais, como a relação de materiais por fornecedores, de materiais de consumo regular e consumo ocasional, de materiais perigosos, controlados, por setor usuário (enfermaria, pronto-socorro, nutrição, dietética etc.) e outros, resultam dos inúmeros critérios de classificações aos quais os materiais estão sujeitos.

QUADRO 3.1 • Exemplo de classificação e codificação de materiais

Dígito	Grupo de materiais
1	Material de enfermagem
2	Fios cirúrgicos
3	Material fotográfico e radiográfico
4	Material de inclusão
5	Instrumento cirúrgico
7	Material odontológico
10	Álcool, derivados de petróleo e inflamáveis
11	Especialidades farmacêuticas (compradas)
12	Especialidades farmacêuticas (produzidas internamente)
14	Material químico de laboratório
20	Perfilados de ferro e madeira
21	Material elétrico
22	Conexões, materiais hidráulicos e térmicos

Continua ▶

7 BRASIL/ANVISA, 2009, art. 4º, § 1º.

Continuação ▶

23	Ferramentas
24	Peças e acessórios
25	Material não classificado em outros grupos (exemplo: cal, cimento, etc.)
30	Gêneros alimentícios
31	Utensílios de cozinha
40	Material de limpeza
41	Rouparia, selaria e tapeçaria
42	Material de escritório
43	Impressos e formulários
44	Material de vidro

Fonte: HOSPITAL DAS CLÍNICAS, São Paulo.

FIGURA 3.3 • Exemplo de estrutura de um código de materiais

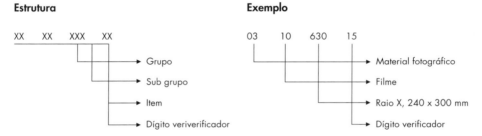

Fonte: HOSPITAL DAS CLÍNICAS, São Paulo.

QUADRO 3.2 • Exemplos de critérios de classificação de materiais

Critério de classificação	Objetivos	Principal área de interesse
Valor de utilização (Classificação ABC)	Atribuir instrumentos de gestão diferenciados por classe de valor.	• Gestão de estoques
Criticalidade (Classificação XYZ)	Atribuir níveis de serviço (atendimento, rapidez, pontualidade das entregas etc.) diferenciados em função do grau de criticalidade para as atividades.	• Gestão de estoques
Forma de disponibilização dos materiais	Identificar os itens que serão mantidos em estoque e os que serão disponibilizados de outros modos, por exemplo, só após configurar a sua necessidade.	• Gestão de estoques • Compras
Dificuldade para aquisição	Identificar os itens pelo grau de dificuldade em termos de aquisição, por exemplo, fornecedor único, produto importado, prazos longos ou irregulares de entrega etc.	• Seleção de materiais • Gestão de estoques • Compras
Periculosidade, toxicidade e perecibilidade	Orientar os processos de manuseio, transporte, armazenagem, distribuição e uso.	• Seleção de materiais • Armazenagem

Fonte: elaborado pelos autores.

Capítulo 3 • Seleção e classificação de materiais   **47**

Os materiais que a organização pretende comprar, produzir ou utilizar devem ser classificados sob diversos critérios para facilitar as atividades operacionais e administrativas, pois materiais diferentes devem ser tratados de modo diferente. Classificar é formar grupos de materiais segundo algum critério. Há diversos critérios para classificar materiais como mostra o Quadro 3.2. A seguir serão apresentadas duas das classificações mais importantes do ponto de vista da gestão de estoques: a Classificação ABC e a XYZ.

3.4.1 Classificação ABC

A maioria das empresas trabalha com uma grande diversidade de produtos. Por isso, torna-se difícil para a administração manter um padrão único de planejamento e controle dos seus estoques. Dar o mesmo grau de atenção a todos os itens de materiais não é uma prática recomendável, uma vez que cada um possui suas peculiaridades, como giro de estoque, preço, consumo, prazos de entrega e alternativas de fornecimento. Assim, um tipo de controle adequado para um produto pode ser insuficiente ou excessivo para outro. A Classificação ABC, também conhecida como Classificação de Pareto, é um procedimento para identificar os produtos em função dos valores que eles representam e, com isso, estabelecer formas de gestão apropriadas à importância de cada classe de item. Essa classificação pode ser feita com base em diferentes valores, por exemplo, o valor do consumo mensal dos materiais e o valor do estoque médio da previsão de consumo para os três próximos meses.

O valor de utilização de cada item de estoque (exemplo: *Consumo Anual do Item × Preço Unitário* ou *Estoque Médio do Item × Custo Unitário de Aquisição*) formam um conjunto de grandezas diferenciadas no qual, em geral, poucos itens representam muito valor e muitos itens representam pouco. Dessa forma, os materiais de consumo podem ser divididos em três classes, a saber:

- Classe A – pertencem a esta classe os poucos itens que representam parcela substancial do valor total em determinado período. Estes itens devem receber atenção especial dos administradores mediante planejamento e controle rigorosos.
- Classe B – são os itens em número e valor intermediário que devem receber um tratamento menos rigoroso que os da classe A.
- Classe C – nesta classe entram os numerosos itens de pouca importância em termos de valor. Devem receber um tratamento menos rigoroso que os itens da classe B.

48 Logística hospitalar

A classificação ABC estabelece uma relação entre a porcentagem acumulada do valor de utilização dos itens e a porcentagem acumulada do número de itens existentes. As classes são obtidas conforme a sequência de etapas descritas abaixo e exemplificadas nas Tabelas 3.1 e 3.2:

1. calcular o Valor de Utilização (VU) de cada item (Tabela 3.1);
2. reordenar os itens segundo o seu VU em ordem decrescente (Tabela 3.2, coluna 2);
3. calcular o valor de utilização acumulado item a item (Tabela 3.2, coluna 3);
4. calcular a porcentagem do valor de utilização acumulado de cada item em relação ao valor total dos itens (Tabela 3.2, coluna 4);
5. calcular, para cada item, a porcentagem do número de itens acumulados em relação ao número total de itens (Tabela 3.2, coluna 5);
6. proceder à divisão em classes (Tabela 3.2, coluna 6).

TABELA 3.1 • Cálculo do Valor de Utilização do Consumo Médio

Código do item	Valor de utilização do consumo médio do item	Código do item	Valor de utilização do consumo médio do item
001	580,00	013	1.800,00
002	276,00	014	168,00
003	9.936,00	015	220,00
004	25.480,00	016	11.015,00
005	150,00	017	12.320,00
006	392,00	018	4.180,00
007	51.850,00	019	90,00
008	2.300,00	020	1.680,00
009	240,00	021	160,00
010	1.612,00	022	3.780,00
011	43.288,00	023	7.755,00
012	5.888,00	024	40,00

Fonte: elaborada pelos autores.

A divisão de classes deve preliminarmente obedecer ao seguinte critério básico: (1) quanto ao número de itens: classe A menos itens do que a classe B, e a classe B menos do que a classe C; e (2) quanto ao valor acumulado dos itens: classe A maior valor do que a classe B e o valor desta, maior que o da classe C. Como regra geral, primeiro determinam-se as classes extremas (A e C) e, por exclusão, obtém-se a classe B. A classe A pode ser determinada em função dos recursos administrativos existentes que permitam dar atenção concentrada sobre os itens dessa classe. A

Capítulo 3 • Seleção e classificação de materiais   **49**

questão que se coloca é a seguinte: quantos itens de maior valor a organização poderá gerir de forma rigorosa? A Figura 3.4 ilustra a curva ABC resultante dos cálculos mostrados na Tabela 3.2.

TABELA 3.2 • Exemplo de Classificação ABC

Código do item (1)	Valor de utilização (VU) em $ por ordem decrescente (2)	VU em $ acumulado (3)	VU em % acumulado (4)	% do número de itens (5)	Classe (6)
007	51.850,00	51.850,00	28,00	4,20	A
011	43.288,00	95.138,00	51,40	8,40	A
004	25.480,00	120.618,00	65,10	12,60	A
018	12.320,00	132.938,00	71,80	16,80	A
017	11.015,00	143.953,00	77,80	21,00	B
003	9.936,00	153.889,00	83,10	25,20	B
023	7.755,00	161.644,00	87,30	29,40	B
012	5.888,00	167.532,00	90,50	33,60	B
019	4.180,00	171.712,00	92,70	37,80	B
013	3.780,00	175.492,00	94,80	42,00	B
008	2.300,00	177.792,00	96,00	46,20	C
014	1.800,00	179.592,00	97,00	50,40	C
021	1.680,00	181.272,00	97,90	54,60	C
010	1.612,00	182.884,00	98,75	58,80	C
001	580,00	183.464,00	99,06	63,00	C
006	392,00	183.856,00	99,30	67,20	C
002	276,00	184.132,00	99,45	71,40	C
009	240,00	184.372,00	99,57	75,60	C
016	220,00	184.592,00	99,70	79,80	C
015	168,00	184.760,00	99,78	84,00	C
022	160,00	184.920,00	99,87	88,20	C
005	150,00	185.070,00	99,93	92,40	C
020	90,00	185.160,00	99,97	96,60	C
024	40,00	185.200,00	100,00	100,00	C

Fonte: elaborada pelos autores.

O objetivo principal da Classificação ABC é fornecer informações para estabelecer políticas, objetivos e controles diferenciados, conforme a importância de cada item em relação ao valor de utilização dos itens. A família de itens de maior valor (classe A) deve receber atenção redobrada; para tanto, deve-se diminuir o

FIGURA 3.4 • Curva ABC referente ao exemplo das Tabelas 3.1 e 3.2

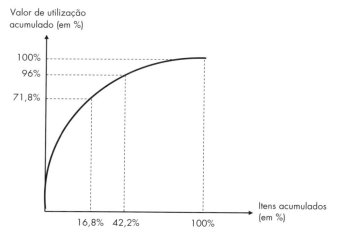

Fonte: elaborada pelos autores.

controle sobre os itens C para liberar tempo e recursos da administração. Isso pode ser alcançado mantendo os estoques dessa classe mais elevados para atender à demanda por um período maior, reduzindo a frequência das revisões. Como a classe C envolve pouco valor, o aumento do nível de estoque para que não haja falta por um período maior representa um acréscimo muito pequeno ao estoque médio total.

A Tabela 3.3 apresenta o resumo de um exemplo de Classificação ABC de uma organização que opera com quase 7 mil itens. De acordo com esse exemplo, as classes foram divididas da seguinte forma: classe A, com cerca de 7% dos itens, representando 70% de valor de utilização do consumo total, enquanto na classe C, com 70% dos itens representando tão somente 6% do valor total dos itens. Um acréscimo de 20% nos estoques da classe C representa um aumento de $ 989.329,00, ou seja, 1,2% em relação ao valor total dos estoques. Se a liberação de tempo e recursos proporcionados por este acréscimo permitir uma redução de 20% nos itens A, teremos uma diminuição líquida superior à $ 10.500.000,00, que equivale a, aproximadamente, 13% do valor total dos estoques antes dessa redução. A última coluna da Tabela 3.3 apresenta o giro dos estoques que se pretende obter de cada classe ao longo do ano. O giro total resulta da média aritmética ponderada pelo valor de utilização, que no exemplo é ligeiramente superior a 50 vezes por ano, um número mais próximo do giro da classe A.

TABELA 3.3 • Resumo de uma Classificação ABC

Classe	Valor do consumo anual dos itens (em $)	% do Valor acumulado (em $)	Número de itens da classe	% de itens da classe	Giro de estoque desejado anual
A	57.798.698,00	70,05	493	7,06	60
B	19.758.916,00	23,95	1.577	22,60	30
C	4.946.646,00	6,00	4.908	70,34	15
TOTAL	82.504.260,00	100,00	6.978	100,00	50,12

$$GE_{total} = \frac{70,05 \times 60 + 23,95 \times 30 + 6,00 \times 15}{100,00} = 50,12$$

Fonte: elaborada pelos autores.

O uso da classificação ABC sugere a seguinte orientação: concentrar os esforços nos itens que representam muito valor, sem descuidar dos demais. O Quadro 3.3 apresenta de forma resumida algumas de suas possíveis utilizações. O uso da informática pode permitir um controle rígido sobre a movimentação de todos os itens de estoques independentemente da classe a que pertençam. Mesmo assim, não invalida a classificação ABC, pois a gestão dos fluxos logísticos envolve outras atividades além de controle, como seleção e avaliação de fornecedores, avaliação de propostas, negociações e o acompanhamento das compras. Em muitos casos, pode ser viável e vantajoso rever os itens A semanalmente, ou até diariamente, para atender à demanda com o mínimo de investimento em estoque e estabelecer um controle mais rigoroso com respeito aos compromissos dos fornecedores.

QUADRO. 3.3 • Formas de utilização da classificação ABC

Classe	Objetivos de gestão	Exemplos
A	Parâmetros de planejamento e controle definidos com maior precisão	• Maior giro de estoque (menor cobertura) • Revisões mais frequentes • Ações junto aos fornecedores para reduzir preços, prazos de entrega e atrasos • Previsão da demanda mais rigorosa • Pouco estoque de segurança • Inventário completo
B	Intermediários	• Intermediários
C	Parâmetros mais folgados que atendam a demanda sem aumentar a carga de trabalho	• Maior cobertura • Revisões menos frequentes • Previsões baseadas em projeções da demanda passada • Maior estoque de segurança • Inventário por amostragem

Fonte: elaborado pelos autores.

A Classificação ABC não deve ser utilizada para eliminar produtos de pouco valor. Como mostrado no início deste capítulo, a eliminação de itens deve ser precedida de estudos que envolvam:

1. especificação de materiais de acordo com critérios preestabelecidos para identificar materiais alternativos;
2. eliminação das variedades de itens que atendam as mesmas finalidades para evitar uma diversificação desnecessária;
3. padronização ou a imposição do uso, produção ou compra do material selecionado, considerando critérios técnicos, econômicos e administrativos.

Os profissionais diretamente envolvidos no fluxo de materiais, entre eles, médicos, farmacêuticos, nutricionistas e compradores, devem participar do processo de seleção e eliminação de itens de material. O objetivo desse processo é selecionar o material certo para o usuário em condições favoráveis para a organização. A classificação de materiais, sob qualquer critério, só deve referir-se aos materiais já selecionados.

Pode ocorrer de um produto altamente perecível ficar inicialmente classificado na classe B ou C, o que implicaria em reposições menos frequentes, conforme indicado no Quadro 3.3. Nesse caso, convém passá-lo para a classe A. Produtos importados podem receber uma classificação à parte, pois estão sujeitos a um processo aquisitivo mais demorado. Caso seja conveniente, o número de classes pode ser aumentado (A, B, C, D etc). Deve-se rever a classificação periodicamente, uma vez que o consumo dos materiais se altera ao longo do tempo, bem como seus preços unitários.

3.4.2 Classificação XYZ

A Classificação XYZ tem como critério o grau de criticalidade ou imprescindibilidade do material para as atividades em que eles estarão sendo utilizados. Alguns materiais, quando faltam, provocam a paralisação de atividades essenciais e colocam em risco as pessoas, o ambiente e o patrimônio da organização. Estes são itens classe Z, os mais críticos. São materiais vitais para a organização e que não podem ser substituídos por outros similares em tempo hábil para evitar transtornos. Os itens classe Y apresentam um grau de criticalidade médio, pois, embora sejam vitais para as atividades da empresa, eles podem ser substituídos por equivalentes com relativa facilidade. Os itens X podem faltar sem acarretar prejuízos ao funcionamento da empresa, nem tanto pelo fato de não serem importantes para as atividades, mas

Capítulo 3 • Seleção e classificação de materiais   **53**

principalmente pela possibilidade de serem substituídos com bastante facilidade. Peças de reposição de equipamentos críticos, combustíveis para as caldeiras e oxigênio são exemplos de itens Z de um hospital. Gêneros alimentícios, materiais de limpeza e de escritório geralmente pertencem à classe X. O Quadro 3.4 apresenta um resumo dessa classificação.

QUADRO 3.4 • Resumo da classificação XYZ

Classe	Características
X	• Baixa criticalidade. • Faltas não acarretam paralisações, nem riscos à segurança pessoal, ambiental e patrimonial. • Elevada possibilidade de usar materiais equivalentes. • Grande facilidade de obtenção.
Y	• Criticalidade média. • Faltas podem acarretar paralisações e colocar em risco a segurança pessoal, ambiental e patrimonial. • Podem ser substituídos por outros com relativa facilidade.
Z	• Máxima criticalidade; imprescindíveis. • Faltas podem provocar paradas e colocar em risco as pessoas e o patrimônio da organização. • Não podem ser substituídos por outros equivalentes ou seus equivalentes são difíceis de obter.

Fonte: elaborado pelos autores.

A determinação do grau de criticalidade de um material pode ser efetuada por meio das respostas às seguintes perguntas feitas para cada item de material:

• O item é essencial para alguma atividade vital da organização?
• O item pode ser adquirido facilmente?
• O item possui equivalente(s) já especificado(s)?
• Algum item equivalente pode ser adquirido facilmente?

O Quadro 3.5 apresenta diversos exemplos de materiais segundo as respostas dadas às perguntas acima. A Classificação XYZ pode ser influenciada pela postura do pessoal que irá realizá-la. Pessoas mais prudentes ou que passaram por experiências desagradáveis com a falta de materiais tendem a classificar como Z o material que outras classificariam como Y; ou como Y o que outras classificariam como X. Nos exemplos do Quadro 3.5 não há dúvidas quanto aos itens LMN, KLF e FGH, mas os demais podem suscitar opiniões divergentes, o que requer alguma regra de desempate para que a classificação seja consistente ao longo do tempo. Como diz o ditado popular, prudência e canja de galinha não fazem mal a ninguém, mas prudência exagerada é uma das causas da elevação dos níveis de estoque e, consequentemente, do aumento dos custos. O melhor remédio para combater uma prudência doentia é um bom sistema de gestão de estoques acompanhado de boas relações com os fornecedores.

QUADRO 3.5 • Exemplo de classificação XYZ

Item	O item é vital para a atividade e para a organização?	O item pode ser adquirido facilmente?	O item possui equivalentes especificados?	Algum item equivalente é encontrado facilmente?	Classe
LMN	Não	Sim	Sim	Sim	X
KLF	Sim	Sim	Sim	Sim	X
RTC	Sim	Sim	Não	–	Y
FGH	Sim	Não	Não	–	Z
PLC	Não	Não	Sim	Não	Y

Fonte: elaborado pelos autores.

A Classificação XYZ permitirá aos gestores fixar níveis de atendimento adequados aos diferentes graus de criticalidade dos materiais utilizados pela organização. Itens Z não podem faltar. Os danos que as faltas acarretam têm como contrapartida financeira um elevado custo de falta. Em uma fábrica ela pode pôr em risco a vida das pessoas, prejudicar a programação da produção da semana inteira ou gerar sérios danos aos recursos de produção. Em um hospital, a falta de materiais classe Z coloca em risco a vida dos pacientes e a reputação do hospital e dos seus funcionários, além de gerar motivos para demandas judiciais por indenizações. Assim, os administradores devem conduzir a política de estoque de modo a obter para os itens Z um nível de atendimento de 100%. Os itens X, como não são críticos e possuem substitutos facilmente disponíveis, podem ser planejados para níveis de atendimento baixos, por exemplo, 95%. Os itens Y podem ser planejados para níveis intermediários, por exemplo, 98%.

3.4.3 Uso combinado das Classificações ABC e XYZ

A classificação ABC baseia-se em valores e permite estabelecer parâmetros que interessam aos objetivos relacionados com retorno sobre o investimento, giro dos ativos, dos estoques, frequência de compras anuais etc. A Classificação XYZ baseia-se na importância dos itens para os usuários, permitindo estabelecer níveis de atendimento considerando o seu grau de criticalidade. A Figura 3.5 apresenta um exemplo de como tratá-las em conjunto. Os itens da coluna da classe X não apresentam problemas por

Capítulo 3 • Seleção e classificação de materiais   **55**

serem todos de baixa criticalidade; os da linha da classe C também não, pois a política de compras reserva para eles uma boa cobertura de estoque, nesse exemplo, quatro semanas, equivalente a duas semanas de estoque médio, tempo suficiente para cobrir eventuais irregularidades da demanda e/ou atrasos dos fornecedores.

FIGURA 3.5 • Exemplo de políticas de atendimento e de compras das Classificações ABC e XYZ

Classes	X	Y	Z
A	AX	AY	AZ
B	BX	BY	BZ
C	CX	CY	CZ

Nível de atendimento desejado	X	Y	Z
	97%	98%	100%

Frequência de compras	Consumo (em semanas)	Estoque médio
52	1	½ semana
26	2	1 semana
13	4	2 semanas

Fonte: elaborada pelos autores.

A Figura 3.6 apresenta a política de compra e de atendimento considerando as duas classificações ao mesmo tempo. Veja que somente os itens AX serão adquiridos conforme a política traçada para os itens A, como mostra a Figura 3.5. Sem descuidar de nenhum item, os administradores deverão dar atenção especial aos itens que pertencem às células em destaque dessa figura, com a seguinte ordem de prioridade: AZ, BZ, AY e BY, conforme indicam as cores em gradiente. Se a política de compra da empresa estabelece que os itens da classe A devem ser adquiridos semanalmente e um item A específico for ao mesmo tempo A e Z, nesse caso é conveniente considerá-lo como se fosse item classe B ou C, para efeito de frequência de compra e para reduzir o risco de falta, pois nessas classes as compras são feitas para atender à demanda de períodos maiores (2 e 4 semanas de consumo, respectivamente). Porém, esse item deve continuar sendo tratado como item A em termos de rigor no acompanhamento da demanda e dos prazos dos fornecedores. Itens CZ não precisam de ajustes, pois serão adquiridos com a frequência estabelecida para os itens C, que é de quatro semanas de consumo.

A combinação dessas duas classificações é útil para orientar a decisão a respeito da eliminação de itens que apresentam valores de utilização muito baixos, os últimos itens C da lista de materiais. Os gestores de recursos sempre estarão tentados a eliminá-los, pois os ganhos que proporcionam não compensam os gastos para mantê-los. Como explicado anteriormente, a adoção ou eliminação de materiais se

56 Logística hospitalar

FIGURA 3.6 • Exemplo de políticas de atendimento e de compras das Classificações ABC e XYZ

Classes	X	Y	Z
A	AX		
B	BX	AY e BY	AZ e BZ
C	CX	CY	CZ

Frequência de compras	Consumo (em semanas)	Estoque médio
52	1	½ semana
26	2	1 semana
13	4	2 semanas

Nível de atendimento desejado	97%	98%	100%

Fonte: elaborada pelos autores.

faz por meio das atividades de especificação, simplificação e padronização. Porém, a classificação fornece elementos para os que decidem sobre a seleção de materiais. Eliminar um item X que se enquadra nessa situação não é problema e deve ser feito o quanto antes. Se for Y ou Z, deve ser mantido enquanto não encontrar outros que possam substituí-los, tarefa para a comissão de padronização.

» TERMOS E CONCEITOS

Classes de itens	Especificação
Classificação ABC	Padronização
Classificação XYZ	Seleção de medicamentos
Código de barras	Simplificação
Comissão de padronização	Rastreamento
Criticalidade	Valor de utilização

» QUESTÕES PARA REVISÃO

1. Apresente a sequência de atividades necessárias para incluir ou excluir produtos da lista de materiais que serão utilizados pela organização e comente cada uma.

2. A seleção de materiais é uma atividade tão importante que não pode ser deixada exclusivamente nas mãos dos usuários e nem dos gestores de recursos. Comente essa afirmação.

3. A Classificação ABC apresenta diversas limitações. Aponte algumas e indique possíveis soluções.

Capítulo 3 • Seleção e classificação de materiais   **57**

4. Que resposta você daria a alguém que considera desnecessária a Classificação ABC quando a organização possui uma elevada capacidade em termos de tecnologia de informação, capaz de permitir o tratamento das informações de todos os itens da mesma forma e com o mesmo rigor?

5. Que resposta você daria para alguém que sugere eliminar alguns itens classe C pelo fato de apresentarem um consumo mensal muito baixo?

CAPÍTULO 4

PREVISÃO DA DEMANDA

As previsões sobre a demanda de materiais são fundamentais para a consecução dos objetivos de desempenho logístico, que consistem em prover ao usuário o material certo na quantidade solicitada e nas melhores condições operacionais e financeiras para a organização. Previsão é uma palavra que deriva do latim *prævisius, prævisionis* que significa antever, ver com antecedência, antecipar a visão sobre alguma coisa. Previsão da demanda é um processo que procura antever o que irá ocorrer no futuro para antecipar as providências necessárias para atender seus objetivos. Faz parte, portanto, do planejamento da organização e, quanto melhor for a capacidade de antevisão das demandas futuras, melhor será o desempenho da gestão em alcançá-las.

Demanda é a quantidade de um bem ou serviço que as pessoas estariam dispostas a adquirir sob determinadas condições. Não se confunde com vendas ou consumo real, que são demandas efetivadas e que podem estar aquém da demanda real caso haja algum tipo de restrição na oferta ou provimento dos bens demandados. Vendas ou consumo são iguais à demanda se não ocorrerem faltas. Por exemplo, se foram solicitadas 200 unidades de um item em determinado período, mas só 180 foram entregues por falta desse item nos estoques, há uma demanda não atendida de 20 unidades. Para efeito de previsão, deve-se considerar 200 unidades e não 180. Caso sejam utilizadas 180 unidades, a previsão já começaria com uma base de dados subestimada, o que compromete a eficácia da previsão como elemento fundamental do processo de planejamento. Por isso, será usada aqui a expressão previsão da demanda e não previsão de venda.

Há quatro dimensões em qualquer processo de previsão da demanda. A dimensão do produto refere-se ao nível de desagregação desejado; pode-se prever a demanda de todos os itens de modo agregado ou desagregar a previsão em classes ou itens específicos. Outra dimensão refere-se à dispersão espacial da demanda, ou seja, ao espaço geográfico onde a demanda futura irá ocorrer. A dimensão temporal refere-se ao alcance da previsão em períodos futuros; é comum falar em previsões de longo, médio e curto prazo. A quarta dimensão refere-se ao usuário da previsão. Para a gestão de materiais interessa saber a previsão de todos os itens individualizados, ou seja, com a máxima desagregação. Já a alta administração e os dirigentes financeiros se interessam por valores agregados, o que só é possível transformando a previsão da demanda de todos os itens individualizados em valores monetários. Este livro irá apresentar o processo de previsão da demanda para itens desagregados e de curto prazo.

4.1 MODELOS E MÉTODOS DE PREVISÃO

O processo de previsão, para ser útil como instrumento de planejamento, deve ser realizado de modo consistente, daí a importância de fazê-lo segundo um modelo de previsão. Qualquer modelo de previsão sempre irá contemplar os seguintes componentes de modo inter-relacionados: informações, hipóteses sobre o futuro, método de previsão, interpretação, uso e avaliação, como mostra a Figura 4.1. Como o futuro ainda vai acontecer, é preciso estabelecer hipóteses sobre ele. Há diversos significados para a palavra *hipótese*, mas para efeito deste trabalho ela será entendida como um enunciado provisório sobre algo que irá ocorrer no futuro. Assim, quando o período para o qual a previsão foi feita chegar, é preciso avaliar a previsão para verificar se a hipótese usada se confirma ou não.

Em relação à demanda futura, há duas hipóteses básicas importantes. O enunciado de uma delas é o seguinte: a demanda futura é uma função da demanda passada, ou seja, as condições observadas no passado permanecerão no futuro. Esta é a hipótese de *projeção*, cuja origem é a palavra latina *projectio, projectionis*, que significa arremessado, lançado para fora, para diante. Por exemplo: se nos três últimos

FIGURA 4.1 • Modelo genérico de Previsão da Demanda

Fonte: elaborada pelos autores.

anos a demanda cresceu 10% ao ano em média, projeta-se um crescimento de 10% para o próximo ano.

Outra hipótese básica tem como enunciado que a demanda futura não será uma função da demanda passada por motivos que estão fora do alcance da organização que faz a previsão. Por exemplo, uma medida governamental que altere o poder aquisitivo da população irá alterar também o comportamento da demanda dos bens de uma organização observado no passado, sem que esta organização tenha qualquer controle sobre tal medida. Ela pode, no entanto, prever a demanda resultante dessa medida. Previsão da demanda com base nessa hipótese sugere o uso de julgamentos, opiniões e interpretações sobre possíveis cenários ou ocorrências futuras.

Além dessas duas, há a hipótese de que a demanda futura pode ser determinada por ações planejadas. Por exemplo, campanha publicitária, redução temporária do preço ou ampliação da força de vendas são exemplos de ações para alterar o comportamento da demanda observado no passado. Essa é a hipótese que preside o estabelecimento de objetivos e metas em um processo de planejamento.

O método a ser escolhido deve ser compatível com a hipótese utilizada e o tipo de informação disponível. O Quadro 4.1 resume alguns métodos de previsão da demanda. Além da adequação entre hipótese e tipo de informação, deve-se observar o horizonte de previsão e o usuário da previsão. Um modelo de previsão pode envolver um ou mais métodos de previsão envolvendo mais de uma hipótese sobre o futuro e tipos diferentes de informação. Por exemplo, pode-se usar um método baseado em séries históricas para todos os itens de materiais e júri de opiniões apenas para os itens especiais.

QUADRO 4.1 • Descrição sumária de alguns métodos usuais de previsão

Método	Descrição
Ingênuo	Previsão baseada na última demanda observada.
Júri de Opinião	Método qualitativo baseado na experiência dos gestores, mediante um processo grupal, com votações quando as opiniões divergem.
Delphi	Método baseado em opiniões de especialistas mantidos em anonimato entre si, com o objetivo de obter um consenso a respeito de algum assunto complexo. Os resultados das opiniões são consolidados e devolvidos aos especialistas que poderão revisar suas opiniões ou confirmá-las.
Analogia	Previsão com base em comparação com itens similares ou que guardam algum aspecto comum. Por exemplo, prever o comportamento da demanda de um novo produto com base no comportamento de um produto similar.

Continua ▶

Continuação ▶

Taxas de Crescimento	Calcula uma taxa (aritmética ou geométrica) que represente a evolução da demanda de uma dada série temporal e aplica essa taxa ao último dado da série.
Média Móvel Aritmética Simples	Considera como previsão da demanda a média aritmética de um número constante de períodos da série temporal.
Suavização Exponencial	Considera como previsão da demanda a média ponderada por meio de um sistema de pesos que decresce exponencialmente à medida que o período vai recuando no passado.
Análise de Regressão	Método que procura identificar a relação de causalidade entre duas ou mais variáveis, por exemplo, qualidade do ar e incidência de doenças das vias respiratórias.
Curva S	Método baseado no modelo do ciclo de vida do produto, no qual o produto passa por estágios diferentes ao longo do seu ciclo de vida análogo ao de um ser vivo (introdução no mercado, crescimento, maturidade e declínio).

Fonte: elaborado pelos autores.

O resultado da aplicação de um modelo são demandas previstas no horizonte de tempo desejado, que, por mais sofisticados que sejam os métodos, não dispensam interpretação por parte de quem irá utilizá-las para tomar decisões. As previsões devem ser acompanhadas para verificar se as hipóteses confirmam ou não, se o método usado está adequado e se as informações estão consistentes.

4.2 JÚRI DE OPINIÕES

As pessoas que trabalham em qualquer área e estão atentas ao que acontece ao seu redor possuem opiniões a respeito das possíveis ocorrências futuras em suas áreas de atuação. Não levá-las em conta é um desperdício. Lidar com opiniões não é uma tarefa fácil, pois requer o uso de métodos adequados e consistentes ao longo do tempo, a começar pela seleção das pessoas que vão ser ouvidas, para que se tenha variedade de opiniões dadas por pessoas com capacidade de manifestá-las com autonomia. A presença de pessoas autoritárias, de um lado, e submissas, de outro, no grupo de opinadores, distorce a proposta de júri, ao qual todos devem comparecer com opiniões próprias sobre fatos relacionados com o que se pretende prever. Esse método permite considerar rumores, sensações, expectativas, percepções difusas e outras informações de caráter subjetivo.

O júri pode ser realizado (1) por meio de reuniões com a presença dos opinadores previamente selecionados, e (2) por meio de consultas aos opinadores conduzidas pelo responsável pela previsão sem que eles se reúnam para isso. A vantagem do primeiro método é estimular a reflexão sobre as práticas concernentes ao que se está prevendo pelo debate de ideias, mas tem contra si o fato de exigir mais tempo das pessoas, um cuidadoso processo de seleção dos opinadores e um responsável

Capítulo 4 • Previsão da demanda **63**

pela condução das reuniões com experiência em extrair opiniões variadas e interessantes. A principal vantagem do segundo método é poder contornar os problemas de agendamento de reuniões em função dos tempos disponíveis dos funcionários que cada vez se tornam mais escassos. Com o uso da *intranet*, esse método tem se tornado ainda mais atrativo. Uma vantagem da reunião virtual é a de neutralizar a influência de pessoas com grande capacidade de influenciar as demais. Um júri bem conduzido gera comprometimentos com respeito aos prognósticos efetuados, sendo esse um efeito desejável do método.

4.3 MÉTODOS INGÊNUOS

Denomina-se método ingênuo aquele que se baseia em projeções simplificadas, como as seguintes:

- previsão de abril = demanda observada em março;
- previsão de agosto deste ano = demanda de agosto do ano passado;
- previsão do próximo ano = demanda deste ano mais um acréscimo de 20%.

Estes métodos são muito simples e não exigem nenhum esforço analítico, mas sua eficácia é reduzida, a menos que se trate de uma situação extremamente estável, o que é muito difícil de ser encontrada. O uso da média aritmética, como será mostrado na Seção 4.4.1, também pode ser considerado um método ingênuo de previsão, embora se apresente mais elaborado do que os exemplos citados.

4.4 MÉTODOS BASEADOS EM SÉRIES TEMPORAIS

Uma série temporal, histórica ou cronológica da demanda é um conjunto que combina dados da demanda associados a períodos de tempo uniformes, como demanda diária, semanal, mensal, trimestral e anual. Será utilizada neste capítulo a nomenclatura indicada na Figura 4.2. Os métodos baseados em séries temporais têm por hipótese que o comportamento da demanda observado no passado irá se repetir no futuro. Portanto, o que os métodos fazem é identificar esse comportamento e projetá-lo para os períodos futuros.

4.4.1 **Média Móvel Aritmética**

A previsão baseada na Média Móvel Aritmética (MMA) consiste em estimar a demanda futura pela média aritmética da demanda de um número fixo de períodos. A cada novo período, abandona-se a demanda mais antiga e acrescenta-se a nova.

FIGURA 4.2 • Nomenclatura da série temporal

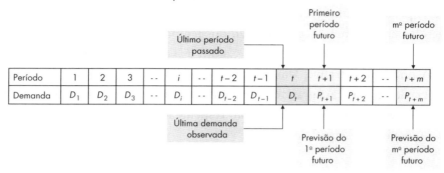

Fonte: elaborada pelos autores.

Assim, o número de períodos para calcular as médias torna-se constante. A previsão do período futuro é dada por:

$$P_{t+1} = \overline{D}_t = \frac{\sum_{i=1}^{n} D_i}{n} \qquad (4.1)$$

em que: P_{t+1} = previsão do próximo período;
$\overline{D}_t$ = demanda média no final do período t;
D_i = demanda real do período i;
n = número constante de períodos considerados.

Toda vez que se encerra um período, tem-se nova demanda real e, portanto, uma nova MMA, que é a previsão do próximo período, como ilustra a Tabela 4.1. Trata-se de um método fácil e esta é a sua grande vantagem. O ponto problemático desse método é a escolha do n. As seguintes sugestões podem ser úteis nesse aspecto. Se a série temporal for comportada, ou seja, apresenta-se bastante estável, deve-se usar um n grande, por exemplo, se a unidade de tempo da série histórica é o mês, usar um n igual a 12. Assim, caso a demanda de um mês apresente uma irregularidade muito grande, a média será puxada pelos valores anteriores que são estáveis e, portanto, não irá discrepar muito dos valores históricos. Como mostra a Equação 4.1, a demanda de cada período é ponderada por $1/n$, de modo que, quanto maior o n, menor o peso da última demanda observada e maior o da soma das demais demandas. Porém, se a série for instável, pode ser conveniente usar um n pequeno para incorporar as flutuações da demanda, pois dessa forma o último dado estará recebendo um peso expressivo.

Capítulo 4 • Previsão da demanda   **65**

TABELA 4.1 • Exemplo de método da Média Móvel Aritmética (MMA)

Mês	Demanda (em unidades)	Previsão (MMA de n = 4)
Março	70	
Abril	75	
Maio	65	
Junho	80	
Julho	78	(70 + 75 + 65 + 80)/4 = 72,5
Agosto	71	(75 + 65 + 80 + 78)/4 = 74,5
Setembro	55	(65 + 80 + 78 + 71)/4 = 73,5
Outubro		(80 + 78 + 71 + 55)/4 = 71,0

Fonte: elaborada pelos autores.

O peso uniforme para todos os dados da série temporal é a grande desvantagem desse método de previsão, pois é razoável supor que os dados mais recentes tragam mais informações sobre o futuro do que os mais antigos. Disso decorre outra desvantagem: esse método reage muito lentamente às mudanças no comportamento da demanda. Porém, é fácil de fazer e de entender, pois a média aritmética é um conceito muito conhecido. É um bom método para introduzir a previsão da demanda em uma organização.

4.4.2 **Média Móvel Ponderada**

A Média Móvel Ponderada (MMP) é dada pela seguinte equação:

$$P_{t+1} = D_t = \frac{\sum D_i P_i}{\sum P_i} = \frac{D_t P_t + D_{t-1} P_{t-1} + D_{t-2} P_{t-2} + \cdots}{P_t + P_{t-1} + P_{t-2} + \cdots} \qquad (4.2)$$

onde P_i é o peso dado à demanda do i-ésimo período; e P_t, P_{t-1}, P_{t-2} são os pesos dados às demandas do período t, $t-1$ e $t-2$, respectivamente.

Esse método pode suprir uma das limitações da MMA por meio da atribuição de pesos em ordem decrescente da idade dos dados da série temporal ($P_t > P_{t-1}$ > P_{t-2}...), como exemplificado na Tabela 4.2. Porém, esse método aumenta o número de cálculos e exige que se estabeleça um sistema de ponderação, que pode ser operacionalmente inconveniente se o número de períodos a ser considerado (n) for grande.

66 Logística hospitalar

TABELA 4.2 • Exemplo de método da Média Móvel Ponderada (MMP)

Mês	Demanda (em unidades)	Peso	Previsão (n = 4)
Março	70	10	
Abril	75	20	
Maio	65	30	
Junho	80	40	
Julho			73,5

$$P_{julho} = \overline{D}_{julho} = \frac{80 \times 40 + 65 \times 30 + 75 \times 20 + 70 \times 10}{40 + 30 + 20 + 10} = 73,5$$

Fonte: elaborada pelos autores.

4.4.3 Média Suavizada Exponencialmente

A previsão da demanda pelo método conhecido por Amortecimento ou Suavização Exponencial consiste em uma média ponderada da demanda dos períodos passados, segundo uma estrutura de ponderação cujos pesos decrescem exponencialmente com a idade dos dados. A previsão do período futuro é dada por:

$$P_{t+1} = \overline{D}_t = \alpha D_t + (1-\alpha)\overline{D}_{t-1} \tag{4.3}$$

ou

$$P_{t+1} = \overline{D}_{t-1} + \alpha\left(D_t - \overline{D}_{t-1}\right) \tag{4.4}$$

em que α é o coeficiente de ponderação, suavização ou alisamento exponencial e adquire valores maiores que 0 e menores que 1 ($0 < \alpha < 1$).

As Equações 4.3 e 4.4 são equivalentes. Note que pela Equação 4.4, a média de um período é a previsão anterior acrescida de um percentual do erro de previsão desse período. Mais adiante, o erro de previsão será tratado com mais detalhes. A Tabela 4.3 apresenta um exemplo de uso desse método. Nele, a previsão para o mês de abril é a demanda de março, pois só há esse dado. A partir desse mês, a previsão é feita pela Equação 4.3.

Esse método elimina as desvantagens das médias anteriores. Como a média de cada período inclui a média do período anterior, todos os dados da série temporal recebem um peso que decresce exponencialmente à medida que os dados envelhecem. Assim, o último dado da série temporal é ponderado por α, o penúltimo, por α(1 − α), o antepenúltimo, por α(1 − α)², e assim por diante. Sendo α um número maior que zero e menor que 1, o resultado é um sistema de ponderação exponencial decrescente, como mostra a Figura 4.3.

TABELA 4.3 • Exemplo de método da média suavizada exponencialmente (MSE)

Mês	Demanda (em unidades)	Previsão ($\alpha = 0,2$)
Março	70	
Abril	75	70
Maio	65	0,2 (75) + 0,8 (70) = 71
Junho	80	0,2 (65) + 0,8 (71) = 69,8
Julho	78	0,2 (80) + 0,8 (69,8) = 71,8
Agosto	71	0,2 (78) + 0,8 (71,8) = 73
Setembro	55	0,2 (71) + 0,8 (73) = 72,6
Outubro		0,2 (55) + 0,8 (72,6) = 69,1

Fonte: elaborada pelos autores.

FIGURA 4.3 • Sistema de Ponderação Exponencial

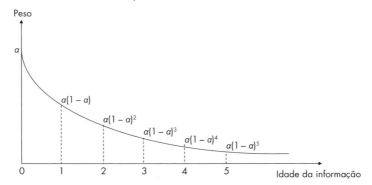

Fonte: elaborada pelos autores.

A Tabela 4.4 apresenta um resumo do sistema de ponderação para diferentes valores de α. Todas as demandas passadas, não importa a idade, terão determinado peso, ainda que insignificante. Por isso, a soma dos pesos é um número que nunca alcança 1,0, como mostra a última linha da tabela. Como se vê, o valor de α determina a velocidade de declínio dos pesos. Quanto maior o valor de α, mais rapidamente decrescem os pesos; quanto menor, mais lentamente.

Uma vantagem desse método é a flexibilidade para acompanhar as variações da demanda. Para isso, basta substituir o valor de α. Por exemplo, se a demanda está aumentando mais rapidamente, aumenta-se esse valor para dar maior peso aos

Logística hospitalar

TABELA 4.4 • Valores dos Pesos por Idade da demanda para Vários Valores de α

Período	Demanda	Idade da informação	Peso	$\alpha = 0,1$	$\alpha = 0,2$	$\alpha = 0,3$	$\alpha = 0,5$
t	D_t	0	α	0,100	0,200	0,300	0,500
$t - 1$	D_{t-1}	1	$\alpha(1-\alpha)$	0,090	0,160	0,210	0,250
$t - 2$	D_{t-2}	2	$\alpha(1-\alpha)^2$	0,081	0,128	0,147	0,130
$t - 3$	D_{t-3}	3	$\alpha(1-\alpha)^3$	0,073	0,102	0,103	0,060
$t - 4$	D_{t-4}	4	$\alpha(1-\alpha)^4$	0,066	0,082	0,072	0,030
$t - 5$	D_{t-5}	5	$\alpha(1-\alpha)^5$	0,059	0,066	0,050	0,020
$t - 6$	D_{t-6}	6	$\alpha(1-\alpha)^6$	0,053	0,052	0,035	0,010
$t - 7$	D_{t-7}	7	$\alpha(1-\alpha)^7$	0,048	0,042	0,025	0,004
$t - 8$	D_{t-8}	8	$\alpha(1-\alpha)^8$	0,043	0,034	0,017	0,002
$t - 9$	D_{t-9}	9	$\alpha(1-\alpha)^9$	0,039	0,027	0,012	0,001
$t - 10$	D_{t-10}	10	$\alpha(1-\alpha)^{10}$	0,035	0,021	0,008	0,000
Total de pesos dos demais períodos				0,313	0,086	0,021	—
Σ				0,9999.......			

Fonte: elaborada pelos autores.

últimos dados; se a demanda estiver estável, convém usar um α menor, em torno de 0,1. Ou seja, usa-se α menor para séries temporais estáveis; α maior, para as instáveis. Por ser um método mais flexível, é melhor para lidar com os humores da demanda.

O n da média móvel aritmética e o α da média suavizada exponencialmente apresentam uma relação inversa: para séries temporais estáveis, usa-se n maior e α menor, respectivamente; para séries instáveis, n menor e α maior. Eles se relacionam segundo as equações de Brown,[1] a saber:

$$\alpha = \frac{2}{n+1} \quad e \quad n = \frac{2-\alpha}{\alpha} \qquad (4.5) \text{ e } (4.6)$$

Essa relação permite a passagem de um método para outro sem interrupção. A média móvel aritmética é adequada para começar, porém depois de algum tempo, é conveniente evoluir para a suavização exponencial para acompanhar melhor a demanda. Por exemplo, considerando a série temporal da Tabela 4.1, e supondo que em setembro se deseja mudar do método da média móvel aritmética para a média suavizada exponencialmente, basta calcular o α correspondente a $n = 4$, usando a Equação 4.5, e continuar efetuando a previsão daí em diante usando as Equações 4.3 ou 4.4, como mostra a Tabela 4.5. No exemplo, $\alpha = 2/4 + 1 = 0,4$.

---

1 BROWN, R. G. *Statistical forecasting for inventory control.* New York: McGraw-Hill, 1959.

TABELA 4.5 • Exemplo de Mudança de Método

Mês	Demanda (em unidades)	Previsão: MMA com n = 4 para MSE com α = 0,4
Abril	75	
Maio	65	
Junho	80	
Julho	78	
Agosto	71	(75 + 65 + 80 + 78)/4 = 74,5
Setembro	55	0,4(71) + 0,6(74,5) = 73,1
Outubro		0,4(55) + 0,6(73,1) = 65,9

Fonte: elaborada pelos autores.

4.4.4 Método da Regressão Linear Simples

Neste método, a previsão é obtida por meio de uma equação matemática que descreve a relação entre demanda e períodos da série temporal, conforme mostra a Figura 4.4-A. Essa equação ($y = bx + a$) possui dois parâmetros: a interseção da reta no eixo vertical (a) e o coeficiente angular da reta (b), que é a tangente do ângulo Â.

A Figura 4.4-B apresenta um exemplo da aplicação desse método.

FIGURA 4.4 • Parâmetros da regressão linear

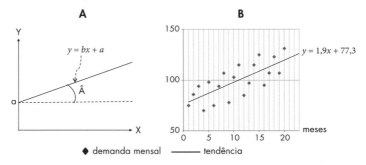

Fonte: elaborada pelos autores.

Para obter essa equação usa-se o método dos mínimos quadrados, pelo qual a soma dos quadrados dos desvios entre os valores da demanda e a reta é mínimo, isto é: $\Sigma(desvios)^2$ = mínimo. De acordo com esse método, os valores dos dois parâmetros (a e b), que definem a equação da reta, são dados pelo seguinte sistema de equações:

$$\begin{cases} \Sigma y = na + b(\Sigma x) & (4.7.1) \\ \Sigma xy = a(\Sigma x) + b(\Sigma x^2) & (4.7.2) \end{cases}$$

70 Logística hospitalar

em que n = o número de períodos da série temporal a ser considerado. Nesse caso, y indica os valores da demanda e x, os períodos da série. Para achar os valores de a e b pode-se montar uma planilha conforme mostrada na Tabela 4.6.

TABELA 4.6 • Exemplo de Regressão Linear

Mês	x	y	xy	x^2	
Jan.	1	35	35	1	$\sum y = na + b\left(\sum x\right) \Rightarrow 275 = 6a + 21b$
Fev.	2	45	90	4	$\sum xy = a\left(\sum x\right) + b\left(\sum x^2\right) \Rightarrow 1050 = 21a + 91b$
Mar.	3	32	96	9	$21b = 275 - 6a \Rightarrow b = (275 - 6a)/21$
Abr.	4	51	204	16	$1.050 = 21a + 91(275 - 6a)/21 \Rightarrow a = 28,3$
Maio	5	47	235	25	$b = (275 - 6x\ 28,3)21 = 5,01$
Jun.	6	65	390	36	
$\sum$	21	275	1.050	91	Logo, $y = 5x + 28,3$

Fonte: elaborada pelos autores.

Dada a equação da reta ($y = 5x + 28,3$), a previsão da demanda de julho é dada por: $y7 = 5x\ 7 + 28,3 = 63,3$ e a de agosto, por $y8 = 5x\ 8 + 28,3 = 68,3$, e assim por diante. Uma das vantagens da regressão linear é a possibilidade de prever a demanda para mais de um período futuro. Isso não é possível com os métodos baseados em médias. Outra vantagem é que ela permite acompanhar as variações de tendências com relativa eficiência.

4.4.5 **Método da Regressão Linear Móvel**

O método de regressão linear simples pode ser modificado para melhor trabalhar a previsão da demanda[2]. Na regressão linear móvel, DR indica os valores da demanda projetados na reta (y da equação $y = bx + a$); e t indica os diversos períodos considerados (x da equação anterior). O sistema de equações para estabelecer a equação da reta é o seguinte:

$$DR = \bar{D}_t + b\left(t - \bar{t}\right) \tag{4.8.1}$$

$$b = \frac{\sum D\left(t - \bar{t}\right)}{\sum \left(t - \bar{t}\right)^2} \tag{4.8.2}$$

Os cálculos da Tabela 4.7 foram feitos com os mesmos dados do exemplo anterior, de modo que a equação da reta é exatamente igual a obtida pelo método anterior.

---

2 VASCONCELLOS, M.A. *Previsão de demanda de curto prazo*. São Paulo: FGV/EAESP, PR-L-831, 1983. p. 870.

Capítulo 4 • Previsão da demanda   **71**

TABELA 4.7 • Previsão da Demanda usando a Regressão Linear Progressiva

Mês	t	D	$(t-\bar{t})$	$D(t-\bar{t})$	$(t-\bar{t})^2$
Jan.	1	35	−2,5	−87,5	6,25
Fev.	2	45	−1,5	−67,5	2,25
Mar.	3	32	−0,5	−16	0,25
Abr.	4	51	0,5	25,5	0,25
Maio	5	47	1,5	70,5	2,25
Jun.	6	65	2,5	162,5	6,25
Σ	21	275	0,0	87,5	17,5

$\bar{t} = 21/6 = 3{,}5$

$\bar{D} = 275/6 = 45{,}8$

$b = \dfrac{\sum D(t-\bar{t})}{\sum (t-\bar{t})^2} = \dfrac{87{,}5}{17{,}5} = 5{,}0$

$DR = \bar{D}_t + b(t-\bar{t}) = 45{,}8 + (5t - 3{,}5)$

$DR = 5t + 28{,}3$

Fonte: elaborada pelos autores.

Uma das vantagens desse modo de calcular a equação da reta é que se pode fazer uma correspondência com os métodos baseados em médias. Usando sempre o mesmo *n*, o $\bar{D}_t$ da Equação 4.8.1 corresponde à média móvel aritmética apresentada na Seção 4.4.1. Esse método exige, portanto, os mesmos cuidados da média móvel aritmética para efeito de determinar o *n*, conforme já mostrado. Note que se a demanda se apresenta estável, o coeficiente angular (*b*) apresentará valores próximos a zero e, portanto, a demanda projetada na reta ficará muito próxima da média ($\bar{D}_t$), conforme se depreende da Equação 4.8.1.

Uma questão importante refere-se ao grau de ajustamento da reta e, portanto, à sua capacidade de predizer com razoável confiabilidade. O coeficiente de determinação (r^2) mostra a relação entre as variações explicadas pela reta e a variação total, ou seja, a variação de *Y* explicada pela variação de *X*. Em termos algébricos, essas variações são dadas por:

$$\begin{cases} \text{variação total} = (Y - \bar{Y})^2 \\ \text{variação explicada pela equação da reta} = (Y_r - \bar{Y})^2 \end{cases}$$

Assim, obtêm-se a relação entre essas duas variações, o coeficiente de determinação:

$$r^2 = \frac{\sum (Y_r - \bar{Y})^2}{\sum (Y - \bar{Y})^2} \quad \text{ou} \quad \frac{\sum (DR - \bar{D})^2}{\sum (D - \bar{D})^2} \tag{4.9}$$

onde: Y = valor da variável a ser prevista, no caso, a demanda (*D*);

$\bar{Y}$ = valor médio da variável a ser prevista, no caso, a demanda média ($\bar{D}$);

Y_r = valor da variável projetada na reta, no caso, demanda projetada na reta (DR).

72 Logística hospitalar

A Tabela 4.8 mostra os cálculos efetuados para encontrar o r^2 considerando os mesmos dados do exemplo anterior.

TABELA 4.8 • Regressão linear: cálculo do r^2

Mês	t	D	DR	$D - \bar{D}$	$(D - \bar{D})^2$	$DR - \bar{D}$	$(DR - \bar{D})^2$	
Jan.	1	35	33,3	–10,8	116,64	–12,5	156,25	$DR = 5t + 28,3$
Fev.	2	45	38,3	–0,8	0,64	–7,5	56,25	$\bar{D} = 275/6 = 45,8$
Mar.	3	32	43,3	–13,8	190,44	2,5	6,25	$DR_1 = 5(1) + 28,3 = 33,3$
Abr.	4	51	48,3	5,2	27,04	2,5	6,25	$DR_2 = 5(2) + 28,3 = 38,3$
Maio	5	47	53,3	1,2	1,44	7,5	56,25	$r^2 = \dfrac{446,50}{704,84} = 0,63$
Jun.	6	65	58,3	19,2	368,64	12,5	165,25	
Σ		275			704,84		446,50	

Fonte: elaborada pelos autores.

O coeficiente de determinação pode assumir valores situados entre 0 e 1 e, quanto maior for esse número, maior será a porcentagem da variação explicada em relação à variação total. Um valor de $r^2 = 0,63$, como é o caso do exemplo, significa que 63% da variação da demanda está relacionada com a variação dos períodos da série temporal. Em outras palavras, 63% das variações de demanda podem ser explicadas pela equação da reta.

Para efeito de previsão da demanda de curto prazo, coeficientes de determinação maiores que 0,4 representam um bom ajustamento da reta aos valores considerados, o que dá segurança para quem estiver usando a regressão para prever a demanda. Coeficientes menores não deveriam ser usados, pois a previsão estaria se apoiando em uma reta muito pouco ajustada às demandas passadas. Em uma lista de 5 a 7 mil itens, como é típico dos hospitais, alguns apresentarão r^2 muito baixo e surge a questão do que fazer com eles. Usar outro método para esses itens torna o processo de previsão complicado, e aceitar a previsão assim mesmo significa que calculá-lo foi um ato inútil. Uma sugestão é a seguinte: para os itens com $r^2 < 0,4$, considere apenas a demanda média aritmética $(\bar{D}_t)$, o que equivale a zerar o coeficiente angular da Equação 4.8.1. Para isso, basta dar a seguinte instrução no procedimento de planilha: se $r^2 < 0,4$, então $b = 0$. A possibilidade de reduzir a equação da reta à média móvel aritmética é outro motivo que favorece o uso das Equações 4.8.1 e 4.8.2.

4.5 MÉTODOS BASEADOS NA DECOMPOSIÇÃO DA SÉRIE TEMPORAL

Os métodos baseados na decomposição da série temporal identificam os componentes da série, e cada um deles é considerado para efeito de previsão das demandas

Capítulo 4 • Previsão da demanda   **73**

futuras. Assim, a previsão futura é uma função dos componentes da série temporal projetados nos períodos futuros. Esses componentes são os seguintes: tendência, sazonalidade, variação cíclica e variação aleatória. Alguns autores acrescentam como componente o nível da demanda, que nada mais é a média obtida por um dos métodos apresentados na seção anterior.

4.5.1 **Tendência**

Tendência (T) é o padrão de crescimento, declínio ou estacionalidade da demanda. Esse componente refere-se ao sentido, à direção ou à trajetória da demanda no curto prazo. Para efeito de previsão, importa saber tanto o sentido quanto a taxa de crescimento ou declínio e, no caso de uma demanda estacionada, o valor médio.

A regressão linear mostra a tendência dos n períodos considerados mediante o coeficiente angular. As diferenças entre as médias móveis aritméticas de períodos sucessivos representam a Tendência (T) de cada período em questão, por exemplo, $T_{maio} = \overline{D}_{maio} - \overline{D}_{abril}$. Um resultado positivo indica crescimento da demanda nesse período; resultado negativo indica declínio; se for muito próximo de zero, estabilidade. Essa é uma forma precária de identificar a tendência, pois a média móvel aritmética reage muito lentamente às mudanças no comportamento da demanda, como mostrado anteriormente.

4.5.2 **Tendência Suavizada Exponencialmente**

Um modo de incluir a tendência com suavização exponencial é o método de Holt.[3] Esse método se baseia na seguinte hipótese: a tendência de um período é a diferença entre a média suavizada desse período e a do período anterior. Assim, a tendência do período t é dada pela diferença entre $\overline{D}_t$ e $\overline{D}_{t-1}$, que são as médias dos períodos t e $t-1$, respectivamente. Assim, por esse método, a previsão é dada por meio das seguintes equações:

$$\overline{D}_t = \alpha D_t + (1 - \alpha)(\overline{D}_{t-1} + T_t) \tag{4.10.1}$$

$$T_{t+1} = \beta(\overline{D}_t - \overline{D}_{t-1}) + (1 - \beta)T_t \tag{4.10.2}$$

$$P_{t+m} = \overline{D}_t + mT_{t+1} \tag{4.10.3}$$

onde: T_t = estimativa da tendência do período t calculada em $t-1$;

T_{t+1} = estimativa da tendência do período $t+1$ calculada em t;

---

3 WILSON, J. Holton; KEATING, Barry. *Previsiones em los negocios*. Madrid: Mosby-Doyma Libros – División Irwin, 1996, p. 112.

74 Logística hospitalar

P_{t+m} = projeção da demanda do período $t + m$;

m = número de períodos futuros;

α = constante de suavização dos dados da demanda $(0 < \alpha < 1)$;

β = constante de suavização da tendência $(0 < \beta < 1)$.

Note que a Equação 4.10.1 é a Equação 4.3 acrescida de uma variação de tendência $(\overline{T}_t)$ calculada no período anterior $(t - 1)$. A Equação 4.10.2 calcula a variação da tendência entre os dois últimos períodos por meio da diferença entre as duas últimas médias suavizadas. Pela Equação 4.10.3, pode-se obter a previsão da demanda para os períodos futuros. A inclusão da tendência melhora as respostas diante de variações significativas nos dados da demanda. A escolha de β segue a mesma orientação feita para o valor α. O exemplo da Tabela 4.9 ilustra o uso desse método.

TABELA 4.9 • Exemplo da aplicação do método de Holt ($\alpha = 0,2$ e $\beta = 0,3$)

Mês	Demanda D	Média Anterior $\overline{D}_{t-1}$	Média do Período (Equação 4.10.1)	Tendência $\overline{D}_t - \overline{D}_{t-1}$	Tendência ajustada (Equação 4.10.2)	Projeção (Equação 4.10.3)	
						Período $t + 1$	Período $t + 2$
Jan.	100	100,0	100,0	0	0	100,0	100,0
Fev.	120	100,0	104,0	4,0	1,2	105,2	106,4
Mar.	130	104,0	110,2	6,2	2,7	112,7	115,6
Abr.	136	110,2	117,5	7,3	4,1	121,6	125,7
Maio	141	117,5	125,5	8,0	5.3	130,8	136,1

Fonte: elaborada pelos autores.

Os resultados relativos à linha de fevereiro (segunda linha da Tabela 4.9), foram obtidos da seguinte maneira:

$$P_{t+1} = \overline{D}_t = \alpha D_t + (1 - \alpha)(\overline{D}_{t-1} + T_t) = \overline{D}_{fev} = 0,2 \times 120 + 0,8(100 + 0) = 104,0$$

$$T_{t+1} = \beta(\overline{D}_t - \overline{D}_{t-1}) + (1 - \beta)T_t = 0,3(104 - 100) + 0,7 \times 0 = 1,2$$

$$P_{t+m} = \overline{D}_t + mT_{t+1} \Rightarrow P_{março} = 104 + 1,2 = 105,2 \quad \text{e} \quad P_{abril} = 104 + 2 \times 1,2 = 106,4$$

4.5.3 Sazonalidade

A sazonalidade refere-se às oscilações periódicas e regulares ao longo da curva de tendência produzidas por fatos ou situações de caráter repetitivo. Esses fatos devem ser perfeitamente identificáveis – por exemplo, os meses mais secos aumentam as enfermidades das vias respiratórias; fins de semanas e feriados prolongados

FIGURA 4.5 • Exemplo esquemático de demanda com sazonalidade

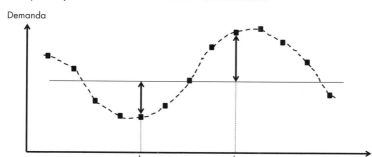

Fonte: elaborada pelos autores.

aumentam a procura por prontos-socorros. É conhecido o fato de que entre sete e nove meses após o carnaval aumenta o número de trabalhos de parto.

A Figura 4.5 ilustra uma série com sazonalidade. O período t_a apresenta uma demanda sazonal inferior à tendência dos períodos considerados; e no período t_b, uma demanda sazonal superior. O Fator de Sazonalidade de um período qualquer (FS_i) pode ser identificado por:

$$FS_i = \frac{D_i}{\overline{D}_i} \qquad (4.11)$$

em que: D_i = demanda do período i;
$\overline{D}_i$ = demanda média calculada no período i.

Identificado o fator de sazonalidade médio do período cuja demanda se quer prever ($\overline{FS}$), calcula-se a previsão segundo a equação seguinte:

$$P_{t+m} = \overline{D}_t \times \overline{FS}_m \qquad (4.12)$$

No qual $\overline{FS}_m$ é o fator de sazonalidade médio do período $t + m$.

A Tabela 4.10, a seguir, exemplifica o cálculo da previsão com sazonalidade usando a média móvel aritmética. Note na coluna das médias que os valores são mais uniformes do que os da demanda, uma vez que a média retira o componente sazonal, por isso se diz que essa média é desazonalizada. As previsões para os quatro trimestres seguintes são dadas por:

76 Logística hospitalar

$$P_{I.\,Tri\,/2014} = \overline{D}_t \times \overline{FS}_{I.\,Tri} = 85,5 \times 1,17 = 100$$

$$P_{II.\,Tri\,/2014} = \overline{D}_t \times \overline{FS}_{II.\,Tri} = 85,5 \times 0,76 = 65$$

$$P_{III.\,Tri\,/2014} = \overline{D}_t \times \overline{FS}_{III.\,Tri} = 85,5 \times 0,54 = 46$$

$$P_{IV.\,Tri\,/2014} = \overline{D}_t \times \overline{FS}_{IV.\,Tri} = 85,5 \times 1,53 = 131$$

TABELA 4.10 • Previsão com Média Móvel Aritmética e Fator de Sazonalidade

Ano	Trimestre	Demanda	Média (n = 4)	FS	$\overline{FS}$	Previsão $P_{t+m} = \overline{D}_t \times \overline{FS}_m$
2014	I	78		1,10		
	II	51		0,70		
	III	35	74,0	0,47		
	IV	132	78,0	1,70		
2015	I	94	83,3	1,13		
	II	72	85,5	0,84		
	III	44	81,3	0,54		
	IV	115	84,0	1,37		
2016	I	105	82,0	1,30		
	II	64	84,0	0,76		
	III	52	85,5	0,61		
	IV	121				
2017	I				1,17	85,5 × 1,17 = 100,0
	II				0,76	85,5 × 0,76 = 65,0
	III				0,54	85,5 × 0,54 = 46,2
	IV				1,53	85,5 × 1,53 = 130,8

$$\overline{FS}_{I.\,Trim} = \frac{1,10 + 1,13 + 1,30}{3} = 1,17$$

Fonte: elaborada pelos autores.

O fator de sazonalidade é uma proporção e permite melhor visualização do fenômeno sazonal. Usando o exemplo da Tabela 4.10, a demanda prevista para o primeiro trimestre de 2017 levará em conta um componente sazonal que representa 17% acima da média; a demanda prevista do segundo trimestre representa 76% da média. Como média e porcentagem são conceitos bastante difundidos, esse método de identificar o fator de sazonalidade é mais fácil de ser interpretado.

Para que os componentes sazonais reflitam as oscilações periódicas e regulares, o número de períodos deve ser um múltiplo da amplitude sazonal, que no caso desse exemplo é 4, pois cada trimestre apresenta oscilação sazonal própria. Para calcular o fator de sazonalidade médio de cada trimestre, foi usada a média móvel aritmética de $n = 3$. As considerações para a escolha do valor de n para calcular o fator de sazonalidade médio são as mesmas feitas anteriormente. Note na Tabela 4.10 que a soma

Capítulo 4 • Previsão da demanda **77**

dos fatores de sazonalidade do ano deve ser 4, isto é: $1,17 + 0,76 + 0,54 + 1,53 = 4$, pois há quatro períodos sazonais; se fossem 12, a soma deveria ser 12. Logo, a média dos fatores de sazonalidade do ano é igual a 1.

A Tabela 4.11 apresenta o uso da regressão linear para prever a demanda considerando a sazonalidade. Nesse caso, o fator de sazonalidade de cada período é dado em relação ao valor da demanda projetado na reta da tendência (DR), ou seja, $FS = D_i / DR_i$, que é a Equação 4.11 modificada pela substituição de $\bar{D}_i$ por DR_i. A equação da reta é dada pelas Equações 4.8.1 e 4.8.2 e a previsão dos quatro períodos futuros é feita de modo semelhante ao que foi mostrado acima. A previsão do primeiro período de 2017 é dada por:

$$P_{I.\ Tri/2014} = DR_{13} \times \overline{FS} = [18 + 2,3(13)]0,5 = 47,9 \times 0,5 = 24$$

TABELA 4.11 • Previsão pela Regressão Linear com Sazonalidade

Ano	Tri	t	D	$t - t$	$(t - t)^2$	$D(t - t)^2$	DR	FS
2014	I	1	12	–5,5	30,25	–66,0	20,3	0,6
	II	2	21	–4,5	20,25	–94,5	22,6	0,9
	III	3	47	–3,5	12,25	–164,5	24,9	1,9
	IV	4	26	–2,5	6,25	–65,0	27,2	0,9
2015	I	5	15	–1,5	2,25	–22,5	29,5	0,5
	II	6	27	–0,5	0,25	–13,3	31,8	0,8
	III	7	58	0,5	0,25	29,0	34,1	1,7
	IV	8	33	1,5	2,25	49,5	36,4	0,9
2016	I	9	17	2,5	6,25	42,5	38,7	0,4
	II	10	35	3,5	12,25	122,5	41,0	0,8
	III	11	63	4,5	20,25	283,5	43,3	1,4
	IV	12	42	5,5	30,25	231,0	45,6	0,9
Total		78	396		143	332,2		
Média		6,5	33					

$$b = \frac{\sum D(t - \bar{t})}{\sum(t - \bar{t})^2} = \frac{332,2}{143} = 2,3$$

$DR = D_t + b\,(t - \bar{t}) =$
$DR = 33 + 2,3\,(t - 6,5) =$
$DR = 18 + 2,3\,t$
$DR_1 = 18 + 2,3\,(1) = 20,3$
$DR_2 = 18 + 2,3\,(2) = 22,6$

Fatores de sazonalidade

	Trimestre		
I	II	III	IV
0,6	0,9	1,9	0,9
0,5	0,8	1,7	0,9
0,4	0,8	1,4	0,9

	I	II	III	IV
Σ	1,5	2,5	5,0	2,7
FS	0,5	0,8	1,7	0,9

Fonte: elaborada pelos autores.

Para o planejamento financeiro da organização pode ser importante calcular a previsão dos demais períodos, embora em geral apenas o primeiro período à frente será usado para orientar a reposição de materiais. Os demais são períodos tentativos, servem para estimar a evolução das necessidades de caixa relacionadas com as aquisições de materiais, pois quando terminar o primeiro período tem-se um novo dado de demanda real na série temporal desse item. Com isso, abandona-se o dado mais antigo, acrescenta-se o mais novo, calcula-se a nova equação da reta e refaz-se a previsão.

4.5.4 Variações aleatórias e cíclicas

Tendência e sazonalidade são os componentes mais importantes de uma série temporal para efeito de previsão da demanda de curto prazo. Variações aleatórias são oscilações irregulares da demanda produzidas por múltiplas causas. É um componente residual, o que não é explicado pelos demais. Esse componente aparece na forma de variações em torno de um valor médio. Variações cíclicas são as oscilações regulares ou não que refletem situações econômicas (crescimento, recessão etc.), mudanças no ciclo de vida do produto ou mudanças na gestão. Considerando prazos de 6 a 12 meses, que são suficientes para previsão de bens de consumo da maioria das organizações, inclusive as hospitalares, não há necessidade de calcular esse componente.

É comum uma confusão entre variações cíclicas e sazonalidade, pois esta também é cíclica uma vez que se repete com regularidade. Já a variação cíclica, apesar do nome, pode não apresentar regularidade. Essa denominação deve-se à sua vinculação aos ciclos econômicos que alternam fases de crescimento e recessão. Deve-se também aos ciclos de vida do produto que, à semelhança dos seres vivos, surgem, crescem e desaparecem quando são substituídos por outros. Nas previsões de curto prazo, os efeitos cíclicos aparecem como variações de tendência, como mostra a Figura 4.6. Considerando períodos iguais ou menores do que um ano, o que se observa é a demanda crescendo, mantendo-se em determinado patamar ou declinando, como mostram os círculos A, B e C, respectivamente.

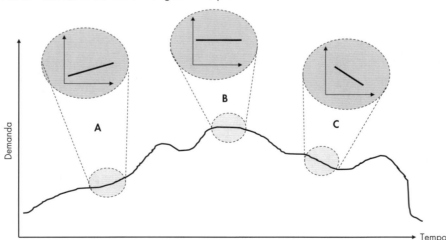

FIGURA 4.6 • Variações cíclicas em longo e curto prazo

Fonte: elaborada pelos autores.

4.6 ESCOLHA DO MÉTODO

Cada método possui suas vantagens e desvantagens, sendo que aqui apenas foram tratados os que são apropriados para prever a demanda ou o consumo de curto prazo, métodos com capacidade para prever a necessidade de compra de milhares de itens com grande frequência. O Quadro 4.2 resume as vantagens e desvantagens dos métodos apresentados.

Para alguns itens pode-se usar mais de um método; por exemplo, um método quantitativo baseado em médias e outro qualitativo baseado nas opiniões de usuários e gestores. Nesse caso, esses itens apresentarão dois resultados, o que leva a necessidade de uma regra de conciliação, que pode ser a média aritmética dos resultados obtidos pelos dois métodos adotados. Se for interessante prestigiar os opinadores, atribui-se maior peso às suas opiniões, de modo que o resultado final será dado por uma média ponderada. A Figura 4.7 ilustra esse procedimento. Como mostrado no início deste capítulo, a demanda futura pode ser influenciada por ações planejadas, de modo que o planejamento das reposições de materiais leve em conta metas que alterem a previsão final.

QUADRO 4.2 • Resumo dos métodos quantitativos apresentados

Método	Vantagens	Desvantagens
Média Móvel Aritmética	• Fácil de calcular e de entender. • Bom para começar, para introduzir a previsão da demanda em uma organização.	• Reação lenta às mudanças no comportamento da demanda. • Peso igual para cada demanda passada contraria a lógica da previsão, pois períodos recentes devem trazer mais informações sobre o futuro do que os mais antigos. • Pouca flexibilidade de ajuste. • Exige a manutenção de muitos dados. • Só fornece a previsão de um único período futuro.
Suavização Exponencial Simples	• Peso diferenciado para cada observação de acordo com a sua idade. • Maior flexibilidade para ajustar a previsão ao comportamento da demanda. • Requer a manutenção de poucos dados.	• Reação lenta às mudanças no comportamento da demanda, porém menos que a média móvel aritmética. • Só fornece a previsão de um único período.
Regressão Linear	• Fornece previsão para mais de um período. • Incorpora o fator de tendência. • Pode ser redutível à média móvel aritmética.	• Reação lenta às mudanças no comportamento da demanda. • Exige a manutenção de muitos dados.
Método de Holt	• Todas as vantagens da suavização exponencial. • Inclusão do fator de tendência. • Fornece previsão para mais de um período.	• Com dois coeficientes de suavização torna-se mais complexa a gestão da previsão.

Fonte: elaborado pelos autores.

80 Logística hospitalar

FIGURA 4.7 • Exemplo de métodos de previsão combinados

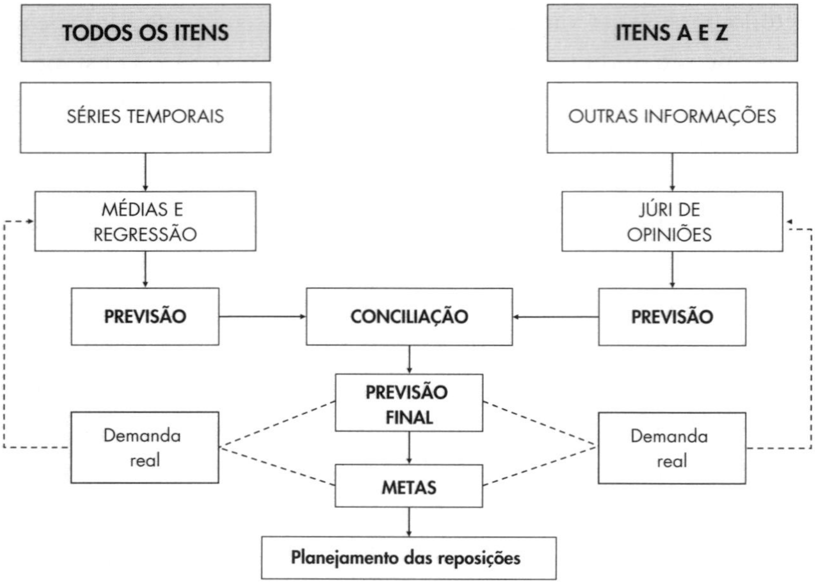

TODOS OS ITENS | ITENS A E Z

SÉRIES TEMPORAIS | OUTRAS INFORMAÇÕES

MÉDIAS E REGRESSÃO | JÚRI DE OPINIÕES

PREVISÃO → CONCILIAÇÃO ← PREVISÃO

PREVISÃO FINAL

Demanda real | METAS | Demanda real

Planejamento das reposições

Fonte: elaborada pelos autores.

A prática de emitir julgamentos ou opiniões sobre itens importantes melhora o conhecimento sobre o comportamento da demanda por parte dos gestores e usuários, mas exige um tempo considerável. Por isso, esse método deve ser aplicado apenas para os itens muito especiais, como os itens de classe A e Z. Porém, independentemente do método escolhido ele deverá ser avaliado permanentemente para verificar a sua adequação ao comportamento da demanda, que em geral está sujeito a mudanças com o passar do tempo. Conforme mostrado no início deste capítulo, um modelo de previsão não se resume a um método de previsão. Fazem parte do modelo as providências necessárias para acompanhar e avaliar a previsão à medida que os dados de demanda real vão acontecendo, conforme indicam as linhas interrompidas da Figura 4.7.

4.7 AVALIAÇÃO DA PREVISÃO

Toda previsão precisa ser avaliada para verificar se está acompanhando a demanda futura e se as hipóteses formuladas estão se confirmando. O elemento que permite avaliar a previsão é o Erro Corrente (E) de previsão, a diferença entre a demanda real de um período e a previsão feita para esse período. Esse erro pode ser expresso como segue:

$$E_i = D_i - P_i$$

(4.13)

onde: E_i = erro corrente do período i;
  D_i = demanda real do período i;
  P_i = previsão do período i.

Duas questões importantes devem ser observadas quanto ao erro de previsão: a magnitude ou tamanho do erro e o viés ou erro sistemático. A Figura 4.8 exemplifica o efeito do erro sistemático. Na situação da Figura 4.8-A, a demanda é sempre maior do que a previsão, gerando, portanto, uma acumulação de erros com sinal positivo. Isso compromete o nível de atendimento e leva a organização a realizar compras urgentes, o que aumenta o custo de obter os materiais. Na situação 4.8-B, a previsão permanece sempre acima da demanda real, acumulando erros com sinal negativo. Uma consequência desse viés é o aumento do estoque médio e, portanto, do custo de manter estoques. Em qualquer uma dessas situações, o erro enviesado faz com que, ao longo do tempo, erros, mesmo quando pequenos, gerem distorções graves. O ideal é a situação 4.8-C, na qual erros com sinais contrários se compensam, de modo que a gordura acumulada em um período será consumida no próximo, minimizando ao mesmo tempo as faltas e os excessos.

FIGURA 4.8 • Efeito dos erros sistemáticos de previsão

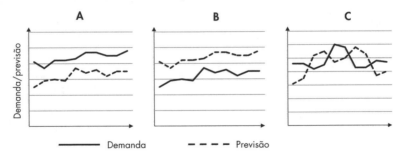

Fonte: elaborada pelos autores.

Para medir os erros de previsão usam-se médias, desvios médios ou percentuais que podem ser utilizados para cada item em particular ou para a totalidade dos itens. Um dos mais utilizados é o Desvio Absoluto Médio (DAM) que é dado pela seguinte equação:

$$DAM = \frac{|erro\ corrente|}{n} = \frac{\sum |D_i - P_i|}{n} \qquad (4.14)$$

82 Logística hospitalar

O DAM mostra a magnitude do erro, mas não a existência de viés. Uma vantagem dessa medida é que ela pode ser transformada em desvio padrão do erro (σ) e este pode ser convertido em DAM mediante as seguintes relações:

$$\sigma = 1,25\, DAM \qquad\qquad (4.15.1)$$
$$DAM = 0,8\,\sigma \qquad\qquad (4.15.2)$$

O Quadro 4.3 apresenta um resumo das principais medidas de erros que podem ser usadas para avaliar métodos de previsão, comparar métodos alternativos, avaliar os coeficientes de suavização, entre outros parâmetros. Todas permitem conhecer os erros de previsão de um período em relação a todos os itens, ou os erros de um item ao longo de vários períodos consecutivos. Os quatro primeiros são os mais utilizados.

QUADRO 4.3 • Principais medidas de Erros

Denominação	Equação	Comentários
Desvio Corrente Médio	$DCM = \dfrac{\sum D_i - P_i}{n}$	Mostra se a previsão apresenta viés. DCM com o mesmo sinal em sucessivos períodos indica viés (situação A e B da Figura 4.8). Uma boa previsão apresenta alternâncias no sinal do DCM e, com isso, ele se mantém baixo ao longo do tempo (situação C).
Desvio Absoluto Médio	$DAM = \dfrac{\sum |D_i - P_i|}{n}$	Mostra a magnitude dos erros. Pode ser convertido em desvio padrão pela relação $\sigma = 1,25\, DAM$. O desvio padrão pode ser obtido pela relação $1\, DAM = 0,8\sigma$. Com isso, pode-se usar o desvio-padrão que possui propriedades mais interessantes do que o *DAM*.
Erro Percentual Médio	$EPM = \dfrac{\sum (D_i - P_i)/D_i}{n}$	Essa medida permite verificar a existência de viés. O EPM pode ser positivo ou negativo. EPM positivo elevado mostra que as previsões estão abaixo da demanda real em termos globais, como na situação A da Figura 4.8. Quando negativo, mostra que a demanda está abaixo da previsão em termos gerais (Figura 4.8-B). EPM próximo de zero indica ausência de viés, como na Figura 4.8-C.
Erro Percentual Médio Absoluto	$EPMA = \dfrac{\sum |D_i - P_i|/D_i}{n}$	Mostra a magnitude dos erros em termos percentuais. Pode ser útil para comparar métodos e seus parâmetros.
Erro Quadrático Médio	$EQM = \dfrac{\sum (D_i - P_i)^2}{n}$	Mostra a magnitude dos erros. Grandes erros para mais ou para menos são potencializados. Também é útil para comparar métodos e parâmetros de métodos. Tem como desvantagem o fato de o resultado apresentar-se como erro ao quadrado, por exemplo, 4.783 litros².
Raiz quadrada do Erro Quadrático Médio	$RQEQM = \sqrt{\dfrac{\sum (D_i - P_i)^2}{n}}$	Mostra a magnitude do erro com a mesma unidade da demanda. É útil para comparar métodos e seus parâmetros.

Fonte: elaborado pelos autores.

A Tabela 4.12 apresenta um exemplo de cálculo de todas as medidas do Quadro 4.3. Mostra também um fato importante sobre o uso das previsões e dos erros. Em valores agregados, os erros correntes (soma da coluna 4) são menores que os absolutos (soma da coluna 5), pelas compensações entre erros com sinais contrários. Isso tem consequências diferentes para diferentes usuários das previsões. Os gestores de recursos financeiros que necessitam alocar recursos para as aquisições têm mais interesse nos erros correntes agregados, enquanto os que precisam efetuar as compras importam-se mais com os erros absolutos individualizados, pois eles têm de lidar com cada item em particular.

TABELA 4.12 • Exemplo das principais medidas de Erros

Item (1)	Demanda (unidades) (2)	Previsão (3)	$D_i - P_i$ (4)	$\|D_i - P_i\|$ (5)	$\dfrac{D_i - P_i}{D_i}$ (6)	$\dfrac{\|D_i - P_i\|}{D_i}$ (7)	$(D_i - P_i)^2$ (8)
AYH	10	20	−10	10	−1,000	1,000	100
LMT	25	18	7	7	0,280	0,280	49
NGF	122	110	12	12	0,098	0,098	144
KPY	42	55	−13	13	−0,310	0,310	169
ITP	900	830	70	70	0,078	0,078	4.900
FEC	753	625	128	128	0,170	0,170	16.384
CAP	364	442	−78	78	−0,214	0,214	6.084
UFA	320	380	−60	60	−0,188	0,188	3.600
Σ	2.536	2.480	56	378	−1,086	2,338	31.430
DCM			7				
DAM				47,25			
EPM					−0,14		
EPMA						0,29	
EQM							3.928,75
RQEQM							62,68

Fonte: elaborada pelos autores.

4.7.1 Sinal de Rastreamento

O Sinal de Rastreamento (SR) permite acompanhar a previsão de um item específico, período a período, verificando ao mesmo tempo a magnitude do erro e a existência ou não de viés. O SR se obtém pela seguinte equação:

$$SR_i = \frac{\sum_i^n erros\ correntes}{DAM_i} = \frac{\sum_i^n (D_i - P_i)}{DAM_i} \qquad (4.16)$$

No qual SR_i é o sinal de rastreamento do i-ésimo período.

O numerador da Equação 4.16 aponta a existência de viés, e o denominador, a magnitude. O SR é um número adimensional que pode ser positivo ou negativo. O valor aceitável do SR deve estar associado ao nível de atendimento desejado. Considerando a relação entre o DAM e o desvio-padrão (Equação 4.15.1), e que a demanda se comporte como uma distribuição normal, pode-se construir os intervalos de valores do SR associados ao nível de atendimento, como mostra a Figura 4.9. Um intervalo entre ± 3 DAM refere-se a um nível de atendimento de 98%; bastante apropriado para hospitais e outras organizações de saúde.

FIGURA 4.9 • DAM e Distribuição Normal (Média = 0 e DAM = 1)

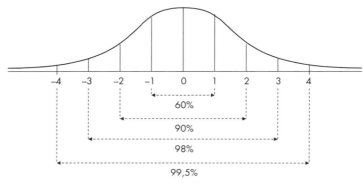

Fonte: elaborada pelos autores.

A Tabela 4.13 exemplifica o uso do SR para acompanhar a previsão período a período de um item. Nesse exemplo, estabeleceu-se o seguinte limite de controle: –3 DAM < SR < 3 DAM, que representa nível de atendimento de 98%, como mostra a Figura 4.9. A regra para utilizar o SR é a seguinte: assim que um período se encerra, tem-se um novo dado de demanda. Antes de calcular a previsão do período seguinte, deve-se verificar se o SR cai no intervalo, no exemplo, entre ± 3 DAM. Se cair, faz-se a nova previsão; se não, deve-se avaliar os parâmetros do método usado visando alterá-los. Para isso, pode-se utilizar uma ou mais medidas apresentadas no Quadro 4.3.

TABELA 4.13 • Sinal de Rastreamento

Mês	Demanda D (1)	Previsão P (2)	Erro $D - P$ (3)	$\Sigma(D - P)$ (4)	$\mid D - P \mid$ (5)	$\Sigma \mid D - P \mid$ (6)	DAM (6)/n (7)	SR (4)/DAM (8)
Jan.	100	80	20	20	20	20	20	1
Fev.	70	80	–10	10	10	30	15	0,7
Mar.	110	130	–20	–10	20	50	16,7	–0,6
Abr.	130	110	20	10	20	70	17,5	0,6
Maio	140	130	10	20	10	80	16,0	1,3
Jun.	150	140	10	30	10	90	15,0	2,0
Jul.	160	150	10	40	10	100	14,3	2,8
Ago.	170	160	10	50	10	110	13,8	3,6

Fonte: elaborada pelos autores.

Note que até abril, quando o erro corrente $(D - P)$ alternava (ora com sinal positivo, ora negativo), o SR mantinha-se baixo. A partir de maio, o erro se tornou sistemático e a previsão passou a ficar abaixo da demanda, como na Figura 4.8-A. Erros de pequena magnitude sistemáticos acabam gerando acumulações enviesadas que fazem o SR ultrapassar o limite de controle. Quando isso acontece, não se deve continuar fazendo a previsão da mesma forma como estava sendo feita. É preciso verificar como a previsão ficaria com outros parâmetros, por isso os métodos de suavização são mais vantajosos, por serem mais flexíveis. Se o item é especial (por exemplo, classes A e Z) e a organização utiliza para ele um método baseado em opiniões, é provável que alguma correção tivesse sido feita antes do SR ultrapassar o limite.

As previsões são informações importantes para elaborar o orçamento, alocar recursos para compras e planejar as reposições de materiais. Mas elas não funcionam sozinhas. As previsões fazem parte do processo de gestão e, como tal, devem estar sempre se relacionando a ele. Por isso, é preciso calcular as previsões com base nos níveis de serviços planejados, manter documentados os parâmetros usados na previsão, analisar os componentes da demanda dos itens de maior valor e criticidade e incluir as opiniões dos usuários e compradores no processo de previsão. Os gestores devem aprender a conviver com erros de previsão, pois eles podem ocorrer mesmo que os métodos e os softwares utilizados sejam os melhores.

86 Logística hospitalar

» TERMOS E CONCEITOS

Avaliação da previsão	Projeção
Coeficiente de suavização exponencial	Regressão linear
Erro corrente	Sazonalidade
Erros sistemáticos	Série temporal
Hipóteses de previsão	Sinal de rastreamento
Júri de opiniões	Suavização exponencial
Magnitude dos erros	Tendência
Média móvel aritmética	Variações aleatórias
Média móvel ponderada	Variações cíclicas

» QUESTÕES PARA REVISÃO

1. A demanda mensal de um produto está sendo prevista por meio da média móvel aritmética dos seis últimos meses. A média calculada no final de março foi de 5 mil unidades e as vendas de abril foram de 4.400, correspondendo a um nível de atendimento de 80%. A diretoria da empresa não está satisfeita com a média móvel aritmética como método de previsão e pretende começar a usar a média ponderada exponencial. Com esses dados, calcule a previsão para o mês de maio usando o valor de α equivalente ao n utilizado até o momento.

2. Em geral, os textos sobre previsão da demanda dizem que o método da suavização exponencial é melhor que o da média móvel aritmética e da regressão linear. Quais são os argumentos que sustentam tais afirmações?

3. A tabela abaixo apresenta a série temporal do produto ZFH e a previsão da demanda para os próximos períodos de acordo com certo método adotado por uma organização. Um dirigente dessa organização solicita a sua opinião a respeito do método adotado. Justifique sua resposta.

Produto ZFH: Caixas com 100 pacotes de ½ kg

Ano	Trimestre			
	1º trimestre	2º trimestre	3º trimestre	4º trimestre
2011	122	71	25	358
2012	130	73	32	393
2013	132	81	39	425
Total do trimestre	384	225	96	1.176
Previsão (= média do trimestre)	128	75	32	392

Capítulo 4 • Previsão da demanda   **87**

4. Diversos métodos foram criados para calcular um único valor representativo de todos os erros de previsão incorridos ao longo de vários períodos seguidos. Cada método apresenta-se mais apropriado do que outros em relação aos objetivos que se pretende alcançar. A tabela abaixo apresenta a demanda dos sete últimos meses do item LTB com as suas respectivas previsões. Escolha um método que revele a existência de *erros sistemáticos* e calcule o erro de previsão agregado dos períodos considerados nessa tabela. Depois escolha um método apropriado para avaliar *a magnitude dos erros* e calcule o erro de previsão agregado dos períodos considerados. Discuta os resultados obtidos.

Demanda e previsão do item LTB (unidades)

Mês	Demanda	Previsão
Março	255	251
Abril	248	255
Maio	263	252
Junho	252	248
Julho	256	275
Agosto	255	265
Setembro	244	258

5. Considerando os dados da tabela acima e a necessidade de realizar a previsão da demanda de outubro do item LTB, verifique se a previsão realizada para setembro está ajustada a um nível de atendimento planejado de 98%. Independentemente do resultado obtido, indique que problemas decorrem da falta de ajustamento da demanda à previsão e que providências devem ser feitas caso esse ajustamento não se verificar.

CAPÍTULO 5

SISTEMAS DE REPOSIÇÃO DE ESTOQUES

Por sistema de reposição de estoques entende-se o conjunto articulado de informações que permitem decidir sobre a aquisição de materiais necessários ao atendimento da demanda com o menor custo possível. A construção desse sistema exige a manipulação de diversos tipos de informações, como itens que devem ser estocados, demandas previstas, prazos de entrega dos fornecedores, classificação dos itens, objetivos e metas para a administração de materiais, como giro de estoque e nível de atendimento desejados e metas de redução dos níveis de estoque. Os custos associados à aquisição e manutenção dos estoques dependem da frequência das compras e do estoque médio, que, por sua vez, refletem o tempo em que estes materiais permanecem na organização antes de serem utilizados ou vendidos. Assim, qualquer esquema pelo qual os estoques são reabastecidos deve responder a duas questões fundamentais:

* Quando repor os estoques?
* Quanto repor a cada pedido?

Em outras palavras, um sistema de reposição ou revisão de estoques estabelece quando as ordens de compra ou de produção devem ser emitidas e qual deve ser a quantidade encomendada. O Quadro 5.1 apresenta uma tipologia de sistemas de reposição de materiais. As respostas às perguntas acima diferem conforme os itens são ou não padronizados. Os primeiros são selecionados segundo algum critério e tornam-se obrigatórios por meio de algum documento ou norma interna. Esses itens constituem a maioria dos materiais utilizados pela organização, são de uso regular e as suas demandas podem ser previstas. Os itens não padronizados em geral são de uso irregular ou experimental e, em princípio, não devem ser mantidos em estoques. A aquisição deles depende de requisições específicas acompanhadas de justificativas. No caso de medicamentos, requerem prescrição médica.

QUADRO 5.1 • Tipos de Sistemas de Reposição

Quanto ao tipo de material	Sistemas para itens padronizados
	Sistemas para itens não padronizados
Quanto ao tipo de demanda	Sistemas para itens de demanda independente
	Sistemas para itens de demanda dependente
Quanto ao gestor dos estoques	Sistemas geridos pela organização usuária dos materiais
	Sistemas geridos pelo fornecedor dos materiais
Quanto à interação com outras funções gerenciais	Sistemas convencionais
	Sistemas integrados

Fonte: elaborado pelos autores.

Os materiais de demanda independente são aqueles cujas demandas são geradas pelos serviços prestados aos pacientes, basicamente bens de consumo entregues aos usuários, como medicamentos, fios cirúrgicos, materiais de enfermagem, gêneros alimentícios, material de escritório, reagentes, saneantes, lâmpadas etc. A demanda desses materiais pode ser representada pelo gráfico dente de serra, como mostra a Figura 5.1-A. Os itens de demanda dependente são aqueles cujas demandas são geradas pelo sistema produtivo, como matérias-primas, peças e componentes que integram os produtos de demanda independente. A quantidade desses itens e o momento em que são necessários *dependem* da programação da produção dos itens de demanda independente. A reposição desses últimos baseia-se em previsões da demanda; a dos primeiros, em cálculos para atender a sua programação de produção. A Figura 5.1-B ilustra o comportamento típico de um item de demanda dependente. Como se vê, o consumo ocorre de forma abrupta, pois esses materiais são requisitados na quantidade necessária para cumprir uma ordem de produção de um item de demanda independente.

FIGURA 5.1 • Itens de Demanda Independente e de Demanda Dependente

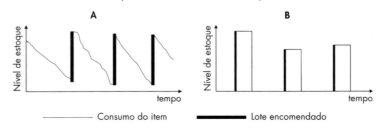

Fonte: elaborada pelos autores.

Capítulo 5 • Sistemas de reposição de estoques   **91**

Alguns hospitais, em geral os de grande porte e os hospitais escola, utilizam esses dois tipos de materiais, porém os de demanda independente constituem a maioria. A demanda dependente ocorre nos casos das matérias-primas usadas para a produção ou a manipulação de bens de consumo no próprio hospital como a produção de medicamentos por manipulação de insumos farmacêuticos nas dependências do hospital. A produção de medicamentos nos hospitais funciona como uma fábrica que transforma matérias-primas em produtos acabados, de modo que necessita de equipamentos, instalações e pessoal com a formação exigida pela legislação pertinente. Outro exemplo são os kits associados a procedimentos rotineiros ou programados, como cirurgias eletivas. Os materiais incluídos nos kits são preestabelecidos pela equipe médica e sua preparação é realizada pela farmácia um dia antes do procedimento agendado. Para as cirurgias de emergência, portanto não programadas, pode-se preparar kits com materiais comuns a qualquer cirurgia dispostos previamente na sala de cirurgia, e os demais, que dependem do tipo de procedimento, são solicitados pelos cirurgiões à farmácia.

Quanto à gestão dos estoques ou da sua reposição, há dois tipos básicos: sistemas geridos pela organização compradora, conhecido pela expressão Retail Managed Inventory (RMI) e o gerido pelo fornecedor (Vendor Managed Inventory – VMI). O primeiro é o modelo convencional, pelo qual a organização que consome ou vende o material comprado determina quando e quanto comprar e de quem comprar. No sistema VMI, a organização usuária repassa informações ao fornecedor (saldos, previsões etc.) e este determina a quantidade e data de reabastecimento. É um sistema no qual as responsabilidades pelas decisões sobre reabastecimento (quanto e quando) são divididas entre o fornecedor e o comprador. Sendo assim, só funciona bem dentro de relações comerciais estáveis, nas quais se pressupõe que, para determinados itens, haverá apenas um único fornecedor. O uso de tecnologias de informação compartilhadas entre ambos é um requisito essencial para este tipo de sistema para que a reposição seja automática.

A redução dos tempos de processamento dos pedidos, dos erros de transmissão de dados e dos níveis de estoques são os principais benefícios esperados do VMI para o comprador. Por isso, tem sido apresentado como um sistema muito apropriado para o gerenciamento de cadeias de suprimento de bens de consumo de massa, envolvendo fabricantes e redes de varejistas. No entanto, em hospitais não é recomendado esse tipo de sistema, a não ser para itens especiais. Essa regra não pode ser tomada de modo absoluto. Os estoques de gases medicinais, por exemplo, têm sido adequadamente geridos pelos fabricantes. A redução da liberdade de selecionar materiais e fornecedores é uma desvantagem desse sistema para a organização compradora.

Um sistema convencional pode ser gerido pela organização de modo isolado ou com interações parciais com outras funções logísticas, como compras, recebimento e distribuição interna. Os sistemas integrados requerem o uso intensivo de tecnologia de automação, pois visam ampliar a interação entre todas as funções e em diferentes níveis de decisão. Neste livro são apresentados princípios, conceitos e elementos dos sistemas de reposição convencionais para itens padronizados, de demanda independente e geridos pela própria organização usuária. Esses sistemas visam o reabastecimento de estoques via compra de materiais independentemente de relações previamente definidas com eventuais fornecedores.

5.1 QUANDO E QUANTO REPOR

A decisão sobre quando comprar refere-se ao momento em que o processo de compra é desencadeado; é o início do processo de compra. Esse momento pode ocorrer em períodos fixos predeterminados ou em períodos variáveis. Para as quantidades a serem adquiridas também não há meio termo, ou são previamente fixadas ou são variáveis. Quatro possíveis combinações desses parâmetros são mostradas na Figura 5.2. Decisões de compras baseadas em períodos e lotes fixos (QR) são raras, e só devem ser utilizadas para situações muito estáveis, porém qualquer variação da demanda ou das condições de fornecimento gera problemas de falta ou de excesso. Como praticamente há poucos itens com essas características em um hospital, em geral ligados à área de alimentação, esse sistema não será aqui considerado.

FIGURA 5.2 • Reposição de materiais: decisões sobre quanto e quando comprar

Quando comprar? / Quanto comprar?	Lote prefixado Q	Lote variável q
Período prefixado R	QR	Sistema de revisão periódica qR
Período variável r	Sistema do ponto de pedido Qr	qr

Fonte: elaborada pelos autores.

5.1.1 Período de Revisão e Prazo de Espera

Período de Reposição ou de Revisão é o intervalo de tempo entre dois processos de reposição. Neste livro, por reposição será entendido apenas o processo de compra, pois a maioria dos itens de materiais utilizados em hospitais é de demanda independente. Prazo de Espera é o tempo decorrido entre o início do processo de reposição e a entrada dos materiais em condições de uso no almoxarifado, depósito, farmácia e outro ponto de estocagem.

No caso de reposição via compra, esse prazo é constituído de quatro fases, como mostra a Figura 5.3. A primeira fase tem início com a identificação da necessidade de repor e só termina quando a reposição for aprovada internamente e o pedido de compra for enviado ao fornecedor selecionado. Quanto mais lento para resolver essas questões, maior será o prazo de espera e, consequentemente, a necessidade de manter estoques elevados para não deixar de atender à demanda. Nas organizações públicas esse prazo depende da modalidade de licitação. A segunda fase começa quando o pedido de compra chega ao fornecedor escolhido, que pode ser praticamente zero se forem utilizados meios eletrônicos de comunicação. Recebido o pedido, o fornecedor precisa de um tempo para prepará-lo, pois é necessário certificar-se de que tem estoque, separar os materiais pedidos, selecionar a rota e o transportador e emitir os documentos oficiais relativos ao processo de venda e transporte da mercadoria (nota fiscal, conhecimento de transporte etc.).

A terceira fase, que compreende o tempo necessário para levar a mercadoria a seu destino, depende da distância, dos modos de transporte e das características ou do estado em que se encontra a infraestrutura de transporte do país. Essa fase

FIGURA 5.3 • Fases do Prazo de Espera

Fonte: elaborada pelos autores.

94 Logística hospitalar

termina quando o pedido chega ao estabelecimento do comprador. A última fase é a do recebimento, conferência e preparação do material comprado para colocá-lo em condições de uso aos solicitantes. Divergências com relação às especificações, quantidades e qualidade aumentam esse prazo. Aceito o lote encomendado, este nem sempre está em condições de ser imediatamente colocado à disposição dos usuários antes de realizar procedimentos administrativos e operacionais relacionados com registros e armazenamento.

5.2 ESTOQUE DE SEGURANÇA

Estoque Operacional é a quantidade de material para atender o consumo ou a demanda normal prevista. Por exemplo, pode-se considerar como estoque operacional a demanda média prevista para os próximos seis meses de planejamento. Estoque de segurança, estoque mínimo ou de reserva é a quantia de material estocada, além do estoque operacional, para reduzir o risco de falta, em decorrência de aumento imprevisto da demanda, atrasos nas entregas dos fornecedores e outros eventos fortuitos. Fornecedores que efetuam entregas regulares contribuem para reduzir o risco de falta e o tamanho do estoque de segurança (ou até a sua necessidade).

Para a maioria dos bens de consumo, as quantidades demandadas podem ser consideradas variáveis aleatórias discretas, pois se apresentam como valores que podem ser contados (por exemplo: 125 unidades, 15 caixas, 27 ampolas, 32 frascos, três lâmpadas, cinco seringas etc.). No entanto, elas podem ser muito bem retratadas pela distribuição normal de probabilidade, uma distribuição teórica para variáveis aleatórias contínuas, isto é, para quantidades que podem assumir qualquer valor dentro de um intervalo e que, portanto, não podem ser contadas, mas medidas como o consumo de gás e água.

Quando se utiliza informação resultante de previsões da demanda baseadas em médias ou regressão linear, como mostrado no Capítulo 4, o Estoque de Segurança (ES) torna-se necessário para incorporar as variações aleatórias da demanda previstas acima da média ou da reta da tendência até um limite superior determinado em função do Nível de Atendimento (NA) desejado. A Figura 5.4 ilustra essa questão considerando que a distribuição da demanda se aproxima de uma distribuição normal. A Figura 5.4-A mostra que a média fornece um nível de atendimento de 50%. O mesmo raciocínio vale para a demanda estimada mediante regressão (Figura 5.4-B), na qual as demandas reais se distribuem em torno da reta, de modo que a demanda futura projetada sobre a reta representaria apenas 50% de nível de atendimento.

FIGURA 5.4 • Previsão da Demanda e Nível de Atendimento

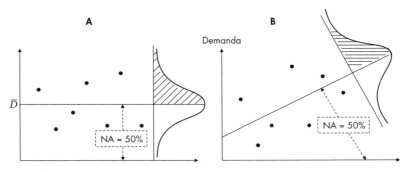

Fonte: elaborada pelos autores.

Há muitas maneiras de dimensionar o ES. Um modo simples de calculá-la é considerar que a distribuição de probabilidade da demanda se comporta como uma distribuição normal, conforme mostra a Figura 5.5. A distribuição normal é simétrica em relação à média e unimodal, o que lhe dá a forma de sino. Ela fica completamente determinada pela Média (μ) e desvio padrão (σ), ou seja, para cada conjunto desses dois parâmetros haverá apenas uma única distribuição normal. Considerando a média da demanda como o estoque operacional, qualquer valor à sua direita, na Figura 5.5, representa um ES, cuja equação é dada por:

$$ES = k\sigma_d \qquad (5.1)$$

onde: σ_d = desvio padrão da demanda;
k = fator de segurança expresso em números de desvios padrão considerados, conforme o nível de atendimento desejado.

O fator de segurança k é o número de desvios padrão à direita da média prevista e deve ser determinado em função do nível de atendimento desejado, um parâmetro de política de material relacionado às disponibilidades imediatas de materiais solicitados. Valores de k podem ser obtidos pela distribuição normal padronizada z, uma distribuição normal na qual μ = 0 e σ = 1. A Tabela 5.1 apresenta valores de k para níveis de atendimento selecionados. Exemplo: supondo que a demanda de um produto durante os 12 últimos meses apresenta um desvio padrão de 260 unidades, tem-se para $k = 1$, um ES de 260 unidades que deverá dar uma proteção contra faltas de 84,1%. Com $k = 2$, o ES é de 520 unidades e a proteção sobe para 97,7%. Esse percentual representa o nível de atendimento desejado como ilustram as Figuras 5.5 e 5.6.

96 Logística hospitalar

FIGURA 5.5 • Estoque de Segurança e Distribuição Normal da Demanda

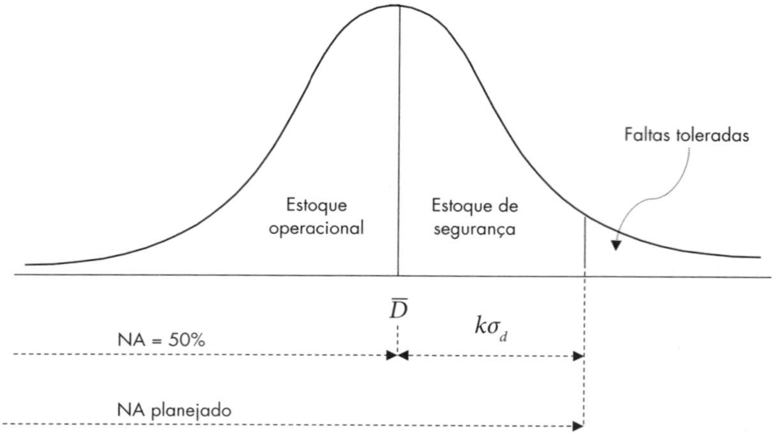

Fonte: elaborada pelos autores.

TABELA 5.1 • Nível de Atendimento e Fator de Segurança

Nível de serviço (em %)	Fator de segurança (k)	Nível de serviço (em %)	Fator de segurança (k)
50,0	0,000	97,7	2,000
60,0	0,255	98,0	2,050
70,0	0,675	98,5	2,170
80,0	0,845	99,0	2,325
84,1	1,000	99,4	2,510
90,0	1,285	99,5	2,575
93,0	1,475	99,7	2,750
95,0	1,645	99,8	3,000
97,5	1,960	99,9	3,090

Fonte: elaborada pelos autores.

Supondo que uma empresa adote um nível de atendimento de 95% como parâmetro de política de materiais de determinado item do seu estoque, que apresenta uma demanda média de 140 unidades e um desvio padrão de 42 unidades, o ES então será:

$$ES = 1,645\,(42) = 69,1 \cong 69 \text{ unidades}$$

Como mostra a Figura 5.5, a demanda máxima a ser atendida é dada por:

$$D_{max} = \overline{D} + k\sigma_d \qquad\qquad (5.2)$$

FIGURA 5.6 • Exemplos de fator de segurança e nível de atendimento

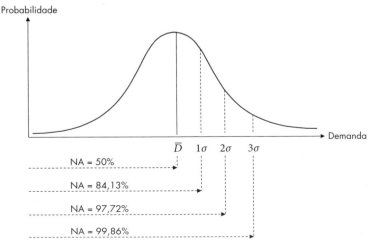

Fonte: elaborada pelos autores.

No caso do exemplo da Figura 5.5, a demanda máxima admitida para um NA de 95% será de 140 + 69 = 209 unidades, isto é, o estoque operacional somado ao de segurança. Para um NA = 97,5%, tem-se um ES = 1,96 × 42 = 82 unidades e uma demanda máxima de 222 unidades. Note que um acréscimo de 2,5% no nível de atendimento produziu um aumento de 6,2% no ES, ou seja, o custo dos estoques cresce exponencialmente em relação ao crescimento do nível de atendimento planejado.

5.3 SISTEMA DO PONTO DE PEDIDO

Este sistema é do tipo lote fixo e período variável. O início do processo de reposição dos estoques ocorre sempre que o estoque existente atingir determinado nível preestabelecido, denominado de ponto de pedido (PP) ou ponto de suprimento, como mostra a Figura 5.7. Este sistema exige que os níveis de estoques sejam atualizados imediatamente a cada movimentação de material (entradas e saídas de materiais) para saber quando ele se torna igual ou menor do que o ponto de pedido.

O quanto pedir a cada ordem emitida é uma quantidade prefixada, denominada de lote fixo (Q). Há três modos de determinar o tamanho do lote a ser encomendado: lote econômico de compras, lote do fornecedor e lote igual a uma fração da demanda prevista para um certo período. O primeiro modo é baseado em custos, os demais, em conveniências por parte dos gestores.

FIGURA 5.7 • Sistema do Ponto de Pedido

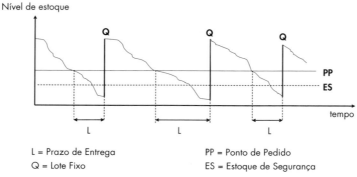

Fonte: elaborada pelos autores.

5.3.1 Custo dos Estoques

O Lote Econômico de Compras (LEC) é a quantidade de compra que minimiza os custos totais anuais de um item de estoque[1]. Para efeito de gestão de estoque, os custos devem ser obtidos visando decidir sobre quanto e quando comprar determinado material. As informações sobre custos combinam dados observados no passado com previsões sobre as alterações que podem ocorrer no futuro, como variações da demanda, aumento dos preços dos itens a serem comparados, dos juros, dos salários dos funcionários, entre outros.

O custo total de um item de estoque em uma base anual é formado pelo Custo Direto Anual (CDA), Custo de Obter Anual (COA), Custo de Manter Anual (CMA) e Custo Anual de Faltas (CFA). Assim, o Custo Total Anual (CTA) de um item de estoque é dado por:

$$CTA = CDA + COA + CMA + CFA \qquad (5.3)$$

O tamanho do lote que minimiza os custos totais anuais é calculado com base em premissas muito simplificadas, a saber: consumo uniforme durante o ano, preço do produto constante durante o ano e os lotes chegam no instante em que o estoque existente acaba, de modo que não ocorrem faltas e nem excessos. Como não há custo de falta, o CTA será dado por:

$$CTA = CDA + COA + CMA \qquad (5.4)$$

---

[1] LAUGENI, F.P.; MARTINS, P.G. *Administração da Produção*. 3.ed. São Paulo: Saraiva, 2015.; JACOBS, F.R; CHASE, R.B. *Administração de operações e da cadeia de suprimentos*. Porto Alegre: McGraw-Hill & Bookman, 2012.; VASCONCELLOS, M.A. *Previsão de demanda de curto prazo*. São Paulo: FGV/EAESP, PR-L-831, 1983, p. 870.

Capítulo 5 • Sistemas de reposição de estoques   **99**

O custo direto anual (CDA) do material é o que a organização paga aos fornecedores para adquiri-lo, ou seja, é a soma dos valores pagos pelas diversas quantidades compradas ao longo do ano. Com um estoque zero no início e no final do ano, a quantidade comprada coincide com a demanda do item (*D*), de modo que o CDA é dado por:

$$CDA = Dc \qquad (5.5)$$

no qual *D* = demanda anual do item, e *c* = custo unitário de aquisição do item.

O custo de aquisição inclui o frete, seguro relativo ao transporte do item desde o estabelecimento do fornecedor até o do comprador. Os bens materiais de consumo adquiridos pelos hospitais não geram créditos fiscais, de modo que o custo de aquisição é o preço unitário extraído da Nota Fiscal.

O Custo de Obter Anual (COA) refere-se aos gastos efetuados pelo setor ou departamento de compras e envolve, entre outros, os seguintes componentes:

- salários e encargos do setor de compras;
- impressos e materiais de escritório;
- aluguel, luz, água e outras despesas do órgão de compra;
- correio, telefone, internet e outros meios de comunicação;
- aquisições de publicações técnicas, catálogos etc.;
- viagens e diárias de compradores;
- auditoria e inspeção nos estabelecimentos dos fornecedores.

Uma parte significativa desses custos é fixa, principalmente os salários e encargos do setor de compras. Por exemplo, o mesmo pessoal que realiza 20 mil compras anuais pode, também, sem a necessidade de horas extras, realizar 25 mil ou mais. Por isso, para calcular o valor de *P* considera-se apenas os custos variáveis do departamento de compras, conforme a seguinte equação:

$$P = \frac{\sum despesas\ vari\acute{a}veis\ do\ departamento\ de\ compras}{n\acute{u}mero\ total\ de\ compras\ do\ ano} \qquad (5.6)$$

Para um item específico, o COA é o produto do número de compras desse item efetuadas no ano (*N*) pelo custo unitário de um Pedido de Compra (*P*), calculado conforme uma das equações acima. Ou seja:

$$COA = NP \tag{5.7}$$

O número de compras anuais do item (N) depende da demanda do item (D) e da quantidade de reposição ou tamanho do lote de compra do respectivo item (Q). Na hipótese de um estoque zero no início e no fim do ano, a Equação 5.7 fica da seguinte forma:

$$COA = \frac{D}{Q} P \tag{5.8}$$

Como se vê, o custo de obter anual relaciona-se inversamente com o tamanho do lote de compra (Q), um fato consistente com a evidência prática. Lotes grandes reduzem a frequência dos processos de compra e, consequentemente, as atividades administrativas e operacionais do setor de compras.

O custo de manter os estoques anual (CMA) refere-se ao conjunto das atividades administrativas e operacionais para a guarda, a conservação e o manuseio dos materiais. Também incluem os seguintes custos: custo da perecibilidade, que é o custo dos materiais que perderam o prazo de validade ou sofreram algum tipo de dano ou deterioração, ocorrências que inviabilizam seu uso; obsolescência, o custo de materiais ainda dentro do prazo de validade substituídos por outros mais adequados à organização; furtos e outras perdas não específicas.

Para conhecer o CMA de um item específico é necessário conhecer a taxa de manutenção dos estoques (i), pois ela onera o valor nominal dos materiais estocados. Essa taxa é a soma da taxa que representa os custos financeiros (f) envolvidos com as atividades de compra e da taxa de armazenamento (a), que refere-se aos custos administrativos e operacionais incorridos para armazenar e movimentar os materiais internamente. Ela é dada pela equação abaixo:

$$a = \frac{\sum despesas\ de\ armazenagem}{Valor\ do\ Estoque\ Médio\ Total} \tag{5.9}$$

na qual as despesas de armazenagem envolvem, entre outros, os seguintes elementos:

- salários e encargos do setor de armazenagem;
- aluguéis, energia, luz e água consumidos nos armazéns e depósitos;
- seguros dos materiais, equipamentos e instalações;
- perdas por deterioração, obsolescência, quebras, furtos etc.;
- depreciação de equipamentos.

Capítulo 5 • Sistemas de reposição de estoques **101**

A taxa referente ao custo financeiro (*f*) é formada pela soma dos juros referentes aos créditos concedidos pelos fornecedores e bancos relacionados com as compras, bem como o custo do capital próprio. Ou seja:

$$f = \textit{custo do capital próprio} + \textit{custo dos empréstimos para financiar as compras} \quad (5.10)$$

O custo do capital próprio pode referir-se:
1. a uma taxa de mercado para o capital aplicado em estoque ou
2. à taxa de rentabilidade esperada pela empresa.

Trata-se, portanto, de um custo que não envolve desembolso, mas uma oportunidade perdida pelo fato de usar capital de giro para manter estoque quando poderia aplicá-lo em outras atividades. Difere, portanto, dos juros pagos a fornecedores e bancos para financiar compras, pois estes representam desembolsos efetuados. Os acréscimos nos preços de compra em função de prazos maiores para pagamento, embora normalmente incluídos no custo de aquisição (*c*), deveriam ser considerados como parte do custo financeiro. Assim, a taxa de manutenção (*i*) pode ser resumida da seguinte forma:

$$i = f + a \quad (5.11)$$

Para um item específico de estoque, o CMA depende do estoque médio em valores monetários e da taxa de manutenção (*i*), conforme mostrado abaixo:

$$CMA = EM \times c \times i \quad (5.12)$$

onde EM = estoque médio em quantidades físicas (unidades, litros, quilos, caixas etc.).

Considerando a suposição simplificadora mencionada no início desta seção, de que não ocorre falta nem excesso de materiais, EM = Q/2, como mostra a Figura 5.8. Substituindo essa expressão na Equação 5.12, tem-se:

$$CMA = \left(\frac{Q}{2}\right) ci \quad (5.13)$$

O Custo Total Anual (CTA) de um item é a soma do CDA, COA e CMA obtidos por meio das Equações 5.5, 5.8 e 5.13, respectivamente. Ou seja:

$$CTA = Dc + \frac{D}{Q} P + \frac{Q}{2} ci \quad (5.14)$$

FIGURA 5.8 • Tamanho do Estoque Médio

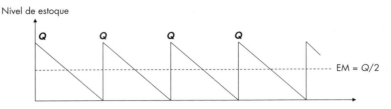

Fonte: elaborada pelos autores.

A Tabela 5.2 mostra os custos totais anuais de um item para diferentes tamanhos de lotes, conforme os dados apresentados na linha superior da tabela. Como se pode observar, o CDA não varia em relação ao tamanho do lote. O COA aumenta à medida que diminui o tamanho do lote e o CMA segue caminho inverso com velocidade diferente. O CTA diminui com a redução do lote e depois aumenta, mostrando que se trata de um custo côncavo e que, portanto, há um tamanho de lote associado à um CTA mínimo. Esse é o lote econômico de compra, como se verá a seguir.

TABELA 5.2 • Exemplo de Custo Total Anual (CTA)

Q	CDA = D × c (1)	COA = (D/Q)P (2)	CMA = (Q/2)ci (3)	CTA = (1) + (2) + (3)
\multicolumn{5}{c}{Demanda anual (D) = 15.000 unidades}

Q	CDA = D × c (1)	COA = (D/Q)P (2)	CMA = (Q/2)ci (3)	CTA = (1) + (2) + (3)
5.000	150.000,00	675,00	7.500,00	158.175,00
4.000	150.000,00	843,75	6.000,00	156.843,75
3.000	150.000,00	1.125,00	4.500,00	155.625,00
2.000	150.000,00	1.687,50	3.000,00	154.687.50
1.000	150.000,00	3.375,00	1.500,00	154.875.00
500	150.000,00	6.750,00	750,00	157.500,00
200	150.000,00	16.875,00	300,00	167.175,00
100	150.000,00	33.750,00	150,00	183.900,00

Demanda anual (D) = 15.000 unidades
Custo unitário de aquisição (c) = $ 10,00
Custo unitário de um pedido de compra (P) = $ 225,00
Taxa de manutenção dos estoques (i) = 30%

Fonte: elaborada pelos autores.

5.3.2 Lote Econômico de Compra

O lote econômico de compra é o lote que gera o menor custo total anual de um item de estoque (CTA mínimo), e que se obtêm derivando a Equação 5.14 em relação a Q:

$$\frac{dCTA}{dQ} = -\frac{DP}{Q^2} + \frac{ci}{2}$$

Igualando a equação acima a zero, encontra-se o lote (LEC ou Q^*) correspondente ao CTA mínimo:

$$Q^* = \sqrt{\frac{2DP}{ci}} \qquad (5.15)$$

Substituindo Q por Q^* na Equação 5.14, obtém-se o custo total anual mínimo de um item, a saber:

$$CTA_{mínimo} = Dc + \frac{D}{Q^*}P + \frac{Q^*}{2}ci \qquad (5.16)$$

O lote econômico de compra corresponde à inclinação zero da curva de custo total da Figura 5.9. Esta figura representa o modelo de CTA considerando apenas os custos que variam em relação ao tamanho do lote, ou seja, o COA e o CMA. Na realidade, o CDA também varia em relação ao tamanho dos lotes de compras, pois compras maiores geralmente resultam em preços menores e melhores condições de pagamentos, uma questão que será comentada mais adiante.

FIGURA 5.9 • Modelo simplificado de curva de Custo Total Variável

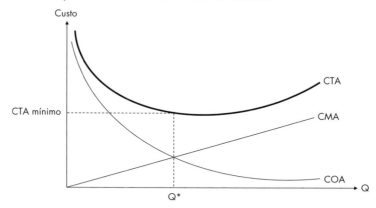

Fonte: elaborada pelos autores.

Considerando os dados da Tabela 5.2 e aplicando a Equação 5.15, tem-se o lote econômico de compra:

$$Q^* = \sqrt{\frac{2 \times 15.000 \times 225}{10 \times 0,3}} = 1.500 \ unidades$$

Usando a Equação 5.16, tem-se o custo total anual mínimo:

$$CTA_{mínimo} = 15.000 \times 10 + \frac{15.000 \times 225}{1.500} + \frac{1.500 \times 10 \times 0,3}{2} = 150.000 + 2.250 + 2.250 = 154.500$$

Note que o custo anual de obter e o de manter é exatamente igual quando se usa o lote econômico de compras conforme as premissas já mencionadas. Como se vê na Figura 5.9, o lote econômico corresponde ao ponto no eixo horizontal onde CMA e COA são iguais.

5.3.3 **Variações do lote econômico**

O custo unitário de um pedido de compra (P), calculado pelas equações comentadas na seção anterior, é válido para todos os itens de estoque. Calcular os custos de pedidos para cada item individualmente considerado, além de envolver operações trabalhosas, não acrescenta benefício algum de ordem prática. Somente em casos muito especiais pode ser conveniente conhecer o valor de P para famílias de itens, como para itens importados. Embora também seja tecnicamente possível calcular a taxa de manutenção (i) para cada item de estoque individualizado, isso não produz nenhum benefício prático. Desse modo, i e P tornam-se parâmetros aplicáveis a todos os itens de estoque mantidos pela organização. Assim, isolando os elementos válidos para todos os itens na Equação 5.15, o lote econômico pode ser expresso da seguinte forma:

$$Q^* = \sqrt{\frac{2P}{i}} \sqrt{\frac{D}{c}} = k \sqrt{\frac{D}{c}} \tag{5.17}$$

em que k = constante válida para qualquer item de estoque.

As Equações 5.15 e 5.17 fornecem um LEC em quantidades físicas (unidades, caixas, dúzias, litros, quilos, m³ etc.). O LEC em valor monetário de compra se obtém multiplicando Q^* pelo custo de aquisição (c) ou diretamente pela equação:

$$Q^* c = ck \sqrt{\frac{D}{c}} = k \sqrt{Dc} \tag{5.18}$$

O número ótimo de compras ao ano é dado por $N^* = D/Q^*$. Substituindo Q^* pela Equação 5.15 e isolando os elementos comuns a todos os itens, temos:

$$N^* = \sqrt{\frac{Dci}{2P}} = \sqrt{\frac{i}{2P}} \sqrt{Dc} = \frac{1}{k} \sqrt{Dc} \tag{5.19}$$

Capítulo 5 • Sistemas de reposição de estoques **105**

O tempo entre duas reposições consecutivas em frações de ano é o prazo ótimo de reposição (R^*), que é dado por: $R^* = Q^*/D$. Substituindo Q^* pela Equação 5.17 e simplificando a expressão, tem-se:

$$R^* = \sqrt{\frac{2P}{Dci}} = \sqrt{\frac{2P}{i}}\sqrt{\frac{1}{Dc}} = k\sqrt{\frac{1}{Dc}} \qquad (5.20)$$

O R^* pode ser calculado em frações de meses ou de dias, bastando multiplicar o resultado dessa equação por 12 ou 365. Pode-se ainda obter o período ótimo pelas equações:

$$R^*_{meses} = 12 \ meses/N^* \quad ou \quad R^* = 365 \ dias/N^* \qquad (5.21)$$

Veja o exemplo abaixo, considerando um item com demanda anual estimada de 100 mil unidades e um custo de aquisição previsto de \$ 40,00. Se a taxa de manutenção for 40% e o custo unitário do pedido for de \$ 80,00, tem-se:

- $Q^* = \sqrt{\dfrac{2 \times 80}{0,4}} \sqrt{\dfrac{100.000}{40}} = 20 \times 50 = 1.000$ unidades;

- $Q^*c = \sqrt{\dfrac{2 \times 80}{0,4}} \sqrt{100.000 \times 40} = 20 \times 2.000 = $ R\$ 40.000,00;

- $N^* = \sqrt{\dfrac{0,4}{2 \times 80}} \sqrt{100.000 \times 40} = 0,05 \times 2.000 = 100$ reposições anuais;

- $R^*_{dias} = \left(\sqrt{\dfrac{2 \times 80}{0,4}} \sqrt{\dfrac{1}{100.000 \times 40}} \right) 365$ dias $= 3,6 \approx 4$ dias

5.3.4 **Lote Econômico com Desconto de Quantidade**

No modelo do Lote Econômico o preço unitário do item se mantém constante ao longo do ano. Em outras palavras, admite-se a hipótese de que o Custo Direto Anual não varia em relação ao tamanho do lote. Na prática, os fornecedores concedem descontos no preço para induzir o cliente a comprar quantidades maiores e, com isso, reduzir o custo do processamento dos pedidos e de transportes. Ocorrendo descontos por quantidade no preço, não só os custos diretos, mas os de obter e de manter também são alterados. Ou seja, se o comprador aceitar a quantidade com desconto, alguns custos parciais irão aumentar, enquanto outros, diminuir. Por isso, é necessário avaliá-los em conjunto.

Supondo que o fornecedor estabeleça um desconto no preço de um item para quantidades iguais ou superiores a q, têm-se então os seguintes custos totais anuais para o item em questão:

- $CTA_1 = D \times c_1 + (D \times P)/Q_1^* + (Q_1^* \times c \times i)/2$ para $Q_1^* < q$
- $CTA_q = Dc_2 + (D \times P)/q + (q \times c_2 \times i)/2$ para q
- $CTA_2 = D \times c_2 + (D \times P)/Q_2^* + (Q_2^* \times c_2 \times i)/2$ para $Q_2^* > q$

onde: q é a quantidade mínima para a concessão do desconto;

c_1 é o preço do item sem desconto;

c_2 é o preço com desconto por quantidade, portanto menor que c_1;

Q_1^* e Q_2^* são os lotes econômicos associados aos preços c_1 e c_2, respectivamente.

A Figura 5.10 apresenta os custos totais em linhas cheias. Para decidir pela melhor aquisição, calcula-se primeiro o lote econômico (Q_2^*) referente ao preço com desconto (c_2). Se esse lote for maior que a quantidade limite q, então é o lote que minimiza o CTA do item (Figura 5.10-A). Se for menor (Figura 5.10-B), o lote econômico poderá ser a própria quantidade limite q, ou o lote econômico (Q_1^*) calculado com o preço sem desconto (c_1). Assim, calculam-se os CTA_1 e CTA_q. O lote econômico será aquele associado ao menor CTA.

FIGURA 5.10 • Lote Econômico com desconto por quantidade

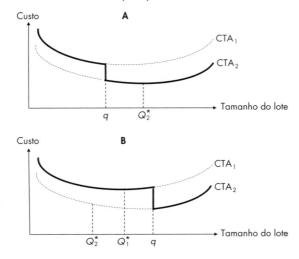

Fonte: elaborada pelos autores.

Capítulo 5 • Sistemas de reposição de estoques   **107**

Exemplo: suponha um item com demanda anual prevista de 10 mil unidades, cujo preço unitário é de $ 12,00, mas que o fornecedor concede um desconto de $ 2,00 por unidade para compras iguais ou superiores a mil unidades. Qual deve ser a decisão considerando que o custo unitário de compra é de $ 50,00 e a taxa de manutenção é 20%? Resposta: considerando o preço com desconto ($ 10,00), o lote econômico é de 707 unidades, ou seja, abaixo da quantidade mínima necessária para ganhar esse desconto. Para saber qual o lote que gera o menor CTA será necessário o seguinte procedimento:

1. calcular o lote econômico com o preço sem desconto e depois calcular o CTA correspondente (nesse exemplo: $Q_1^* = 646$ e $CTA_{Q1} = 121.548,00$);
2. calcular o CTA considerando o lote igual a quantidade mínima para obter desconto (nesse exemplo: $CTA_q = 101.500,00$);
3. comparar os resultados e ficar com o lote associado ao menor CTA (nesse exemplo: mil unidades).

Procedimentos semelhantes podem ser usados quando houver dois ou mais limites de quantidade. Exemplo: desconto de $ 2,00 por unidade para compras de 10 mil a 20 mil unidades; acima de 20 mil, desconto de $ 2,50. Nesse caso, há dois limites de quantidades (q_1 e q_2). O procedimento básico é sempre começar calculando o Q^* referente ao menor preço; se este for igual ou maior que a quantidade superior de desconto, o problema está resolvido; se não, é preciso calcular os CTA das demais opções.

Assim como foi incluído desconto de quantidade, pode-se aperfeiçoar o modelo de lote econômico para aproximá-lo mais da realidade. Por exemplo: incluir variações nos preços por motivo de inflação; variações no custo de obter em decorrência de aumentos salariais; restrições financeiras; custo de falta e outros fatores. Porém, o importante não é modelar a realidade com a melhor precisão, mas sim agir sobre essa realidade para torná-la mais simples e, consequentemente, mais fácil de administrar. Não se cura uma infecção aperfeiçoando o termômetro para medir melhor a febre do paciente.

5.3.5 **Críticas ao lote econômico**

Recordando o que foi dito anteriormente, as equações do LEC foram obtidas fazendo-se suposições simplificadoras que dificilmente ocorrem na realidade. Por isso, o LEC é muito pouco utilizado como instrumento de gestão, inclusive nos

108 Logística hospitalar

grandes hospitais que poderiam se valer de recursos administrativos mais elaborados. Acrescente-se ainda o fato de que o LEC do comprador nem sempre coincide com o lote mínimo do fornecedor do item.

O modelo de LEC não considera o custo de falta. Em termos objetivos, os custos de falta referem-se à perda de receita de venda, por não dispor do produto no momento em que ele é demandado, pagamentos de multas e adicionais para providenciar compras urgentes. Além desses custos que podem ser mensurados, há outros de natureza imponderável, como a perda de credibilidade perante a clientela devido às faltas frequentes, bem como transtornos, reclamações e irritações entre usuários e fornecedores internos de materiais.

Nos hospitais, a falta de material gera atrasos nas atividades e perda de qualidade, além de pôr em risco a vida de pacientes, comprometer a sua imagem e a reputação de seus profissionais. Isso tem levado muitos administradores a preferir o excesso à falta de material, inclusive porque os excessos escondem falhas e ineficiências do sistema logístico. Como exemplo, estoques elevados podem estar compensando previsões da demanda malfeitas e relações deficientes com os fornecedores.

Apesar desses fatos, o conhecimento dos lotes que minimizam os custos totais fornece informações importantes sobre a estrutura administrativa e operacional das áreas que gerem os recursos materiais, como taxa de armazenagem, custo financeiro, custo de um pedido de compra e outros relacionados. O grande equívoco em relação ao LEC é aceitá-lo como método para dimensionar os lotes de compra. A atitude correta é usar essas informações para desencadear ações que alterem estes parâmetros em benefício da organização, mediante o aperfeiçoamento das práticas relacionadas com o fluxo de materiais. Por exemplo, reduzir os custos das compras é uma providência que permite comprar lotes menores, o que reduz os estoques médios e os custos para mantê-los.

5.3.6 **Outros critérios para dimensionar o lote de compra**

Muitos fornecedores estabelecem uma quantidade mínima para atender seus clientes, geralmente estabelecida em termos de unidades de despacho. Um fornecedor pode adotar uma política de não aceitar pedidos com menos de mil unidades de determinado produto ou pedidos que fracionem as embalagens de transporte. Por exemplo, se um medicamento cuja embalagem de transporte for uma caixa de papelão com 100 frascos de 750 ml e o lote econômico do comprador for 240 frascos, o fornecedor só aceitará pedidos de 300 frascos, que correspondem a três unidades de despacho. O que determina um lote mínimo pelos fornecedores é a necessidade

Capítulo 5 • Sistemas de reposição de estoques

de reduzir o custo do processamento de pedidos e dos meios de transportes. Pode ser vantajoso aceitar o lote mínimo do fornecedor se este repassar parte dos seus ganhos concedendo descontos e outros benefícios como redução do tempo de entrega e aumento da pontualidade. Em muitos casos, não se trata de uma opção, mas uma restrição do mercado.

O lote de compra pode ser determinado como uma fração da demanda prevista. A quantidade de encomenda pode ser, por exemplo, um duodécimo da demanda anual prevista, ou um quarto da demanda prevista para os próximos dois meses. Exemplo: considerando que a demanda anual prevista de certo item é de 96 mil unidades, pode-se fracioná-la segundo a seguinte política de reposição:

- Q = consumo mensal = 96.000/12 = 8.000 unidades;
- Q = consumo quinzenal = 96.000/24 = 4.000 unidades;
- Q = consumo semanal = 96.000/52 = 1.847 unidades.

5.3.7 Determinação do Ponto de Pedido
Como pode ser visto na Figura 5.7, quando se atinge o ponto de pedido, deve-se emitir uma ordem de compra, momento em que começa a correr o prazo de espera (L). O nível de estoque do ponto de pedido deve, portanto, ser suficiente para atender a demanda durante o prazo de entrega, considerando inclusive um Estoque de Segurança (ES). Assim, o ponto de pedido é estabelecido da seguinte forma:

$$PP = D_l + ES \tag{5.22}$$

onde D_l = demanda durante o prazo de espera (L), que pode ser calculada a partir da demanda média diária multiplicado pelos prazo de espera em dias, conforme segue:

$$PP = \overline{D}_d \times L + ES \tag{5.23}$$

onde: $\overline{D}_d$ = demanda média diária;
L = prazo de espera em dias.

Considerando que apenas a demanda varia e o prazo de espera não, pode-se usar a Equação 5.1 para calcular o ES. Combinando as Equações 5.1 e 5.23, o ponto de pedido será:

$$PP = \overline{D} \times L + k\sigma_{dl} \qquad (5.24)$$

onde: σ_{dl} = desvio padrão da demanda durante o prazo de espera;
k = número de desvios padrão conforme o nível de atendimento planejado.

Como geralmente não é conhecido o desvio padrão da demanda durante o prazo de espera, mas sim o desvio padrão da demanda ou consumo diário, semanal ou mensal, é necessário realizar um ajuste para calcular o ponto de pedido. De acordo com um teorema clássico da estatística, a variância da demanda durante o prazo de espera (σ^2_{DL}) é a soma das variâncias de cada dia de espera (σ^2_d), de onde tem-se que:

$$\sigma^2_{DL} = \sigma^2 + \sigma^2_d + \sigma^d_d + \cdots\cdots \sigma^2_d = n\sigma^2_d$$

logo,

$$\sigma_{DL} = \sigma_d \sqrt{n}$$

no qual n = número de dias do prazo de espera (L);
σ_d = desvio padrão da demanda diária.

A Figura 5.11 exemplifica o efeito da agregação do desvio padrão comentado acima. Assim, substituindo σ_{DL} na Equação 5.24, tem-se a equação geral para calcular o ponto de pedido:

$$PP = \overline{D}_d \times L + k\sigma_d \sqrt{L} \qquad (5.25)$$

FIGURA 5.11 • Exemplo de agregação de médias e de desvios padrão

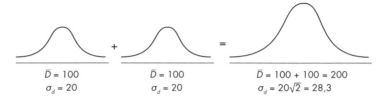

Fonte: elaborada pelos autores.

Exemplo: considere um item com demanda média diária de 30 unidades e um desvio padrão diário de 12,5 unidades. O ponto de pedido para um prazo de espera

Capítulo 5 • Sistemas de reposição de estoques   **111**

de cinco dias e um nível de atendimento de 97,7%, isto é, para $k = 2$, como se pode ver na Tabela 5.1, será:

$$PP = 30 \times 5 + 2\sqrt{5}\,(12,5) = 150 + 55,9 = 205\ unidades$$

O ES calculado considera apenas a variação da demanda durante o prazo de espera, supondo, portanto, que esse prazo é constante. Levando em conta também a variação do prazo de espera, o cálculo do ES deverá ser efetuado valendo-se da distribuição conjunta dessas duas variáveis. Nesse caso, e considerando que essas variáveis aleatórias sejam independentes, o ES é dado por:

$$ES = k\sqrt{\bar{L}\sigma_d^2 + \bar{D}^2\sigma_L^2} \tag{5.26}$$

onde: $\bar{L}$ = prazo de espera médio;

σ_d^2 = variância da demanda diária;

σ_L^2 = variância do prazo de espera.

Exemplo: supondo que um item apresente os seguintes dados: demanda média diária = 60 unidades; desvio padrão da demanda diária = 28 unidades; prazo de espera médio = 12 dias; desvio padrão do prazo de espera = três dias. O ES para um nível de atendimento desejado de 95% será dado por:

$$ES = 1,645\sqrt{(12)(28)^2 + (60)^2(3)^2} = 336\ unidades$$

Continuando com o exemplo, o cálculo do PP é a demanda durante o prazo de espera mais o ES, ou seja, $60 \times 12 + 336 = 1.056$ unidades.

5.3.8 Métodos simplificados para determinar o Ponto de Pedido

Uma maneira simples de determinar o Ponto de Pedido, porém menos precisa que as anteriores, é considerar como estoque de segurança um percentual da demanda durante o prazo de espera. Assim, o ponto de pedido é dado por:

$$PP = \bar{D}_d \times L\,(1 + ts) \tag{5.27}$$

em que *ts* é uma taxa unitária que deve guardar relação com os objetivos de gestão de estoque.

Por exemplo: para os itens da classe A, por serem valiosos em termos de valor de utilização, adota-se um estoque de segurança equivalente a 10% da demanda durante o prazo de espera, os da classe B, 20% e os da classe C, 30%. Assim, os pontos de pedido seriam dados por:

- Classe A: 10% → ES = 1,1 $(\overline{D} \times L)$;
- Classe B: 20% → ES = 1,2 $(\overline{D} \times L)$;
- Classe C: 30% → ES = 1,3 $(\overline{D} \times L)$.

Outra forma igualmente simples de se determinar o PP é considerar o ES em termos de consumo médio de um Período de Segurança (PS), entendido como uma medida dos atrasos do fornecedor do item. Por exemplo: o PS dos itens fornecidos pela empresa Pato Branco Ltda é igual a três dias de consumo médio. Dessa forma, o ponto de pedido fica assim determinado:

$$PP = \overline{D}_d(L + PS) \tag{5.28}$$

Independentemente do modo de calcular o ponto de pedido deve-se emitir uma Ordem de Compra (OC) sempre que o nível de estoque existente for menor ou igual ao ponto de pedido. Essa é a regra de decisão básica com respeito ao momento de pedir. É comum encontrar funcionários responsáveis por este setor, que atrasam a emissão de pedidos de compra de um fornecedor esperando a chegada de solicitações de outros itens para processá-los em bloco. Uma prática como esta aumenta o tempo de processamento do pedido de compra e, com isso, aumenta o nível de estoque necessário para atender a demanda.

5.3.9 Cálculos Decorrentes

As equações dos custos apresentados na Seção 5.3.1 não consideram o estoque de segurança, pois uma das premissas era a não existência de faltas nem de excessos. Incluindo o estoque de segurança a estimativa do Estoque Médio em quantidade física será dada por:

$$EM = \frac{Q}{2} + ES \tag{5.29}$$

logo, para estimar o Custo de Manter Anual, usa-se a seguinte equação:

$$CMA = \left(\frac{Q}{2} + ES\right)ci \tag{5.30}$$

Para estimar o CTA de determinado item cuja reposição se efetua pelo sistema do ponto de pedido, a Equação 5.14 é alterada para:

$$CTA = Dc + \frac{D}{Q}P + \left(\frac{Q}{2} + ES\right)ci \qquad (5.31)$$

Se o lote prefixado for o lote econômico calculado conforme a Equação 5.15, é só substituir Q por Q^* nesta última equação.

5.4 SISTEMA DE REVISÃO PERIÓDICA

Este sistema têm como parâmetros básicos o período fixo de revisão e os lotes variáveis. Os níveis dos estoques são revistos em períodos regulares de tempo (diariamente, semanalmente, mensalmente, trimestralmente etc.) e os lotes encomendados variam conforme a demanda observada no período de revisão, como mostram as linhas grossas e tracejadas da Figura 5.12. As linhas grossas e cheias indicam os lotes recebidos.

FIGURA 5.12 • Esquema geral do Sistema de Revisão Periódica

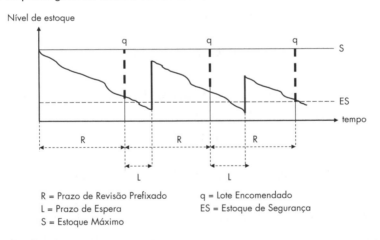

R = Prazo de Revisão Prefixado
L = Prazo de Espera
S = Estoque Máximo
q = Lote Encomendado
ES = Estoque de Segurança

Fonte: elaborada pelos autores.

Este sistema, na sua formulação básica, exige a determinação de um estoque máximo, Estoque Base ou Estoque Alvo (S), que é a quantidade limite de estoque a ser mantido de acordo com um nível de atendimento planejado. Como mostra a Figura 5.12, esse estoque deve ser dimensionado para atender à demanda média ($\overline{D}$) durante o Período de Revisão (R) e o Prazo de Espera (L). Considerando um Estoque de Segurança (ES), o Estoque Máximo (S) é dado pela seguinte equação:

114 Logística hospitalar

$$S = \overline{D}(R+L) + ES \tag{5.32}$$

Nesse sistema, o estoque de segurança deve resguardar o atendimento da demanda durante o período de reposição e o prazo de espera. Assim, o ES é dado por:

$$ES = k\sigma_{R+L} \tag{5.33}$$

onde σ_{R+L} é o desvio padrão da demanda durante o prazo de revisão e de espera.

Como as organizações em geral mantêm apenas os registros das demandas ocorridas durante o prazo fixo de revisão, a equação acima é substituída pela seguinte:

$$ES = k\sigma_D \sqrt{R+L} \tag{5.34}$$

onde σ_D = desvio padrão da demanda média durante o prazo de reposição.

Combinando as duas últimas equações, tem-se a equação do Estoque Máximo:

$$S = \overline{D}(R+L) + k\sigma_D \sqrt{R+L} \tag{5.35}$$

Por exemplo: se um item com demanda média diária de 500 unidades e desvio padrão de 125 é revisto a cada dez dias e o prazo de espera é de cinco dias, o Estoque Máximo, para um nível de atendimento de 95%, será então:

$$S = 500\,(10+5) + 1{,}645\,(125)\sqrt{10+5} = 8.296 \; unidades$$

R e L devem ser expressos na mesma unidade de tempo da demanda média e do desvio padrão. Como no ambiente comercial brasileiro o mais comum é cotar o prazo de espera em dias, a média e o desvio padrão da demanda deverão basear-se em dias. Porém, se o que se tem é a média e desvio padrão mensal, é preciso convertê-los para dias. Usando as propriedades da média e do desvio padrão, tem-se para um mês de 30 dias:

$$\overline{D}_{diária} = \frac{\overline{D}_{mensal}}{30} \quad e \quad \sigma_{D\,diária} = \frac{\sigma_{D\,mensal}}{\sqrt{30}} \qquad \text{(5.36-A e 5.36-B)}$$

Capítulo 5 • Sistemas de reposição de estoques **115**

O Estoque Máximo (S), que já inclui o estoque de segurança, também pode ser calculado conforme os métodos simplificados já indicados na seção anterior, por exemplo, considerando o estoque de segurança como um percentual do estoque operacional:

$$S = \overline{D}(R+L)(1+ts) \tag{5.37}$$

onde ts = percentual de segurança em taxa unitária.

Considerando o estoque de segurança em termos de consumo médio por Período de Segurança (PS), temos:

$$S = \overline{D}(R + L + PS) \tag{5.38}$$

5.4.1 Cálculo do lote variável

A quantidade (q) a ser encomendada a cada período de revisão será a diferença entre o Estoque Máximo (S) e o Estoque Existente (EE) no momento da revisão, isto é:

$$q = S - EE \tag{5.39}$$

Pode ocorrer que no dia da revisão uma encomenda feita anteriormente ainda não tenha sido entregue, o que significa que há um Estoque Pendente (EP). Assim, o lote a ser encomendado é dado por:

$$q = S - (EE + EP) \tag{5.40}$$

O estoque pendente sempre ocorre quando o Prazo de Espera (L) for maior que o Prazo de Revisão (R). Mas pode ocorrer por demora na entrega além da prevista. Continuando no mesmo exemplo, supondo que no dia de revisão o Estoque Existente (EE) é de 1.250 unidades e há uma encomenda pendente de 2.350 unidades, o lote a ser encomendado (q) é calculado como segue:

$$q = 8.296 - 2.350 - 1.250 = 4.696 \; unidades$$

Pode-se efetuar o cálculo direto do lote combinando a Equação 5.35 com a 5.40, ou seja:

116 Logística hospitalar

$$q = \overline{D}(R+L) + k\sigma_D\sqrt{R+L} - (EE + EP) \tag{5.41}$$

5.4.2 Determinação do Período de Reposição

Uma questão fundamental deste sistema é a determinação do Prazo de Revisão (R). Períodos curtos de revisão permitem manter estoques médios menores e, portanto, exigem menos capital de giro; porém aumentam os custos administrativos, pois as revisões tornam-se frequentes. Períodos longos aumentam a necessidade de capital, mas diminuem os custos de compra ou de produção. Assim, para estabelecer os períodos de revisão, é necessário levar em consideração este dilema: capital empacado em estoque *versus* custos para adquiri-los.

Uma maneira de resolver essa questão é determinar os períodos de revisão segundo a importância dos itens em relação ao valor total dos estoques. Pela classificação ABC, os itens da classe A, como são poucos em número, mas representam grande valor, podem ter um período curto de revisão. Os itens C, como são numerosos, podem ter um período de revisão maior, o que diminui as necessidades de recursos administrativos para efetuar as revisões e processar as compras sem produzir elevação substancial no valor do estoque total, por ser de pouco valor.

O prazo de revisão pode ser determinado com base nas equações derivadas do LEC. O R^*, obtido pelas Equações 5.20 e 5.21, é o período de revisão que minimiza os custos totais anuais do item. Considere, por exemplo, um item com demanda anual estimada de 30 mil unidades, custo de aquisição de $ 12,00, taxa de manutenção de estoque igual a 50% do custo de aquisição e custo unitário de um pedido de compra de $ 25,00. Usando a Equação 5.20, tem-se o período de revisão diretamente associado ao LEC, isto é, sem ter que calcular esse lote:

$$R^*_{dias} = \left(\sqrt{\frac{2P}{Dci}}\right) 365 \; dias = \left(\sqrt{\frac{2 \times 25}{30.000 \times 12 \times 0,5}}\right) 365 \; dias = 6 \; dias$$

Não é necessário calcular o R para cada item mantido em estoque, pois seria um desperdício de tempo e produziria pouco benefício. Note que o Dc das Equações 5.18, 5.19 e 5.20 é o valor de utilização da demanda anual de um item específico ao custo de aquisição. Como a classificação ABC também pode basear-se nesse valor de utilização, é possível usá-la para determinar o prazo de revisão. Assim, se a organização utiliza a classificação ABC da demanda ao custo de aquisição, esse dado já está disponível para calcular o R^*. Nesse caso, aplica-se o valor de utilização mediano da classe. Por exemplo: supondo um estoque conforme a classificação ABC da Tabela 5.3, custo unitário do pedido (P) de $ 20,00 e taxa de

Capítulo 5 • Sistemas de reposição de estoques

manutenção de estoques (i) de 40%, os prazos de revisão ajustados para cada classe são 7, 14 e 30 dias, respectivamente.

TABELA 5.3 • Uso combinado do Sistema de Reposição Periódica e LEC

Classe	Valor de utilização (Dc) mediano da classe	$N^* = \frac{1}{k}\sqrt{Dc}$ (Equação 5.19)	$R^* = 360 \, dias/N^*$ (Equação 5.21)	R* ajustado
A	260.000	51,0	7,06	7 dias
B	85.000	29,2	12,3	14 dias
C	15.000	12,3	29,3	30 dias

Fonte: elaborada pelos autores.

Os prazos calculados na Tabela 5.3 não minimizam os custos totais anuais devido às perdas de precisão nos cálculos, pois todos os valores de utilização dos itens de uma classe foram substituídos pelo valor mediano da classe. Isso, no entanto, não é um problema por dois motivos: primeiro, o modelo do LEC é de baixa sensibilidade aos dados de entrada e a curva de custo total é suave nas imediações do custo mínimo, como visto na Figura 5.9. Segundo, as decisões sobre estoque são repetitivas e regenerativas, de modo que é possível realizar mudanças nas quantidades compradas e nos períodos de compra ao longo do tempo com razoável facilidade para adequá-los às necessidades da demanda.

Para produtos que apresentem variações sazonais (Figura 5.13-A), deve-se calcular diferentes Estoques Máximos (S) para os diferentes períodos da amplitude sazonal, como mostra a Figura 5.13-B, ou alternativamente, variar o prazo de revisão: menor nos períodos de pico, maior nos vales (Figura 5.13-C). Note que no sistema do ponto de pedido a sazonalidade fica implicitamente incorporada na velocidade com que o nível de estoque disponível atinge o ponto de pedido (Figura 5.14-D).

Algumas vantagens do sistema de reposição periódica são:

a. facilidade operacional;
b. controle maior sobre a cobertura dos estoques;
c. períodos de revisão por grupos ou famílias de produtos.

Com isso, é possível estabelecer calendários de revisões que favoreçam a redução das despesas administrativas do setor de compras e armazenagem. A realização de revisões e compras para grupos de produtos em intervalos regulares de tempo permite distribuir melhor a carga de trabalho do pessoal da área de materiais.

FIGURA 5.13 • Efeito da sazonalidade

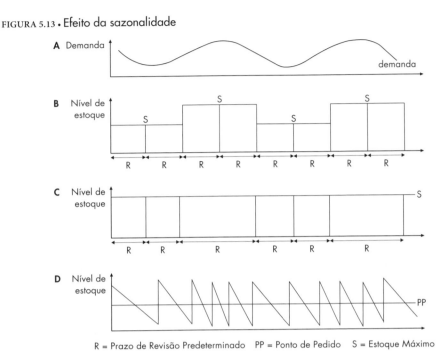

Fonte: elaborada pelos autores.

5.4.3 Calendários de compras

Para elaborar um calendário é necessário definir as listas de itens, cada qual com o seu dia específico de revisão para efeito da sua reposição. Na elaboração das listas é preciso efetuar ajustes, por exemplo, para incluir nas mesmas listas os itens de um mesmo fornecedor ou que sejam utilizados em conjunto.

A Tabela 5.4 apresenta um exemplo hipotético de calendário de reposição para uma empresa que utiliza 6 mil itens de materiais, conforme a classificação ABC. Considerando que o departamento de compras adquire de segunda a quinta-feira e reserva a sexta para planejamento e outras atividades internas, uma distribuição equilibrada das compras diárias é dada pela quarta coluna da tabela. Com um prazo de revisão de uma semana, os 600 itens A serão distribuídos em quatro listas de 150 itens cada (A1, A2, A3 e A4), atribuídas a um dos quatro dias de compras. Com prazo de duas semanas, os 1.800 itens B terão oito listas (B1, B2, ..., B8), de modo que ao final da segunda semana, todos os itens desta classe foram revistos a fim de serem repostos. O mesmo raciocínio vale para os itens C, que terão 16 listas (C1, C2, ..., C16). Nos dias de compra, serão revistos 600 itens para efeito de reposição. Desse modo, pode-se estabelecer um calendário, como mostra a Figura 5.14.

Capítulo 5 • Sistemas de reposição de estoques   **119**

TABELA 5.4 • Classificação ABC e prazos de revisão por classe

Classe	Número de itens	Prazo de revisão (em semanas)	Compras diárias
A	600	1	$600 \div 4 = 150$
B	1.800	2	$1.800 \div 8 = 225$
C	3.600	4	$3.600 \div 16 = 225$
Total	6.000		600 compras por dia

Fonte: elaborada pelos autores.

Como mostra a Figura 5.14, os 150 itens da lista da segunda-feira da primeira semana (A1) serão revistos todas as segundas-feiras seguintes; os da terça-feira (A2), todas as terças-feiras e assim por diante. Os 255 itens B da lista da segunda-feira da primeira semana (B1) só serão revistos na segunda-feira da terceira semana, depois na segunda-feira da quinta semana, etc., pois o prazo de revisão é de duas semanas. Os 225 itens C da lista da segunda-feira da primeira semana (C1) somente serão revistos na segunda-feira da quinta semana; depois na da nona semana e assim segue. Um efeito visível do uso de calendários de compra é uma melhor distribuição do trabalho interno dos setores administrativos envolvidos.

FIGURA 5.14 • Calendário de compras hipotético

Fonte: elaborada pelos autores.

5.4.4 Cálculos decorrentes

O estoque médio de um item em determinado período de reposição é a média obtida entre o estoque no início e o estoque no final desse período. Quando se usa o sistema de revisão periódica, o estoque médio é a demanda média durante o prazo de revisão ($\overline{D}_R$) mais o estoque de segurança, ou seja:

$$EM = \frac{\overline{D}_R}{2} + ES \qquad (5.42)$$

logo, o custo de manter anual é dado por: $CMA = \left(\frac{\overline{D}_R}{2} + ES\right) ci \qquad (5.43)$

O custo de obter anual continua sendo calculado do mesmo modo indicado anteriormente, isto é, $COA = NP$, na qual o N é frequência de compras durante o ano. Assim, o custo total anual estimado do item resulta da Equação 5.14 modificada:

$$CTA = Dc + NP + \left(\frac{\overline{D}_R}{2} + ES\right) ci \qquad (5.44)$$

5.5 SISTEMA MISTO

As características dos sistemas básicos descritos anteriormente podem ser combinadas para formar outros sistemas de reposição. A Figura 5.15 mostra o esquema de um sistema que combina estoque máximo com o ponto de pedido; sempre que o nível de estoque for menor ou igual ao Ponto de Pedido (PP) encomenda-se uma quantidade que complete o Estoque Máximo (S), que é uma quantidade fixa dada pela diferença entre esses dois parâmetros ($Q = S - PP$). Trata-se, portanto, de um sistema de lote fixo e período de revisão variável, também denominado como sistema máximo-mínimo.

FIGURA 5.15 • Exemplo de um sistema misto: Ponto de Pedido e Estoque Máximo

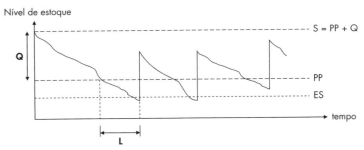

Fonte: elaborada pelos autores.

Exemplo: considere um item que apresente uma demanda média diária de 300 unidades e desvio padrão de 120 unidades, com prazos de revisão de sete dias e de espera de cinco dias. Para um nível de atendimento de 95%, o ponto de pedido (PP) e o estoque máximo (S) são obtidos pelas Equações 5.24 e 5.35, respectivamente:

$$PP = \overline{D} \times L + k\sigma_D\sqrt{L} = 300 \times 5 + 1{,}645\sqrt{5}(120) = 1.941 \; unidades$$

$$S = \overline{D}(R+L) + k\sigma_D\sqrt{R+L} = 300(7+5) + 1{,}645 \times 120\sqrt{7+5} = 4.284 \; unidades$$

O lote de reposição é $Q = S - PP = 4.284 - 1.941 = 2.343$, que pode ser arredondado para 2.350 ou 2.300 para facilitar o processo de compra.

5.6 SISTEMA DE DUAS GAVETAS

Todos os sistemas de reposição já apresentados têm em comum o fato de estarem isolados dos materiais que gerenciam. As decisões sobre quando e quanto repor estão baseadas no processamento de informações sobre saldos de estoques, prazos e parâmetros de planejamento e controle, como tamanho do lote, estoque máximo, ponto de pedido e outros. A movimentação física dos materiais é realizada por outras pessoas e com outros meios. O sistema das duas gavetas (*two-bins refil system*) é um sistema físico de reposição instalado e operado pelos responsáveis pela movimentação dos materiais. A Figura 5.16 ilustra o funcionamento deste sistema.

FIGURA 5.16 • Sistema das duas gavetas

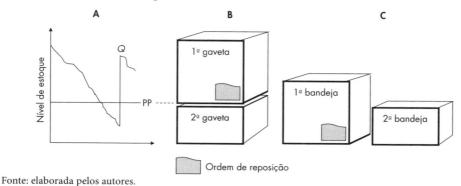

Fonte: elaborada pelos autores.

Esse sistema é apropriado para itens de baixo valor, como os da classe C, peças de reposição de dimensões físicas reduzidas e materiais auxiliares de laboratórios, todos com prazos de entrega curtos. A rigor, este sistema é o do ponto de pedido (Figura 5.16-A), no qual as quantidades estão separadas fisicamente em duas gavetas fixas em armários (Figura 5.16-B), ou em bandejas lado a lado em prateleiras (Figura 5.16-C). Uma ordem de reposição é enviada ao fornecedor assim que a primeira gaveta fica vazia; enquanto se espera pela reposição (L), utiliza-se o estoque da segunda gaveta.

A ordem de reposição informa a quantidade fixa de reposição (Q), cujo dimensionamento segue a mesma sistemática do sistema do ponto de pedido, que pode ser o lote econômico, o lote do fornecedor ou uma fração da demanda estimada para certo período. O Ponto de Pedido (PP), o estoque da segunda gaveta, é um nível de estoque que suporta a demanda durante o prazo de entrega, que pode ser calculado de acordo com a Equação 5.25. Quando o Lote Fixo (Q) chega, completa-se o estoque da segunda gaveta (PP) e o restante vai para a primeira (Q – PP).

5.7 KANBAN

Em todos os sistemas apresentados, os estoques são dimensionados para antecipar a demanda, por isso se diz que são sistemas baseados em planejamento e programação empurrados. O sistema empurrado dimensiona os estoques e espera que eles estejam disponíveis quando os clientes ou usuários necessitarem dos materiais. De modo diferente, o *kanban* é um componente de sistemas puxados, nos quais são as necessidades dos usuários que desencadeiam os processos de atendimento. O *kanban* faz parte da metodologia *lean* (enxuto) que consiste essencialmente em combater impiedosamente o desperdício, uma malignidade que assume inúmeras formas, como gastos imoderados de recursos valiosos, perdas de tempo, de energia, quebras, furtos, extravios, retrabalhos, paradas imprevistas, erros, redundâncias e excessos de estoque. O estoque, seja qual for, é um ativo parado, e, portanto, corresponde ao conceito de desperdício.

A arma mais conhecida do arsenal *lean* é a gestão *Just In Time* (JIT) dos estoques. A ideia é simples: se todo material necessário para a realização de certo serviço, por exemplo, uma operação cirúrgica não emergencial, chegar ao local necessário no momento certo, elimina-se a necessidade de estoque desse material. O JIT popularizou-se na década de 1970 com o sucesso do sistema de produção da Toyota, depois ganhou o mundo. Hoje, o JIT é considerado uma filosofia de gestão que procura atender a demanda no momento em que ela se manifesta e eliminar todo tipo de desperdício, entre eles, os estoques.

O *kanban* é um instrumento para puxar a produção, criado inicialmente como parte do sistema de produção da Toyota e, com o tempo, adotado por empresas manufatureiras de todo o mundo. A palavra *kanban* (sinal ou cartão em japonês), é um dos componentes do sistema de JIT. Há vários tipos de *kanbans*: de produção funciona como uma ordem de produção de um lote fixo de certa peça; o de transporte ou de requisição é uma ordem para a movimentação dessa peça do centro de produção para o centro usuário; de fornecedor autoriza o fornecedor externo a entregar um lote fixo de certo material no estabelecimento do comprador. Os *kanbans* podem ser de diferentes formas: cartões, como originariamente (Figura 5.17), o próprio contêiner, locais marcados no chão ou na prateleira, mensagens eletrônicas (*e-kanban*) etc. Eles trazem, entre outras informações, o código do material e seu nome simplificado, o centro usuário e o fornecedor e a quantidade de peças que o contêiner carrega. Podem conter códigos de barras e etiquetas com *chips* para identificação por radiofrequência (RFID).

FIGURA 5.17 • Informações básicas de *kanban* na forma de cartão

Fonte: elaborada pelos autores.

Os *kanbans* e seus respectivos contêineres puxam a produção de um item a partir do seu usuário ou consumidor, como ilustra a Figura 5.18. Quando a última peça de um contêiner é usada, o *kanban* de requisição ou de transporte é uma autorização para levar o contêiner vazio até o centro produtor desse item. Nesse centro, um contêiner cheio é transportado até o centro usuário autorizado pelo *kanban* de requisição. O *kanban* de produção, que estava no contêiner cheio, é retirado e colocado junto ao centro produtor, para que este produza um novo lote padrão desse item. Esse é o sistema de dois *kanbans* criado pela Toyota, a maioria das empresas usa apenas o *kanban* de reposição.

A quantidade de contêineres (N_k), que circula entre o centro de trabalho do cliente e o centro do fornecedor, é dada por:

$$N_k = \frac{\overline{D}_d \times T(1+\alpha)}{C} \qquad (5.45)$$

onde: $\overline{D}_d$ = demanda diária do centro de trabalho cliente;

T = tempo do ciclo completo do contêiner (processamento, movimentação e esperas);

C = quantidade de peças de um contêiner;

α = fator de segurança.

Por exemplo, se um centro de trabalho consome 1.200 unidades de um item em 24 horas e o centro de estocagem leva 12 horas para preparar um contêiner com 100 unidades, então seis contêineres serão necessários, caso não seja aplicado nenhum fator de segurança [(1.200 × 0,5)/100 = 6]. A rigor, o fator de segurança, quando usado, não deve ser maior que 10%, o que é coerente com a filosofia JIT de suprir a quantidade de materiais necessária no momento e não mais que isso. Como dizia Taiichi Ohno, um dos formuladores do JIT na Toyota, a empresa que adota esse procedimento pode aproximar-se do estoque zero.[2] Este termo é uma espécie de mantra do JIT repetido à exaustão, para lembrar que os estoques representam desperdícios e, como tal, devem ser minimizados ao máximo por meio de planejamento e controle puxados.

O esquema da Figura 5.18 é típico para as organizações fabris. Em hospitais, esse esquema pode ser adaptado para prover materiais puxados pelos centros usuários (unidades de internação, centros de diagnósticos, centros cirúrgicos, nutrição, berçário etc.). Em vez de contêineres se movimentando de uma seção à outra, usam-se bandejas ou caixas dispostas diferenciadas por cores. Pela Equação 5.45, o

FIGURA 5.18 • Produção puxada pelo sistema *kanban*

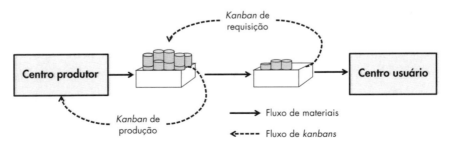

Fonte: Adaptado de JACOBS, F.R.; CHASE, R.B. *Administração de operações e da cadeia de suprimento*. 13. ed. Porto Alegre: McGrawHill e Bookman, 2012. p. 404.

---

2 OHNO, T. *Toyota production system*: beyond large-scale production. Cambridge: Massachusetts Press, 1991.

Capítulo 5 • Sistemas de reposição de estoques   **125**

número de contêineres circulando entre o centro fornecedor e o centro usuário varia conforme a Demanda Diária (D_d) deste centro, o Tempo do Ciclo (T) e a Quantidade Prefixada de materiais (C).

Em hospitais, é preferível manter um número fixo de contêineres e variar a quantidade de materiais. Por exemplo, bandejas verdes acondicionam o estoque para as próximas 24 horas, com base no conhecimento da demanda; bandejas amarelas guardam o estoque para as 48 horas subsequentes; e bandejas vermelhas mantêm o estoque de segurança. Cada bandeja terá quantidades diferentes, outra variável em relação ao modelo comentado, no qual todos os contêineres que circulam entre um centro usuário e um centro fornecedor levam a mesma quantidade de material.

Sempre é conveniente usar estoques de segurança em hospitais e eles podem ser maiores que 10% se forem itens críticos. Voltando ao exemplo, ao iniciar o uso do material de uma bandeja, *o kanban* presente nessa bandeja é enviado ao setor responsável pela reposição. A bandeja fica na prateleira como no sistema das duas gavetas. Como a demanda diária e o número de bandejas são constantes, o prazo de reposição e o fator de segurança são os parâmetros que determinam a quantidade de materiais que as bandejas devem conter. Por exemplo: um item com demanda diária de 250 unidades, prazo de reposição de dois dias e fator de segurança de um dia de consumo irá necessitar de mil unidades por ciclo (*250 + 3 dias × 250*), assim distribuídos: 250 unidades na bandeja verde, 500 na amarela e 250 na vermelha, como mostra a Figura 5.19 (na qual as bandejas coloridas estão representadas nas cores cinza, branco e preto, respectivamente).

FIGURA 5.19 • *Kanban* e identificação visual

Consumo do dia	Consumo durante o prazo de reposição	Estoque de segurança
250 itens	Prazo de reposição = 2 dias Estoque = 500 itens	Período de segurança = 1 dias Estoque de segurança = 250 itens

Fonte: elaborada pelos autores.

A grande vantagem desse sistema é a redução dos estoques sem perda de nível de atendimento. Além de economizar os juros sobre o capital de giro parado no estoque, economiza seguros contra roubo e incêndio e poupa a energia elétrica empregada na conservação de medicamentos em temperaturas controladas. Com isso, ganha-se espaços pela melhor arrumação dos almoxarifados e das farmácias, espaços escassos e preciosos nos hospitais, que poderiam ser usados para expandir as áreas de atendimento aos pacientes. Ademais, medicamentos e suprimentos hospitalares esterilizados (sondas, cateteres, seringas, etc.) têm prazos e validade limitados. Se o fornecimento desses itens não for eficiente, há forte risco de obsolescência pela ultrapassagem do prazo de validade e de perecibilidade por ação de umidade, calor, bactérias ou outro agente adverso.

5.8 SISTEMAS INTEGRADOS

Os sistemas de reposição apresentados anteriormente suportam operações com elevado grau de automação. Por exemplo, as solicitações de compras podem ser geradas instantaneamente com base em controle de estoque on-line, proporcionado pelo uso de tecnologias da informação, que atualizam automaticamente os níveis de estoques usando códigos de barra ou etiquetas com *chips* para identificação por radiofrequência (RFID). Os sistemas integrados, denominados Enterprise Resources Planning (ERP), é constituído por um conjunto de softwares associados às funções da organização e integrados a um banco de dados central, de modo que todas as funções possam usar os mesmos dados. A integração dessas áreas da organização requer uma base de dados única, que se avoluma de modo consistente ao longo do tempo. É um instrumento de automação das atividades administrativas e operacionais da organização.

Os ERP foram desenvolvidos a partir de 1990 para o ambiente de manufatura. Em sua origem está o sistema de planejamento das necessidades de materiais de demanda dependente, conhecido pela sigla MRP (Materials Requirement Planning). O MRP integrado a outras funções relacionadas com a produção, como Planejamento de Vendas e Operações (S&OP), Planejamento da Capacidade (CRP) e Plano Mestre de Produção (MPS), resultou no sistema conhecido pela sigla MRP II (de Manufacturing Resource Planning). Além de integrar as funções gerenciais típicas das áreas de produção e operações, o ERP integra as funções de outras áreas, como planejamento estratégico, gestão financeira, contabilidade geral, custos, controladoria, faturamento, contas a pagar, contas a receber, contabilidade fiscal, folha de pagamento, gestão de projeto e gestão do desempenho, de modo a apoiar a tomada de decisão em todos os níveis, do estratégico ao operacional. Em hospitais, os ERP tiveram que ser adaptados, pois, além dos módulos das funções gerenciais mencionadas acima, eles têm de possuir módulos médicos específicos, como prontuário eletrônico, prescrição eletrônica, internação, gestão de leitos e outras exemplificadas na Figura 5.20.

FIGURA 5.20 • Exemplos de atividades integradas de ERP

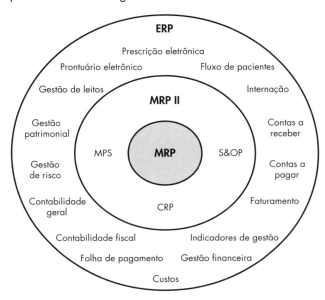

Fonte: Adaptado de CORRÊA, H.L; GIANESI, I.G.N.; CAON, M. *Planejamento, programação e controle da produção*. 5. ed. São Paulo: Editora Atlas, 2007. p. 398.

Muitos hospitais nacionais já se valem desses sistemas integrados hospitalares. Os mais usados têm origem nacional: o MV Sistemas, desenvolvido em Recife, é dos mais usados; o TASY, também muito empregado, nasceu em Blumenau e foi posteriormente adquirido pela Philips; o TOTVS de Saúde, de São Paulo, pertence a uma das maiores empresas de informática do mundo. Segundo esses fornecedores, quase um terço dos hospitais nacionais já se vale de algum sistema integrado de gestão. Os demais usam softwares de função específica ou planilhas tipo Excel. Mesmo que os sistemas integrados mencionados não possuam alguma função específica, os hospitais recorrem a uma customização, que consiste em criar uma interface entre o sistema e um *software* específico, possibilitando o aumento da integração.

Um dos principais benefícios dos sistemas integrados vis-à-vis aos convencionais é a redução dos tempos de processamento relacionados com as fases do prazo de espera, bem como das atividades relativas à estocagem, expedição, manuseio, transporte, recebimento, controle contábil, entre outras, para que sejam executadas em tempo real e sem duplicação de esforços. Pela via das consequências, reduzem-se os níveis de estoques sem sacrificar o nível de atendimento. Como mostram diversas equações apresentadas neste capítulo, o prazo de espera é um elemento determinante dos níveis

128 Logística hospitalar

de estoques, do custo de manter estoques e do giro de estoques. O tempo de emissão do pedido pode chegar a zero com a automação da gestão de estoques e das regras internas para aprovar os pedidos de compras. O tempo para preparação do pedido e expedição também se reduz de modo significativo como resultado das previsões e programas compartilhados com os fornecedores. Com isso, pode-se aumentar a frequência de compras para sincronizá-las à demanda, o que reduz drasticamente os estoques na cadeia de suprimento, dando a impressão de um fluxo contínuo, como um rio de planície que flui placidamente sem saltos, corredeiras, quedas, cascatas e represas.

» TERMOS E CONCEITOS

Calendários de compras	Lote Econômico de Compras
Compras antecipadas	Metodologia *lean*
Custo dos estoques	Ponto de pedido
Demanda dependente e independente	Prazo de espera
Enterprise Resources Planning (ERP)	Prazo de reposição
Estoque de segurança	Prazo de segurança
Estoque máximo ou estoque base	Retail Managed Inventory (RMI)
Kanban	Sistemas integrados
Just in time (JIT)	Vendor Managed Inventory (VMI)

» QUESTÕES PARA REVISÃO

1. Os administradores do Hospital Santa Paula prevêem para o próximo ano que os custos associados à gestão de materiais serão conforme a tabela a seguir. Além desses elementos de custo, os administradores estimam que serão efetuados cerca de 12 mil pedidos de compras no próximo ano e que o estoque médio total deverá girar em torno de $ 12 milhões. Com esses dados, e considerando que a taxa de rentabilidade mínima esperada é de 25%, calcule:

Elementos de custo	$ (10³)	Elementos de custo	$ (10³)
Salários e encargos do departamento de compras	860,00	Aluguel de equipamentos para o almoxarifado	30,00
Salários e encargos do almoxarifado	900,00	Depreciação de equipamentos do almoxarifado	300,00
Seguro do almoxarifado	200,00	Energia e combustível	300,00
Perdas de materiais	50,00	Publicações, catálogos e normas técnicas	50,00
Juros pagos a bancos e fornecedores	150,00	Inspeções e ensaios de amostras	60,00
Comunicação com fornecedores	180,00	Despesas de viagens de compradores	40,00

Capítulo 5 • Sistemas de reposição de estoques **129**

a. o custo total de um certo item sabendo-se que a demanda anual prevista é de 5 mil unidades, seu custo de aquisição é de $ 4,00 e os dirigentes do hospital planejam adquiri-lo em lotes de 500 unidades;

b. o custo total desse item se a empresa vier a adquiri-lo pelo lote econômico de compras.

2. O total anual com salários e encargos do pessoal do departamento de compras para o próximo ano foi estimado em $ 750.000,00 e as outras despesas vinculadas à compras têm representado cerca de 30% do total de despesas desse departamento. Se o setor prevê que no próximo ano serão efetuados 5 mil pedidos de compra, pede-se:

a. o custo médio de um pedido;

b. o custo de obter anual total de um item, cuja demanda anual é de 10 mil unidades e a empresa o adquire em lotes de 2 mil unidades.

3. Uma organização utiliza 6.400 itens de estoque classificados conforme a tabela a seguir e os adquire segundo a frequência indicada. Considerando que o departamento de compras vai trabalhar 250 dias no próximo ano, quantos itens devem ser revistos por dia para efeito de compras?

Classe	Número de itens	Frequência de compras anuais
A	400	52
B	1.000	26
C	5.000	13
Total	6.400	

4. A previsão da demanda anual de um item é de 10 mil unidades e o fornecedor fez a seguinte proposta: preço unitário de $ 40,00 para lotes de até 200 unidades; um desconto de 5% por unidade para lotes maiores entre 201 e 300 unidades; e um desconto de 10% para lotes maiores de 300 unidades. De quanto deve ser o lote, sabendo-se que o custo unitário de um pedido é de $ 40,00 e a taxa de manutenção é igual a 32% do preço unitário de compra?

5. Ao receber um pedido de compra de 3 mil unidades de certo item, o fornecedor informa que o preço dele terá um aumento de 10% a partir da próxima semana. Considerando que o consumo mensal desse item é de 2 mil unidades e sua taxa de manutenção é de 4% a.m., responda: é vantajoso comprar mais que 3 mil unidades? E se for, de quanto deve ser a quantia adicional?

CAPÍTULO 6

COMPRAS

A área de compras de uma organização é o elo entre a organização e o seu mercado fornecedor. Sua atuação não se restringe à aquisição de bens de consumo, mas também a aquisição de bens patrimoniais (equipamentos, instalações, viaturas etc.) e a contratação de alguns tipos de serviços, principalmente os relacionados diretamente com estes últimos, como os serviços de inspeção e manutenção. Ela também se encarrega da venda de bens materiais inservíveis, como bens patrimoniais usados e resíduos para reciclagem.

Os bens materiais a serem adquiridos podem ser classificados para efeito de aquisição em:

a. bens de consumo padronizados;
b. bens necessários para a produção própria de itens padronizados;
c. bens de consumo não padronizados;
d. bens para obras de construção e manutenção;
e. bens patrimoniais.

Os bens de consumo padronizados (letra *a*) são aqueles selecionados entre as possíveis alternativas, caso existam. As compras relacionadas com esses itens podem ser de dois tipos:

1. compras regulares, que são desencadeadas pelos sistemas de reposição, como os apresentados no Capítulo 5, o que pressupõe uma estimativa da sua demanda futura durante certo período, assunto do Capítulo 4;
2. compras urgentes, as que complementam as compras regulares quando da ocorrência de deficiências no processo de previsão, atrasos dos fornecedores ou outros tipos de imprevistos.

Para produzir internamente certos materiais de consumo, é necessário adquirir por meio de compra os itens relacionados na letra *b*, como fármacos, solventes e embalagens. Estes são itens de demanda dependente, de modo que as quantidades a serem compradas devem ser calculadas a partir das quantidades solicitadas dos itens de demanda independente que os integram.

Entre os bens relacionados na letra *c*, os mais importantes são os medicamentos não incluídos pela comissão de padronização. As compras desses medicamentos são requisitadas pelos médicos, seguindo os procedimentos estabelecidos pela comissão de padronização, contendo uma justificativa que mostre a eficácia do medicamento solicitado fundamentada em fontes bibliográficas relevantes. Os itens da letra *d*, relacionados com obras especiais, são tratados caso a caso; os que são usados de modo regular e requisitados com frequência, como certos materiais elétricos e hidráulicos, podem ser adquiridos para estoque, integrando desse modo os itens da letra *a*. Por último estão as compras de bens patrimoniais (letra *e*). Em alguns casos, é conveniente verificar se é mais vantajoso alugar, arrendar ou comprar um bem patrimonial (máquinas, mobiliário, veículos, instrumentos etc.), um tipo de decisão que, certamente, não é da competência do pessoal de compras, mas este poderá contribuir fornecendo informações aos tomadores de decisão.

6.1 PROCESSO DE COMPRA

Centralizar ou descentralizar as atividades de compras é um tipo de decisão comum às grandes organizações. As duas possibilidades apresentam vantagens e desvantagens, e só uma avaliação caso a caso pode indicar a melhor opção. Em termos gerais, a centralização tem como vantagem um poder de barganha ampliado pelo volume concentrado de compras e a redução dos custos administrativos das compras pela concentração dos esforços em um só local. A descentralização aumenta esses custos, mas permite que os compradores estejam mais perto dos usuários e conheçam melhor suas necessidades. No caso dos hospitais, observa-se uma tendência de centralização das atividades de compras. Como parte dessa tendência, observa-se também o crescimento das atuações conjuntas de vários hospitais para formar centrais ou consórcios de compras, com o objetivo de ampliar o poder de barganha junto aos fornecedores, geralmente grandes empresas oligopolistas.

Os processos de compra de uma organização envolvem diversas atividades específicas, entre elas, as seguintes: manutenção de cadastros de fornecedores, emissão de pedidos de compras, elaboração de cotações, negociação, contratação, diligenciamento ou acompanhamento (*follow-up*), avaliação de fornecedores e desenvolvimento de novos fornecedores. Um outro conjunto de atividades da área de compras refere-se à assistência aos usuários internos, provendo informações para identificar materiais adequados para a organização e para o processo de simplificação e padronização.

A Figura 6.1 ilustra, de modo esquemático, um processo de compra de bens de consumo padronizados. O processo se inicia com a solicitação de compra desencadeada pelo sistema de reposição adotado, por exemplo, quando o nível de estoque existente for menor ou igual ao ponto de pedido. A rigor essa solicitação deve ser suficiente para desencadear o processo de compra, a não ser que haja algum estudo para substituir o material. Vale lembrar que quanto mais tempo a organização gasta para autorizar a compra de um material, mais aumenta o tempo de espera e, consequentemente, o nível de estoque necessário para atender a demanda.

FIGURA 6.1 • Exemplo de um processo simplificado de compra de itens regulares

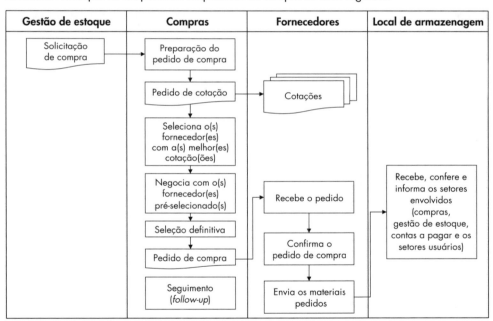

Fonte: elaborada pelos autores.

O setor de compras selecionará o fornecedor e emitirá um pedido de compras, cujas vias terão o seguinte destino: 1ª e 2ª vias: fornecedor; 3ª via: responsável pelo armazenamento; 4ª via: contas a pagar; 5ª via: arquivo do setor de compras. Quando o fornecedor recebe o pedido, devolve a 2ª via assinada, que serve como protocolo de entrega e confirmação da sua aceitação do pedido. Na chegada do material ao hospital, o encarregado do recebimento confere a nota fiscal com a 3ª via do pedido.

134 Logística hospitalar

Após a inspeção de qualidade, se o material for aceito dá-se a entrada no almoxarifado, farmácia ou outro local de armazenagem. O responsável pelo armazenamento preenche a nota de recebimento, completando os dados da 3ª via do pedido, e a envia junto com a nota fiscal ao setor de contas a pagar, que providenciará o pagamento ao fornecedor, após conferir esses documentos com a 4ª via do pedido. A nota de recebimento é enviada ao setor de compras, para dar baixa no pedido.

A Figura 6.2 apresenta um esquema de compras de produtos não padronizados, no qual as compras são solicitadas pelo usuário. A solicitação deve ser justificada e, se for de medicamentos, deve seguir os procedimentos comentados anteriormente. A autorização para a compra deve ser assinada por uma autoridade competente para esse fim. Convém verificar a possibilidade de o usuário aceitar um produto equivalente. Autorizada a solicitação, o processo segue de modo semelhante ao dos itens regulares. Não estão incluídas nesses fluxos as operações relacionadas com emissão de notas fiscais, documentos de transporte, pagamentos, recolhimentos de impostos, constatações de divergências entre pedidos e notas fiscais, emissão de relatórios e muitas outras relacionadas com os processos de compras.

FIGURA 6.2 • Exemplo de um processo simplificado de compra de itens não padronizados

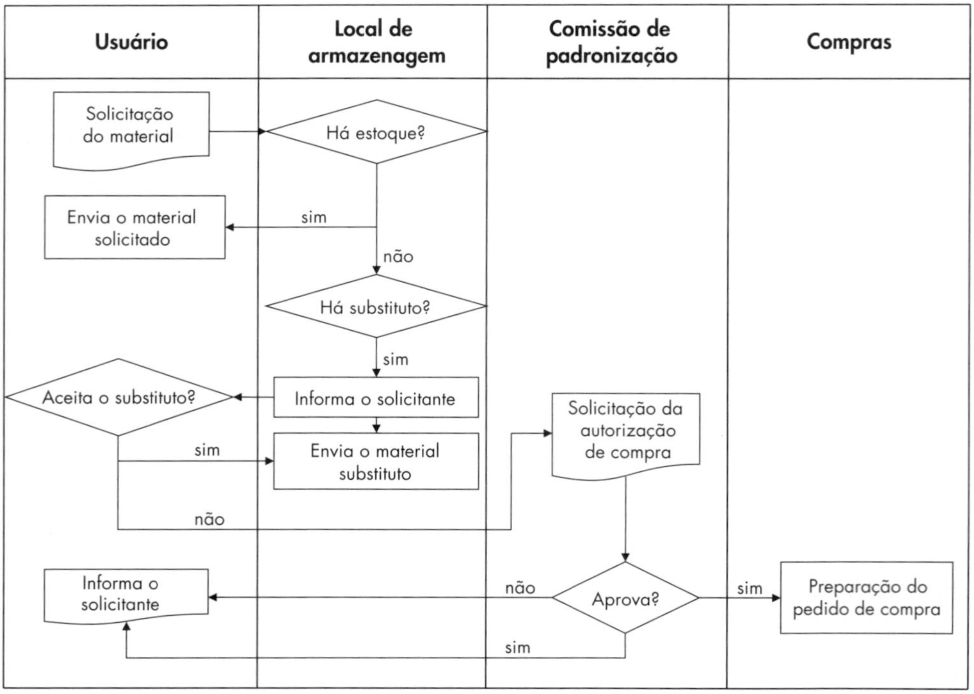

Fonte: elaborada pelos autores.

6.1.1 Órteses, próteses e materiais especiais

Certos materiais não se enquadram em nenhuma dessas classes de bens para efeito de compra. Entre eles estão um tipo de material conhecido pela sigla OPME, de órtese, prótese e materiais especiais. Entende-se por órtese qualquer material permanente ou transitório que auxilie as funções de um membro, órgão ou tecido.[1] Elas podem ser externas, cuja colocação ou remoção não requeiram ato cirúrgico (por exemplo: muletas e aparelhos auditivos); ou internas, como marca-passos, placas e parafusos ortopédicos implantados por ato cirúrgico. Prótese é qualquer material permanente ou transitório que substitua total ou parcialmente um membro, órgão ou tecido.[2] Também podem ser externas, como pernas e braços artificiais; ou internas, como válvulas cardíacas e peles artificiais. Material especial é qualquer material ou dispositivo de uso individual que auxilie em procedimentos diagnósticos ou terapêuticos e que não se enquadra como órtese ou prótese, como cimento ortopédico.

Os mais problemáticos do ponto de vista logístico são as órteses e próteses que requerem ato cirúrgico para a sua implantação. São materiais de custo elevado, apresentam-se com uma variedade imensa, pois devem se ajustar às dimensões das estruturas humanas que substituem ou complementam e, em geral, apresentam baixo giro. Acrescente-se ainda que há poucos fabricantes para classes específicas de OPME e eles defendem as inovações em seus produtos com patentes, o que dificulta a sua difusão e, consequentemente, a queda dos seus preços ao longo dos anos. Todas essas características fazem dos OPME um grupo de materiais que requer processo de aquisição diferente dos demais. Também não convém que sejam mantidos em estoque pelo hospital. Devem ser encomendados aos fornecedores alguns dias antes da cirurgia e entregues 24 horas antes da mesma. Na prática, são entregues em cima da hora, mas não raro com atrasos, o que requer adiamento da cirurgia com todos os problemas que isso acarreta. Devem ser ainda esterilizados com técnicas avançadas antes do ato cirúrgico. Essas façanhas de *Just in Time* ocorrem milhares de vezes por dia no conjunto dos hospitais nacionais. O milagre logístico sempre antecede o milagre cirúrgico.

Em geral, os OPME são obtidos em regime de consignação devido ao elevado custo e baixo giro, bem como para certos casos, pela necessidade de uso ou aplicação experimental no paciente para ajustá-los as suas condições e dimensões.

---

1 BRASIL/ANVISA. 2013, art. 19, § 3º.
2 BRASIL/ANVISA. 2013, art. 19, § 2º.

O regime de consignação é amparado por contrato, pelo qual o consignante (no caso, o fabricante ou distribuidor) entrega ou coloca a disposição ao consignatário (o hospital) os OPME, para usá-los segundo valores combinados, podendo o consignado devolvê-los se não os utilizar sem ônus. A guarda do material pode ficar fisicamente com qualquer uma das partes do contrato, porém à disposição do hospital para a realização de exames e testes. O hospital solicita ao fornecedor o material por meio de um Pedido de Materiais em Consignação e este os envia com uma nota fiscal referente à simples remessa. O consignante só irá faturar o material quando o consignatário utilizar o material, incluindo os valores dos impostos incidentes.[3]

Não é raro o fornecedor enviar ao hospital, na modalidade contratual de comodato, instrumentos necessários para efetuar o implante, como equipamento cirúrgico, bisturis elétricos, circulador de soro, câmara de filmagem, entre outros. A remessa desses itens deve ser acompanhada de nota fiscal, indicando tratar-se de remessa de bem por conta de contrato de comodato. A venda de materiais médicos constitui parcela essencial do lucro do hospital privado. Nessa perspectiva, os OPME, cuja margem de contribuição é elevada, merecem atenção especial dos gestores.

6.1.2 Pedido de Compra

O Pedido de Compra é um documento formal que deve reproduzir as condições negociadas entre as partes, tendo força de contrato quando aceito pelo fornecedor. Ele estabelece obrigações e direitos entre comprador e fornecedor, sendo a base para dirimir qualquer dúvida ou controvérsia. Cada pedido deve estar relacionado com uma solicitação de compras pelo órgão gestor de estoque ou usuário do material. Em sistemas integrados, os dados da solicitação são transportados automaticamente para o pedido.

Cada pedido de compra deve ter número, data da emissão, especificações dos itens solicitados, quantidades, preço unitário, condições de pagamento e de reajuste, e, se for o caso, prazo de entrega, local da entrega, meio de transporte, impostos e outras informações necessárias para caracterizar a transação. Essas e outras condições estabelecidas no pedido devem ser atendidas pelo fornecedor sob pena de inviabilizar a compra. O fornecedor deve confirmar o recebimento e a aceitação dentro de prazo estipulado no pedido.

Havendo divergência entre o pedido e a mercadoria entregue, ou entre o pedido e a nota fiscal, o que não é um evento raro nos ambientes de negócios deste e de

---

3 BRASIL/CONFAZ. Ajuste SINIEF n. 11, de 15/8/2014.

Capítulo 6 • Compras **137**

qualquer país, o comprador não poderá receber o pedido. Por isso, é comum que os pedidos de compras contenham condições de devolução pelo não atendimento de suas condições, sem ônus para o comprador. Porém, qualquer divergência que demore a ser sanada, ou que leve à não aceitação do material pedido, sempre irá representar um ônus para o comprador, se considerar os transtornos que isso lhe causa.

6.1.3 **Compras eletrônicas**

A realização de compras pela via eletrônica (*e-procurement*) vem acontecendo há décadas, tendo como ponto de partida o EDI, que ainda continua sendo uma opção bastante atraente, em especial o EDI via web. Os negócios entre empresas pela via eletrônica, principalmente pela internet (*business-to-business* – B2B), um segmento do comércio eletrônico (*e-commerce*), envolvem uma gama crescente de modelos de negócios em ambientes de transações comerciais públicos e privados.

Há dois modelos básicos com infindáveis variações. O modelo do tipo "uma empresa, um fornecedor" cria uma via eletrônica que liga duas empresas a partir de relacionamentos exclusivos, envolvendo produtos ou grupos de produtos específicos. O modelo do tipo "uma empresa, vários fornecedores" replica as compras convencionais, pelo qual uma empresa cria um sistema próprio para realizar compras on-line com base em fornecedores previamente cadastrados. Nesse caso, a empresa cria o seu próprio site de compras e este emite as solicitações de cotação e envia eletronicamente para os fornecedores cadastrados, que digitam suas propostas em telas ou formulários eletrônicos e assim por diante, não fugindo do esquema apresentado na Figura 6.1, a não ser pela redução de tempo, custos e erros, o que não é pouco.

Outra forma de realizar compras eletrônicas é pela participação da organização compradora em sites de acesso público. Portais de compras, distribuidores virtuais, leilões, transferências financeiras, serviços de remessas são exemplos de modelos de negócios multilaterais em ambiente público. Esses negócios criam espaços virtuais públicos (*e-markets*) onde compradores e vendedores comparecem para se informar e realizar transações comerciais on-line. Há diversos modelos de compras eletrônicas, como os sites agregadores de catálogos de fornecedores, geralmente de um setor específico, nos quais os compradores conseguem obter informações sobre os produtos, preços, condições de pagamento e de entrega, evitando a necessidade de acessar cada um dos possíveis fornecedores. Os *hubs* são modelos de B2B mais abertos, que funcionam como centros ou feiras de negócios virtuais, para onde convergem compradores e fornecedores dos mais variados setores e com diferentes perspectivas de negócios.

Outro modelo é o leilão virtual, que pode ser usado para vender ou para comprar, nesse caso denominado leilão reverso. A organização compradora anuncia o que quer comprar, apresentando as especificações do produto, quantidades, prazo de entrega e outras informações, e os fornecedores fazem suas propostas em um ambiente de disputa aberta. Com isso, os preços tendem a cair e as condições de entrega, melhorar. Esse modelo pode ou não estabelecer algum processo de qualificação prévia para os fornecedores participantes.

Os modelos de acesso público requerem regras de negócio, procedimentos operacionais e administrativos substancialmente diferentes dos negócios em ambiente privados. Como se vê, há uma crescente diversidade de novos modelos de negócios, como os serviços de intermediação que agregam outros valores, como avaliação de fornecedores, segurança e apoio logístico, e cada vez haverá mais, pois nesse campo o céu é o limite. Para os compradores, os benefícios esperados são muitos, a saber:

- aumenta as opções de fornecimento;
- melhora o conhecimento dos mercados e das suas alterações a custos muito baixos;
- reduz os prazos internos e externos para processamento do pedido de compra;
- reduz as transcrições de dados e, portanto, os erros de processamento;
- reduz os estoques entre os membros da cadeia e não apenas para o comprador;
- facilita as atividades pós-transação, como o diligenciamento;
- promove a baixa dos preços dos produtos.

A possibilidade de ampliar a presença de compradores e vendedores no espaço virtual criado pela web reduz a assimetria dos agentes em termos de informações sobre preços, condições de pagamento, capacidade produtiva, disponibilidade, qualidade, produtos alternativos, complementares, entre outras. Com isso, um dos benefícios mais evidentes é a redução dos custos de transação, isto é, os custos para buscar informação, negociar, fiscalizar, diligenciar, solucionar controvérsias etc., que a organização incorre quando transaciona com outros agentes para suprir alguma necessidade via mercado. O espaço virtual, ao gerar maior visibilidade, inibe certas práticas oportunistas, como segregar informações ou fornecê-las em doses homeopáticas para obter vantagens adicionais da outra parte envolvida na negociação.

O custo do pedido de compra reflete os custos de transação e influencia o dimensionamento dos lotes de compras: à medida que esse custo aumenta, a tendência

Capítulo 6 • Compras   **139**

é aumentar o lote de compras e, consequentemente, o estoque médio. A redução desse custo já seria por si só uma grande vantagem das compras por meio do B2B. Redução dos custos de aquisição, melhores condições de entrega, mais opções de fornecimento e possibilidade de gerenciamento integrado da cadeia de suprimento são outros benefícios esperados.

6.1.4 Compras antecipadas

É prática comum dos vendedores informar aos seus clientes, com antecedência, a época e o percentual de aumento dos produtos que vendem. Outra prática frequente é conceder descontos ou não considerar o aumento, desde que se compre uma quantia maior do que a habitual. Outras empresas retardam por um tempo a elevação dos preços para premiar certos clientes, dando-lhes a oportunidade de adquirir seus produtos a preços inferiores aos que já vigoram na praça. Em qualquer desses casos, o comprador fica tentado a encomendar quantias maiores do que seriam normalmente necessárias para ganhar com os descontos.

Comprar antes dos aumentos previstos ou anunciados ou ganhar descontos nas compras é visto no nosso ambiente empresarial como prova de eficiência do pessoal responsável pelo suprimento de materiais. No entanto, olhar apenas para os preços é uma prática perigosa que pode gerar graves prejuízos à empresa. Além do preço, deve-se verificar também a taxa de juros, o giro dos estoques e a disponibilidade de recursos financeiros e de espaço físico para armazenagem. Assim, ao decidir sobre uma compra antecipada, é importante tentar responder às seguintes questões:

1. O giro desse produto é alto suficiente para que o investimento retorne rapidamente à organização?
2. A compra antecipada irá acarretar encargos financeiros além do suportável para a empresa?
3. Caso a disponibilidade de recursos financeiros não seja um problema, existem outras oportunidades onde estes recursos seriam melhor aplicados?
4. A compra antecipada irá elevar consideravelmente os custos de armazenagem?
5. A compra antecipada irá aumentar as quebras e perdas por manuseio, obsolescência ou perecibilidade?

As respostas a essas questões permitem verificar o custo de oportunidade do dinheiro aplicado em estoque. Na atividade empresarial, são inúmeras as necessidades exigindo constantemente recursos e a compra de materiais é apenas uma delas.

Pode ser um erro ganhar descontos comprando mais que o necessário se para isso a empresa tiver de recorrer aos bancos para pagar sua folha de pagamento. Como o custo de oportunidade está relacionado com a taxa de juros do mercado e com a taxa de inflação, torna-se necessário compará-las para decidir sobre compras antes de aumentos previstos.

Quando a taxa de juros for menor que a taxa de inflação, a compra antecipada pode ser um bom negócio para a empresa. Mesmo assim, é aconselhável apenas para produtos de alto giro. É comum encontrar produtos inativos ou obsoletos por terem sido comprados além da necessidade para ganhar com a elevação dos seus preços. Quando a taxa de juros for mais alta que a da inflação, comprar o mínimo necessário é mais vantajoso, pois se trata de uma situação típica de escassez de recursos financeiros. Em uma situação como essa, a melhor forma de evitar os efeitos nocivos da taxa de juros sobre o capital de giro é aumentar o giro dos estoques, principalmente os de maior valor.

Não é fácil levar em consideração todos esses aspectos para decidir se devemos ou não comprar mais do que o habitual para ganhar com o aumento previsto. Mesmo porque, muitas vezes, o comprador não tem muito tempo para decidir, pois em geral trata-se de uma questão do tipo *pegar ou largar*. Uma equação muito simples, que dá ao comprador um referencial para tomar decisão nessas situações, é a seguinte:[4]

$$m = \frac{TAP}{TMME} \tag{6.1}$$

onde m = meses de consumo adicionais a comprar;

TAP = taxa de aumento previsto (em %);

TMME = taxa mensal de manutenção de estoques (em %).

Exemplo: supondo que as compras do produto KLM são feitas normalmente para um mês de consumo, que o seu preço deverá subir 10% na próxima semana e que a taxa de manter estoques é de 5% ao mês, temos então que m = 2 meses de consumo adicional. Neste caso, será conveniente comprar uma quantia correspondente a três meses de consumo. A Equação 6.1 é muito mais prática para este cálculo do que o modelo do lote econômico com desconto mostrado na Seção 5.3.2.

---

4 MACHLINE, C. Compras, estoque e inflação. *Revista de Administração de Empresas* (RAE) FGV-EAESP, Rio de Janeiro, v. 21, n. 2, p. 7-15, abr./jun., 1981.

Capítulo 6 • Compras   **141**

Concluindo, é recomendável comprar antes de altas de preços anunciadas somente se for produto de alta rotatividade, se a empresa obtiver prazos folgados para pagamento, se tal compra não representar uma grande pressão sobre o capital de giro necessário para manter as demais atividades da empresa, e se o aumento previsto for maior que a inflação estimada.

6.2 FORNECEDORES

A atividade central de qualquer processo de compra é a escolha do melhor fornecedor para a organização, entre aqueles que podem entregar o material especificado nas quantidades solicitadas, atendendo às condições de qualidade, pontualidade, rapidez das entregas, custo mínimo para a organização e outras estipuladas no pedido de compra. A manutenção de um cadastro de fornecedores é crucial para essa finalidade. A principal função do cadastro é prover informações atualizadas de fornecedores e de pretendentes a fornecedores para subsidiar com rapidez e segurança a decisão relativa a quem contratar.

As atividades relativas ao cadastramento envolvem a avaliação inicial de fornecedores para inclusão no cadastro, com base em documentos apresentados pela organização pretendente, como: contrato social e suas alterações, demonstrativos contábeis, certidões negativas, atestados de idoneidade financeira, catálogos de produtos, documentos internos relativos aos seus sistemas de gestão da qualidade, gestão ambiental e da responsabilidade social, e, se houver, comprovantes de certificações de segunda e terceira parte. À medida que a organização cadastrada for efetuando entregas, o cadastro deve ser complementado com dados sobre preços, prazos, pontualidade e outras informações que permitem avaliar o desempenho das entregas.

Antes da escolha de um fornecedor para adquirir certo item, é necessário decidir se esse item será abastecido por um ou mais fornecedores. As duas alternativas apresentam vantagens e desvantagens, conforme mostra o Quadro 6.1, que devem ser pesadas para cada item específico. As vantagens de ter um único fornecedor para determinado item decorrem do estreitamento de contatos entre o pessoal das duas organizações envolvidas e da ampliação da escala de produção do fornecedor. As desvantagens estão relacionadas à vulnerabilidade que esta exclusividade pode representar diante de problemas graves que afetam a capacidade de fornecimento. Como diz o ditado popular, *quem tem dois tem um e quem tem só um pode ficar sem nenhum.*

QUADRO 6.1 • Fontes de suprimento: um ou vários fornecedores

	Fornecedor único	Vários fornecedores
Vantagens	• Aumenta a probabilidade de obter produtos com qualidade superior. • Redução do custo do fornecedor devido ao aumento das quantidades de compras. • Contatos mais frequentes melhoram a comunicação entre os dois lados. • Maior retenção do aprendizado pelo pessoal das duas organizações. • Maior confiabilidade das entregas. • Redução do tempo de espera, o que diminui o nível de estoque. • Redução da carga de trabalho administrativo, pois elimina a necessidade de fazer cotações a cada solicitação de compra. • Permite ampliar os benefícios da automação do sistema de reposição. • Permite que o estoque seja gerido pelo fornecedor (Vendor Managed Inventory – VMI).	• Aumenta a possibilidade de obter melhores condições de preço e prazos de pagamento. • Permite trocar rapidamente de fornecedor diante da ocorrência de problemas ou na sua iminência. • Ampliação da base de conhecimento e de relações comerciais.
Desvantagens	• Clientes cativos podem ficar reféns do fornecedor pela dificuldade de encontrar rapidamente um substituto. • Amplia os prejuízos do cliente se o fornecedor sofrer algum problema que impeça a entrega do material solicitado no tempo combinado.	• Comunicação mais difícil. • A disputa para ganhar o pedido pode ser feita prejudicando a qualidade. • Estimula as práticas oportunistas por parte das organizações, podendo gerar efeitos negativos em ambas. • Aumenta o esforço do pessoal de compras para fazer cotações e acompanhamentos. • Aumenta o tempo de espera e, consequentemente, o nível de estoque.

Fonte: elaborado pelos autores.

As principais vantagens de ter mais de um fornecedor se devem às disputas entre eles para ganhar os pedidos. O comprador espera obter ganhos em preços, condições de pagamento e de entrega, promovendo a disputa entre possíveis fornecedores de um mesmo item. Uma das desvantagens mais importante talvez seja a de aumentar o tempo de processamento interno das compras pelo fato de ter que se comunicar com mais de um fornecedor e de efetuar cotações a cada processo de compra. O aumento desse tempo tem como consequência a necessidade de elevar os níveis de estoques e recursos aplicados em materiais.

O tipo de material a ser comprado é um indicativo que pode orientar a decisão sobre ter um ou mais fornecedores para cada item específico. Por exemplo, na compra de produtos padronizados não críticos, a organização pode se beneficiar de uma concorrência aberta, pois, nesse caso, o preço e as condições de pagamento e de entrega geralmente constituem os elementos que diferenciam os fornecedores habilitados. Para itens críticos, o uso seletivo de alguns fornecedores pode ser mais vantajoso. Acordos com um único fornecedor podem ser uma opção para produtos

Capítulo 6 • Compras

muito especiais. Quanto mais valioso e crítico o item, mais as relações entre comprador e fornecedor devem se estreitar. Reciprocidade e relacionamentos de longo prazo são as palavras-chave para o fornecimento desse tipo de material.

Se a organização decidir manter mais de um fornecedor para determinado item ou conjunto de itens, torna-se necessário resolver duas questões em ordem sequencial. Primeira: quantos fornecedores: dois, três, quatro? Sobre este aspecto, observa--se uma tendência para reduzir o seu número, pois, quanto mais fornecedores, mais se intensificam as desvantagens associadas à dificuldade de comunicação, de manter padrões de qualidade uniformes e de reduzir o tempo de espera. Depois, deve-se definir quanto comprar de cada fornecedor. Por exemplo, se decidido por três fornecedores, pode-se estabelecer, entre muitas outras alternativas, a seguinte: fornecedor A, 50% das compras anuais; B, 30%; e C, 20%.

6.2.1 Seleção de fornecedores

A seleção de fornecedores sempre exige uma análise multicritério, mesmo nos casos de compras com base no menor preço. A seguir é apresentada uma lista não exaustiva de critérios que podem ser considerados em um processo de seleção de fornecedores para uma compra individualizada ou para a inclusão de fornecedores no cadastro da organização:

- assistência técnica;
- atendimento às compras de emergência;
- atendimento às normas trabalhistas;
- capacidade de inovação;
- devoluções de produtos vencidos;
- flexibilidade para incorporar mudanças nas condições iniciais do pedido;
- nível de atendimento;
- pontualidade nas entregas anteriores;
- prazo de entrega;
- prazo de pagamento;
- preço;
- prestação de informações durante o processo de compra;
- qualidade;
- reputação do fornecedor;
- responsabilidade socioambiental;
- saúde financeira;

144 Logística hospitalar

- conformidade com a legislação de defesa do consumidor;
- licenciamentos e das demais exigências ambientais;
- registros nos órgãos competentes no caso de medicamentos, OPME, equipamentos individuais de proteção, saneantes e alimentos processados.

Alguns dos critérios relacionados acima são qualificadores, como qualidade, saúde financeira, reputação e responsabilidade socioambiental. Eles são importantes para decidir se uma empresa poderá ou não ser incluída no cadastro de fornecedores. Outros são definidores da escolha do fornecedor cadastrado para cada compra específica ou para o estabelecimento de contratos de fornecimento de médio e longo prazo, como preços, prazo de entrega e condições de pagamentos. Nível de atendimento, rapidez e pontualidade são, ao mesmo tempo, critérios qualificadores e definidores.

6.2.2 Avaliação financeira

A avaliação da saúde financeira se faz basicamente por meio de indicadores extraídos dos demonstrativos contábeis, como os do Quadro 6.2, complementados por informações secundárias constantes em publicações dos sindicatos patronais, associações e outras entidades representativas de classe. Giro de estoque, retorno sobre o investimento, prazo médio de recebimento e outros comentados no Capítulo 2, também são usados para essa finalidade.

QUADRO 6.2 • Indicadores financeiros selecionados

	Indicador	Equação	Interpretação
1	Liquidez corrente (LC)	$\dfrac{Ativo\ Circulante}{Passivo\ Circulante}$	Mede a capacidade da empresa de dispor de recursos para honrar compromissos de curto prazo.
2	Liquidez seca (LS)	$\dfrac{Ativo\ Circulante - Estoques}{Passivo\ Circulante}$	O mesmo que o índice anterior, sem considerar o estoque, que é o elemento menos líquido do ativo circulante.
3	Liquidez geral (LG)	$\dfrac{Ativo\ Circulante + Realizável\ a\ longo\ prazo}{Passivo\ Circulante + Exigível\ a\ longo\ prazo}$	Mede a capacidade de dispor de recursos para honrar todos os compromissos com terceiros.
4	Margem líquida (ML)	$\dfrac{Lucro\ Líquido}{Vendas\ líquidas}$	Mede quanto a empresa aufere de lucro líquido para cada unidade monetária de venda.
5	Capacidade de gerar lucro (CGL)	$\dfrac{Lucro\ antes\ de\ impostos\ e\ juros}{Ativo\ total}$	Mede a capacidade de obter lucro com o ativo da empresa.
6	Rentabilidade do ativo (RA)	$\dfrac{Lucro\ Líquido}{Ativo\ Total}$	Mede o retorno sobre os ativos, isto é, quanto aufere de lucro para cada unidade monetária investida.

Continua ▶

Continuação ▶

7	Rentabilidade do patrimônio líquido (RPL)	$\dfrac{Lucro\ Líquido}{Patrimônio\ Líquido}$	Mede o retorno sobre os investimentos com capital próprio.
8	Endividamento geral (EG)	$\dfrac{Passivo\ Circulante + Exigível\ a\ longo\ prazo}{Patrimônio\ Líquido}$	Mede a proporção de capital de terceiros em relação ao capital próprio.
9	Capital de terceiros no investimento total (CT)	$\dfrac{Passivo\ Circulante + Exigível\ a\ longo\ prazo}{Ativo\ Total}$	Mede a proporção que representa o capital de terceiros no investimento total.
10	Imobilização do capital próprio (IC)	$\dfrac{Ativo\ Permanente}{Patrimônio\ Líquido}$	Mede a proporção do patrimônio líquido aplicado em Ativo Permanente.

Fonte: elaborado pelos autores.

Compras que se realizam lote a lote para entregas imediatas não necessitam de avaliações minuciosas sobre a saúde financeira dos pretendentes a fornecedor, os indicadores de curto prazo são suficientes, como liquidez corrente e seca. Um fornecedor com liquidez corrente muito baixa pode ser um indicativo de possíveis problemas no futuro imediato que podem comprometer as suas entregas. A seleção de fornecedores para uma relação estável de médio e longo prazo requer o uso de todos os indicadores citados. A avaliação financeira não serve apenas para qualificar fornecedores, mas para orientar as negociações. Por exemplo, uma liquidez elevada permite aos compradores insistirem na busca de descontos e prazos de pagamentos maiores. A mesma orientação vale para fornecedores com margens líquidas elevadas.

Para cada indicador, é necessário criar um esquema objetivo para atribuir notas. Para os indicadores do tipo "quanto maior, melhor", como é caso dos sete primeiros do Quadro 6.2, esse esquema poderia ser, por exemplo:

- LC < 1,00, atribui-se nota 1;
- 1,00 ≤ LC < 1,50, nota 2;
- 1,50 ≤ LC < 2,00, nota 3;
- LC > 2,00, nota 4.

Essa nota máxima indica que a empresa em questão tem, para cada $ 1,00 de obrigações de curto prazo com terceiros, mais de $ 2,00 no ativo circulante, uma situação folgada para cumprir seus compromissos de curto prazo.

Os índices de 8 a 10 são do tipo "quanto menor, melhor". Por exemplo, em relação ao Endividamento Geral (EG), a nota pode ser dada conforme o seguinte esquema:

146 Logística hospitalar

- EG < 0,50, atribui-se nota 4;
- 0,50 ≤ EG < 1,00, nota 3;
- 1,00 ≤ EG < 1,50, nota 2;
- EG ≥ 1,50, nota 1.

6.2.3 Responsabilidade socioambiental

Nenhuma pessoa em sã consciência e minimamente informada desconhece os problemas socioambientais cuja gravidade torna sombrio o futuro do planeta e, junto com ela, da humanidade e de todos os seres vivos. A contribuição das organizações produtoras de bens e serviços, inclusive os hospitais, para o estado lamentável em que a Terra vive hoje foi, sem dúvida, muito expressiva. Os compradores podem contribuir para melhorar a qualidade do planeta se usarem o seu poder de compra para premiar os fornecedores que apresentem práticas produtivas adequadas a um novo modo de se relacionar com o meio ambiente e a sociedade.[5]

Dar preferência às empresas que procuram alcançar elevados padrões de desempenho socioambiental na hora de selecionar fornecedores é um modo apropriado de contribuir para a solução dos problemas socioambientais. Para isso, os hospitais devem estabelecer procedimentos para escolher e avaliar fornecedores segundo critérios objetivos de responsabilidade social, como ausência de trabalho infantil, trabalho forçado, discriminação por raça, religião, gênero, orientação sexual e afiliação política, entre outros. Diversas entidades possuem critérios para certificação de organizações e produtos que atendam aos princípios do comércio justo, do consumo ético e de práticas ambientalmente sustentáveis, como a adoção de produtos orgânicos, biodegradáveis, isentos de substâncias tóxicas e outros.

A ideia por trás desse tipo de critério de avaliação é dar preferência aos fornecedores que mostram disposição para tratar as questões socioambientais de modo permanente, o que vale dizer que essas questões se tornaram preocupações diuturnas e para as quais são dedicados recursos administrativos e operacionais. Essas preocupações se tornam mais efetivas quando compartilhadas com fornecedores, operadores logísticos e outros agentes envolvidos na cadeia de suprimentos, como exemplifica o Quadro 6.3. O tratamento em cadeia permite introduzir inovações em produtos que atendam às necessidades dos usuários respeitando o meio ambiente em todos os estágios do processo produtivo, desde as fontes de matérias-primas até a disposição final dos resíduos pós-uso.

---

5 BARBIERI, J. C. *Gestão ambiental empresarial: conceitos, modelos e instrumentos*. 4.ed. São Paulo: Saraiva, 2016.

Capítulo 6 • Compras   **147**

QUADRO 6.3 • Compras do setor de saúde e meio ambiente: um casamento que dá certo

Há muito se conhece a inter-relação entre as condições ambientais e a saúde pública. Discutir meio ambiente em sentido mais amplo exige considerar a saúde como uma questão central. O desafio da sustentabilidade cobra ações de todos. As organizações de saúde, públicas e privadas, devem contribuir, não apenas com ações individuais, mas também por meio de iniciativas conjuntas para disseminar ações e conhecimentos, mobilizando o setor da saúde e influenciando positivamente toda a sociedade.

Um exemplo desse esforço conjunto é a organização *Health Care Without Harm* (HCWH), criada em 1996 por uma coalizão internacional de 28 instituições, mobilizadas pelo fim da incineração de resíduos de serviços de saúde, então a principal fonte de poluição do ar por dioxinas nos Estados Unidos (www.noharm.org). Ao final de 2004, a campanha já contava com 491 organizações em 52 países. Em 2008, passou a atuar formalmente no Brasil com o nome "Saúde sem Dano", tendo como ponto focal o "Projeto Hospitais Saudáveis" (www.hospitaissaudaveis.org), uma associação sem fins econômicos, dedicada a transformar o setor de saúde em um exemplo para toda a sociedade em aspectos de proteção ao meio ambiente e à saúde do trabalhador, do paciente e da população em geral.

Em 2011, o HCWH lançou a Rede Global Hospitais Verdes e Saudáveis (http://greenhospitals.net), iniciativa que cresceu rapidamente, contando, em fins de 2013, com mais de 4 mil organizações e sistemas de saúde de todos os continentes, incluindo 95 unidades e seis sistemas de saúde brasileiros. Esta rede tem como referência uma agenda de dez objetivos em áreas como resíduos, energia e água, com destaque para o tema compras, que visa direcionar o poder de compra do setor de saúde para o desenvolvimento de produtos mais seguros e sustentáveis.

Os resíduos sólidos são geralmente percebidos como o mais significativo em impacto ambiental do setor de saúde, seguidos de outras formas de poluição, como efluentes (esgotos) e emissões (incineração). No entanto, os impactos decorrentes do consumo de insumos, como energia, água, materiais, tecnologias e edificações são cada vez mais evidentes, seja por aumentar a demanda por recursos naturais para sua produção, seja pela poluição gerada em toda a cadeia, incluindo as unidades consumidoras. Segundo o Serviço Nacional de Saúde Britânico, 65% das emissões de gases de efeito estufa da assistência à saúde naquele país são gerados na cadeia de suprimentos (www.sdu.nhs.uk).

No Brasil, o setor de saúde despende o equivalente a 4% do PIB nacional em insumos. Consumir de forma sustentável reduz a pegada ambiental não apenas da assistência à saúde, mas de toda a sua cadeia produtiva, incluindo materiais hospitalares e medicamentos, mas também material de escritório, mobiliário, alimentos etc.

Ao impor critérios ambientais aos contratos de fornecimento de produtos ou serviços, chamados sistemas de compras ambientais (Environmental Preferable Purchasing – EPP) ou compras verdes (Green Purchasing), as organizações de saúde investem na qualidade do serviço prestado e melhoram sua imagem perante o público e os usuários. Além disso, podem liderar o alinhamento dos sistemas produtivos, difundindo práticas ambientais e o consumo sustentável para a sociedade como um todo. Outro benefício é a redução dos custos com gerenciamento e destinação de resíduos e tratamento de efluentes, assim como a redução de acidentes e de multas.

Fonte: Texto produzido por Vital de Oliveira Ribeiro Filho especialmente para este livro, a quem seus autores agradecem.

6.3 SELEÇÃO DE PROPOSTAS

A escolha de um único fornecedor para um conjunto de itens é uma decisão nada trivial, pois o que está em jogo são relacionamentos de médio e longo prazo definidores das condições de atendimento e seus custos. Porém, se a organização compradora

148 Logística hospitalar

faz pedido de cotação para vários fornecedores, como exemplificado na Figura 6.1, surge a questão da seleção das propostas. O Quadro 6.4 apresenta um esquema para avaliar propostas de fornecedores previamente cadastrados, o que pressupõe que atenderam os critérios de seleção de fornecedores mencionados na seção anterior.

QUADRO 6.4 • Exemplos de critérios para avaliar propostas de fornecedores

Critério	Nota				Peso	Notas ponderadas
	4	**3**	**2**	**1**		
Qualidade	x				0,2	0,8
Preço e condições de pagamento			x		0,1	0,2
Nível de atendimento		x			0,3	0,9
Prazo de entrega				x	0,2	0,2
Pontualidade			x		0,2	0,4
Total					1,0	2,5

Fonte: elaborado pelos autores.

A seleção dos critérios e os pesos a serem a eles atribuídos dependem do tipo de item e da modalidade de compra. Por exemplo, para itens de pouca ou média criticalidade, que podem ser adequadamente adquiridos por meio de concorrência aberta (como leilão invertido usando a web), os critérios desse quadro são suficientes. A atribuição de notas deve basear-se em orientação consistente ao longo do tempo, bem como os pesos de cada critério, como exemplificado abaixo em relação ao prazo de entrega:

• nota 4 – excelente: todas as entregas durante o último ano estiveram dentro do prazo acordado; entregas no prazo sem necessidade de *follow-up*.
• nota 3 – bom: menos de 1% das entregas durante o último ano estiveram fora do prazo; algum esforço de *follow-up* tem sido necessário.
• nota 2 – regular: até 5% das entregas fora do prazo; esforço razoável de *follow-up*.
• nota 1 – insatisfatório: mais de 5% das entregas fora do prazo; muito esforço de *follow-up*.

6.3.1 Preço e condições de pagamento
Pela sua importância e suas consequências contratuais, o preço do item comprado merece um tratamento detalhado. Uma primeira questão refere-se à maneira de comparar os preços cotados dos vários fornecedores potenciais. As duas formas seguintes

Capítulo 6 • Compras   **149**

podem ser úteis para esse propósito: a primeira compara os preços cotados com o preço mínimo do mercado; a segunda, apenas compara os preços cotados entre si:

1. preço cotado/menor preço do mercado;
2. preço cotado/preço médio dos preços cotados.

onde preço cotado = preço de lista + frete + seguro – descontos.

Em muitos casos, os preços cotados referem-se a diferentes datas de pagamento, o que exige convertê-los ao preço à vista, ou seja, trazê-los para o valor presente, para que possam ser comparados. Isso se faz aplicando a seguinte equação:

$$P_{vista} = \frac{P_{a\ prazo}}{(1+i_m)^{\frac{L}{30}}} \tag{6.2}$$

onde L = prazo de pagamento em dias e i_m = taxa de juros mensal.

A rigor, a taxa de juros que se utiliza é a taxa nominal mensal, aquela que já incorpora a taxa de inflação. A taxa que o banco informa quando se pede informação sobre a taxa de determinada aplicação é a taxa nominal ou aparente, por isso é preciso descontar o efeito da inflação para saber qual foi o rendimento real. Por exemplo, supondo que dois fornecedores apresentaram em suas propostas os seguintes preços unitários para o fornecimento de 50 mil unidades de um mesmo item padronizado: Fornecedor A: $ 24,00 por unidade para pagamento em dez dias; Fornecedor B: $ 23,50 para 20 dias. Considerando que o hospital poderia aplicar o seu dinheiro à taxa de juros de 2% ao mês, os preços à vista seriam de:

* preço à vista do Fornecedor A = $\dfrac{24,00}{(1+0,02)^{10/30}} = 23,84$

* preço à vista do Fornecedor B = $\dfrac{23,50}{(1+0,02)^{20/30}} = 23,20$

Assim, a escolha do fornecedor B irá proporcionar uma economia de $ 32.000,00 na compra de 50 mil unidades desse item. A equação acima pode ser aplicada para um mesmo fornecedor quando ele apresenta dois ou mais preços associados a prazos diferentes. Por exemplo, preço de $ 112,00 para pagamento em 30 dias; e $ 113,00, para 60 dias. Nesse caso têm-se os seguintes preços à vista para uma taxa de juros nominal de 2% ao mês: $ 109,80 e $ 111,88, respectivamente.

150   Logística hospitalar

6.3.2 **Reajuste de preços**

Outra questão frequente com respeito ao preço concerne ao seu reajuste para incorporar as variações da inflação, o que é particularmente importante para o fornecimento de grandes quantidades por meio de lotes parcelados ao longo do tempo. Uma equação bastante simples para reajustar preços é a seguinte:

$$R = P_0 \left[\left(\frac{I}{I_0} \right) - 1 \right] \tag{6.3}$$

onde R = valor do reajuste;

   P_0 = preço a ser reajustado, podendo ser o preço inicial no mês de referência ou o preço do último reajuste;

   I = índice de preço do mês de reajuste;

   I_0 = índice de preço do mês de referência ou do mês do último reajuste.

Como se vê na Equação 6.3, I/I_0 é a variação do índice de preços acordado entre as partes, podendo ser, por exemplo, a variação do índice de preços ao consumidor (IPC) entre o mês considerado base no contrato de fornecimento e o mês do reajuste, ou seja: IPC/IPC_0. A equação acima utiliza a variação de preços medida por um único índice. Caso fique estabelecido que o reajuste será feito com base em mais de um índice, a equação do reajuste é a seguinte:

$$R = P_0 \left[\left(a \frac{Ia}{Ia_0} + b \frac{Ib}{Ib_0} + \text{.......} + n \frac{In}{In_0} \right) - 1 \right] \tag{6.4}$$

onde I_a, I_b, ... I_n são os índices considerados;

   a, b, ... n, os pesos atribuídos a cada índice.

Por exemplo, se o contrato prevê reajuste com base em 30% da variação do IPCA, calculado pelo IBGE, 30% do IPC da Fundação Instituto de Pesquisas Econômicas (FIPE) e 40% do IGP-M da Fundação Getulio Vargas, a equação do reajuste seria dado por:

$$R = P_0 \left[\left(0,3 \frac{IPCA}{IPCA_0} + 0,3 \frac{IPC}{IPC_0} + 0,4 \frac{IGPM}{IGPM_0} \right) - 1 \right]$$

As equações anteriores têm como base de cálculo uma parcela do pagamento total já previamente definida. Quando se tem no contrato o valor total do pagamento (P_{total}), essa equação pode ser reescrita conforme mostrado a seguir:

$$R = iP_{total}\left[\left(\frac{I}{I_0}\right)-1\right]$$ (6.5)

onde i = parcela de pagamento a ser efetuado.

Pode ser importante para determinado contrato de fornecimento que o reajuste se faça de acordo com as variações observadas nos diferentes elementos de custo que integram o preço, como as variações dos preços das matérias-primas, da força de trabalho e dos serviços de terceiros. Assim, o reajuste será dado por:

$$R = P_0\left[\left(m\frac{M_r}{M_c}+t\frac{T_r}{T}+s\frac{S_r}{S_c}\right)-1\right]$$ (6.6)

onde: M_r = índices de preços das matérias-primas na data do reajuste;

M_c = índice de preços das matérias-primas na data base constante no contrato;

T_r = índice de preços da força de trabalho na data do reajuste;

T_c = índice de preços da força de trabalho na data base constante no contrato;

S_r = índice de preços dos serviços subcontratados na data do reajuste;

S_c = índice de preços dos serviços subcontratados na data base constante no contrato;

m, t e s = participação das matérias-primas, do trabalho e dos serviços na formação do preço, respectivamente, expresso na forma decimal.

6.3.3 Índices de preços

Os índices utilizados nessas equações podem ser obtidos nas publicações escritas ou eletrônicas das entidades que as produzem, como o IBGE, a Fundação Getulio Vargas e a FIPE. As duas últimas produzem índices específicos para o setor de saúde (FGV Saúde e FIPE Saúde). Porém, as partes contratantes podem calcular seus próprios índices de preços, usando os dados históricos dos preços reais praticados. Para isso, pode-se usar o índice de preços de Laspeyres (IP_L) que é dado por:

$$IP_L = \frac{\sum (p_n/p_0)p_0 q_0}{\sum p_0 q_0}\times 100 = \frac{\sum p_n q_0}{\sum p_0 q_0}\times 100$$ (6.7)

onde: p_0 = preço unitário de um item no período base estabelecido no contrato, geralmente o do mês da assinatura do contrato;

q_0 = quantidade desse item no período base;

p_n = preço unitário de um item no período de reajuste;

q_n = quantidade do item no período de reajuste.

Esse índice de preços se obtém ponderando a variação relativa dos preços (p_n/p_0) pelos valores do período base $(p_0 q_0)$. Pode-se ainda calcular a variação dos preços pelo índice de preços de Paasche (IP_p), pelo qual os preços relativos (p_n/p_0) são ponderados por $p_0 q_n$:

$$IP_P = \frac{\sum (p_n/p_0)p_0 q_n}{\sum p_0 q_n} \times 100 = \frac{\sum p_n q_n}{\sum p_0 q_n} \times 100 \tag{6.8}$$

A Tabela 6.1 apresenta um exemplo de determinação de índices de preços de uma organização, considerando os preços das matérias-primas que compõem um produto cujo fornecimento será feito durante o ano, com pagamentos a serem efetuados em três parcelas. Um índice de preços de Laspeyres igual a 125,83 indica que as matérias-primas tiveram uma elevação de preço de 25,83% considerando as mesmas quantidades do mês base. Pelo índice de preços de Paasche, a variação de preços entre um período e outro foi de 25,37%, considerando constantes as quantidades do mês de reajuste.

Esses dois índices de preços mostram as variações médias dos preços de modo diferente: o primeiro mantém os valores do mês base; o segundo, os do mês de reajuste. O índice de Laspeyres é o mais usado pela facilidade operacional, pois mantém a mesma ponderação nos sucessivos períodos de reajuste, ao passo que o de Paasche exige novos cálculos a cada período de reajuste. Este índice é mais vantajoso para o comprador, caso os preços de partida do contrato sejam muito baixos e haja expectativas de inflação alta no decorrer do período de validade do contrato. De qualquer modo, o índice a ser aplicado para reajustar preços deve ser objeto de negociação entre as partes.

TABELA 6.1 • Exemplo de Cálculo do Índice de Preços

Matéria-prima	Mês base		Mês do reajuste	
	Preço (p_0)	Quantidade (q_0)	Preço (p_n)	Quantidade (q_n)
KLM	2,50	1.600	3,80	1.420
KLH	15,00	270	17,70	220
PJB	37,00	122	38,20	125
CML	9,00	75	15,20	82

$$IP_L = \frac{3,80 \times 1.600 + 17,70 \times 270 + 38,20 \times 122 + 15,20 \times 75}{2,50 \times 1.600 + 15,00 \times 270 + 37,00 \times 122 + 9,0 \times 75} \times 100 = 125,83$$

$$IP_P = \frac{3,80 \times 1.420 + 17,70 \times 220 + 38,20 \times 125 + 15,20 \times 82}{2,50 \times 1.420 + 15,00 \times 220 + 37,00 \times 125 + 9,00 \times 82} \times 100 = 125,37$$

Fonte: elaborada pelos autores.

Capítulo 6 • Compras   **153**

6.4 AVALIAÇÃO DO DEPARTAMENTO DE COMPRAS

Para a avaliação da área de compras, é necessário manter atualizada uma diversidade de dados como os relacionados a seguir:

- alterações atendidas depois do aceite dos pedidos;
- assistência prestada aos usuários;
- datas do momento em que se identifica a necessidade de repor estoques;
- datas do envio dos pedidos;
- datas dos recebimentos;
- prazos de entrega prometidos;
- despesas associadas às compras discriminadas pelos seus componentes (salários, encargos, material de escritório, comunicações etc.);
- descontos obtidos;
- fornecedores cadastrados;
- fornecedores cotados;
- número de pedidos colocados;
- número de ações de diligenciamento;
- número de itens comprados;
- número de solicitações;
- prazos de pagamento;
- quantidades compradas por unidade e por custo de aquisição;
- quantidades de entregas sem problemas;
- tempo para emitir pedidos de compra.

6.4.1 **Custo do Pedido**

Um dos principais elementos de avaliação é o custo do Pedido de Compra (P), um assunto apresentado na Seção 5.3.1. Nessa ocasião, a identificação desse custo relacionava-se com o cálculo do Custo de Obter Anual (COA) que determina o lote econômico de compras. Pode-se calculá-lo usando a seguinte equação:

$$P = \frac{\Sigma \text{ despesas do departamento de compras}}{\text{número total de compras do ano}}$$

Essa equação pode ser usada como medida de desempenho global da área de compras. O esperado é que esse custo diminua ao longo dos anos à medida que aumenta a quantidade de uma atividade realizada de modo sistemático. As reduções de custo decorrem não só do aprendizado baseado na repetição de atividades

154 Logística hospitalar

padronizadas, mas principalmente das ações empreendidas para introduzir melhorias nos processos de compra, no uso dos recursos do departamento de compras e nos relacionamentos com usuários, fornecedores e demais partes envolvidas. As atividades intensivas em trabalho são as mais suscetíveis de obter reduções pelo efeito do aprendizado. E esse é o caso das atividades de compras de um modo geral, mesmo com o crescente aumento de processos automatizados.

6.4.2 Tempo de Colocação do Pedido e Tempo Total

A área de compras deve ser avaliada pelos tempos relacionados com o pedido de compra, a saber: o tempo de colocação do pedido e tempo total do ciclo do pedido. O tempo total de espera compreende um período que vai desde o momento em que se inicia o processo até o momento em que o material encomendado estiver em condições de uso. O tempo de colocação do pedido começa com o recebimento da solicitação de compra pelo setor de compras e envolve identificação de fornecedores, seleção de propostas, autorizações, consultas, negociação, emissão do pedido de compra, entre outras atividades, e termina quando o pedido é recebido pelo fornecedor. A falta de planejamento, de previsão orçamentária, excesso de controles e falta de autonomia dos compradores elevam esse tempo.

A expectativa é que esse tempo de colocação de pedidos seja o mais curto possível. Uma seleção de fornecedores, que leve em conta prazo de espera e pontualidade, tende a diminuir o tempo total. Nas indústrias, o uso de fornecedor único com base em acordos de longo prazo permite eliminar as inspeções de recebimento, o que reduz o tempo total. Após as inspeções dos primeiros lotes, os demais recebem um passe livre para serem utilizados imediatamente. Porém, nos hospitais, deve-se sempre realizar inspeções sobre quantidade e qualidade para cada lote entregue, mesmo quando se trata das entregas de fornecedores únicos.

Para medir o tempo de colocação de pedidos usa-se a média aritmética e o desvio padrão, conforme exemplificado na Tabela 6.2. Para isso, é necessário manter registros sobre as datas envolvidas a partir do momento que se identifica a necessidade de repor estoques até a entrada da mercadoria em condições de atender os usuários.

Nunca é demais ressaltar a importância das ações para reduzir os prazos de espera internos e externos, bem como a variabilidade. No *front* interno, a ordem é descomplicar os processos, manter os cadastros atualizados e ampliar a autonomia dos compradores. No *front* externo, a guerra começa a ser ganha com a escolha de fornecedores com históricos de prazos de entregas reduzidos e baixa variação, somadas às ações de diligenciamento.

Capítulo 6 • Compras   **155**

TABELA 6.2 • Exemplo de cálculo do Tempo de Colocação do Pedido e do Tempo Total

Data da solicitação (1)	Data da colocação do pedido (2)	Tempo para colocar o pedido (3) = (2) – (1)	Data do recebimento da compra (4)	Tempo para atender o pedido (5) = (4) – (2)	Tempo Total (6) = (4) – (1)
15/9	17/9	2	21/9	4	6
16/9	19/9	3	24/9	5	8
16/9	16/9	0	3/10	17	17
16/9	20/9	4	30/9	10	14
17/9	18/9	1	25/9	7	8
17/9	22/9	5	6/10	14	19
Σ		15		57	72
Média		2,5		9,5	12
D padrão		1,87		5,17	5,4

Fonte: elaborada pelos autores.

6.4.3 Avaliação econômica e financeira

A obsessão por preços menores e prazos de pagamento mais folgados é mais do que justificável em qualquer organização. Mas no mundo do toma-lá-dá-cá, preços baixos e melhores condições de pagamento são trocados por compras em grandes quantidades, tolerância com atrasos e outras moedas de troca. A racionalidade típica dos compradores é comprar grandes lotes para ganhar descontos de quantidade. Avaliar o departamento de compras pelas economias geradas estimula tal prática, mas ela pode resultar em estoques maiores do que o necessário para atender a demanda. No entanto, não é possível deixar de tentar economizar, o que está errado é avaliar os compradores por esse único objetivo e deixar que ele tome uma importância tal que amesquinhe os demais, como a redução dos prazos, há pouco comentado.

A contribuição do departamento de compras para a formação de estoques não é direta, pois o excesso pode resultar de várias causas alheias às suas atividades, como a seleção deficiente de itens, previsões equivocadas, sistemas de revisão mal operados ou com parâmetros errados ou defasados. Uma forma de medir a contribuição do pessoal de compras para a formação de estoques é mediante o acompanhamento da relação que indica a tendência da evolução das compras em relação aos níveis de estoques:

$$\frac{Compras\ do\ mês}{Estoques\ no\ fim\ do\ mês} \tag{6.9}$$

Outro item importante de avaliação é a contribuição da área de compras para a obtenção de um ciclo de caixa conveniente para a organização. Esse ciclo envolve

156 Logística hospitalar

diversos componentes, dos quais alguns resultam diretamente de ações do departamento de compras, como o Período Médio de Pagamento (PMP). Espera-se que esse prazo aumente ao longo do tempo. Para calcular o prazo médio de pagamento de determinado mês ($PMP_{mês}$) com base em dados desagregados das compras, usa-se a seguinte média ponderada:

$$PMP_{mês} = \frac{\sum_{i=1}^{n}(C_i \times pp_i)}{\sum_{i=1}^{n}C_i} \qquad (6.10)$$

onde: C_i = Valor da i-ésima compra efetuada no mês;

pp_i = prazo de pagamento da i-ésima compra efetuada no mês.

A Tabela 6.4 apresenta um exemplo de cálculo do PMP mensal a partir de dados do próprio departamento de compras. O PMP pode ser calculado com base em dados agregados oriundos de relatórios contábeis, como foi mostrado na Seção 2.3.4.

TABELA 6.4 • Exemplo de prazo médio de pagamento mensal

Documento	Valor da compra (C) (em $)	Prazo de pagamento (pp) (em dias)	C × pp
45.673	45.000,00	21	945.000,00
45.674	120.000,00	30	3.600.000,00
45.675	325.000,00	45	14.625.000,00
45.676	93.000,00	30	2.790.000,00
45.677	170.000,00	15	2.550.000,00
Σ	753.000,00		24.510.000,00
$PMP_{mês} = \dfrac{24.510.000,00}{753.000,00} = 32,55$ dias			(Equação 6.10)

Fonte: elaborada pelos autores.

6.4.4 Nível de serviço

Nível de serviço envolve diversas dimensões relacionadas diretamente com a satisfação dos clientes em relação ao desempenho do sistema logístico na sua totalidade, no qual a contribuição da área de compras é decisiva. Os principais indicadores de nível de serviço para avaliar essa área são os seguintes:

1. nível de atendimento durante o mês;
2. rapidez das entregas;

Capítulo 6 • Compras   **157**

3. pontualidade das entregas;
4. flexibilidade;
5. qualidade das entregas;
6. compras urgentes em relação às compras regulares;
7. ações de diligenciamento do mês.

Os cinco primeiros indicadores foram tratados na Seção 2.3 deste livro, podendo-
-se usar os métodos de quantificação indicados nesta seção e resumidos no Quadro 6.5.
Esses indicadores não avaliam exclusivamente o departamento de compras, mas a gestão logística geral. Eles refletem tanto as atividades anteriores às solicitações de compras (seleção de materiais, classificação, previsão e operação do sistema de reposição),
quanto as específicas da área de compras, como atualização do cadastro de fornecedores, avaliação de fornecedores, seleção de propostas, negociação e ações de diligenciamento realizadas pelo pessoal de compras, com o intuito de assegurar o cumprimento
dos acertos feitos com os fornecedores e especificados no pedido de compra.

QUADRO 6.5 • Indicadores de nível de serviço ao cliente

Dimensão	Métodos de quantificação
Nível de atendimento	• Quantidades entregues / Quantidades solicitadas (em %). • 100% – quantidades não atendidas (em %).
Rapidez das entregas	• Tempo decorrido entre o pedido do cliente ou usuário e a entrega do material solicitado (em semanas, dias ou horas). • Variação em torno do tempo médio.
Pontualidade	• Entregas dentro dos prazos combinados (em %). • Atraso médio (em semanas, dias ou horas).
Flexibilidade	• Entregas regulares (em %). • Entregas atendendo condições especiais (em %). • Entregas atendendo alterações nas condições iniciais (em %).
Qualidade das entregas	• Entregas sem reclamações (em %). • Informações sobre pedidos atendidas satisfatoriamente (em %).

Fonte: elaborado pelos autores.

A necessidade de efetuar compras urgentes decorre de previsões equivocadas,
atrasos para aprovar pedidos e outras situações fora do âmbito das compras pro-
priamente dito. Compras urgentes sempre ocorrem, por melhor que seja o planejamento. O esperado é que a porcentagem de compras urgentes em relação às compras regulares seja pequena, algo em torno de 5%. Para calcular esse percentual,
devem-se excluir as compras urgentes de itens não padronizados. Já as ações de
diligenciamento relacionam-se com as escolhas de fornecedores, uma atividade

exclusiva da área de compras. A redução dessas atividades reflete o acerto das escolhas e, portanto, espera-se que elas se reduzam ao longo do tempo.

6.5 ÉTICA EM COMPRAS

As questões éticas concernentes às atividades de compra de uma organização constituem um aspecto importante da ética dos negócios, um ramo da ética aplicada para orientar a respeito do que se considera bom ou correto de acordo com princípios morais, aplicados às transações entre agentes econômicos e às relações com o meio ambiente, consumidores, fornecedores, agentes públicos e outros indivíduos e grupos internos e externos das empresas[6]. Os compradores decidem como e onde aplicar os recursos da sua organização e as regras formais nem sempre cobrem todas as possíveis situações. Há inúmeras situações que geram dúvidas quanto ao comportamento mais adequado; por exemplo: até que ponto aceitar presentes oferecidos pelos fornecedores pode ser considerado uma prática de prevaricação?

Além disso, não se pode desconhecer que tal poder em mãos inescrupulosas é campo fértil para a cultura de práticas oportunistas em proveito próprio. Não é raro situações em que os limites entre certo e errado ficam obscurecidos pela ânsia de obter o melhor negócio para a organização, como forçar um desconto alegando falsamente que outro concorrente apresentou um preço menor. Situações desse tipo são mais difíceis de serem percebidas como erradas quando os compradores não estão obtendo ganhos pessoais, mas lutando arduamente para obter a maior vantagem para a sua organização. Foi por isso que muitas organizações e entidades de profissionais de compras, atentos a esses fatos, criaram princípios e códigos de ética para orientar os compradores em situações que suscitam dúvidas quanto à atitude que pode ser tomada.

Esses códigos apresentam alguns temas recorrentes relacionados com:

1. as características desejadas dos compradores, como discernimento, honestidade, cortesia e imparcialidade;
2. as situações ou práticas a serem seguidas ou evitadas.

Exemplos:
- respeitar a legislação do país;

---

6 BARBIERI, J. C; CAJAZEIRA, J. E. R. *Responsabilidade Social Empresarial e Empresa Sustentável*: da teoria à prática. 3.ed. São Paulo: Saraiva, 2016.

Capítulo 6 • Compras **159**

- evitar pressões e condições leoninas que induzam os fornecedores a práticas ilegais;
- declarar a existência de conflitos de interesses que possam comprometer o julgamento da imparcialidade, como um parente ser proprietário ou executivo de uma empresa candidata a fornecedora;
- usar as informações obtidas nos processos de compras de modo sigiloso e nunca em proveito próprio;
- julgar as propostas apenas com base em critérios objetivos, verificáveis e relevantes;
- não exigir dos fornecedores mais do que foi expressamente acordado entre as partes;
- não aceitar presentes ou brindes oferecidos pelos fornecedores atuais ou potenciais que envolvam valor econômico.

O que deve ser feito ou evitado nem sempre é claro e depende do exame de circunstâncias. Veja esse último preceito, relativo aos presentes. Como avaliar se o presente oferecido pelo candidato a fornecedor tem apenas valor simbólico ou representa uma forma de propina para que o comprador bata o martelo em seu favor? Não há receitas prontas e que funcionem como um remédio milagroso que sirva para qualquer situação. Alguns métodos de gestão comentados anteriormente favorecem o exercício de práticas eticamente saudáveis, como usar os critérios mencionados para habilitar fornecedores, selecionar propostas e atualizar permanentemente o cadastro de fornecedores. As compras em ambiente on-line, ao tornar mais transparente o mercado, tendem a eliminar práticas oportunistas de ambas as partes. A melhor indicação é a transparência e o debate sobre questões controvertidas para ampliar o discernimento do pessoal em relação aos princípios morais aplicados às decisões e aos julgamentos na esfera da ética dos negócios.

» TERMOS E CONCEITOS

Avaliação de fornecedores	Diligenciamento
Avaliação de propostas	*E-commerce*
Business to business	Ética em compras
Cadastro de fornecedores	Fornecedores
Colocação do pedido	Índice de preços
Cotação de preços	Nível de serviço
Compras antecipadas	Órteses, próteses e materiais especiais
Compras eletrônicas	Pedido de Compra
Compras regulares	Prazo Médio de Pagamentos
Critérios ganhadores de pedidos	Reajuste de preços
Critérios qualificadores	Responsabilidade social

160 Logística hospitalar

» QUESTÕES PARA REVISÃO

1. Uma das decisões mais importantes que os administradores das áreas de compras devem tomar refere-se à escolha entre um ou vários fornecedores para certo item ou conjunto de itens. Em que situações e para quais tipos de materiais um único fornecedor é mais vantajoso para a organização compradora? Em que situações e para quais tipos de materiais ter vários fornecedores é mais vantajoso para a organização compradora?

2. Abaixo estão os demonstrativos contábeis de uma empresa. Faça uma avaliação a respeito da saúde financeira dessa empresa e atribua uma nota a cada indicador mencionado na Seção 6.2.2.

Balanço patrimonial			
Ativo (em $)		**Passivo (em $)**	
Circulante		**Circulante**	
• Caixa e bancos	35.000,00	• Fornecedores	880.000,00
• Aplicações financeiras	112.000,00	• Empréstimos bancários	357.000,00
• Duplicatas a receber	945.000,00	• Outras obrigações	268.200,00
• Estoques	735.000,00	• Exigível a longo prazo	
• Permanente		• Empréstimos e financiamentos	465.000,00
• Investimentos	82.400,00	• Patrimônio líquido	
• Imobilizado	1.210.000,00	• Capital e reservas	832.000,00
• Diferido	154.300,00	• Lucros acumulados	471.500,00
Total	3.273.700,00	Total	3.273.700,00

Demonstração de resultado	$
Receita bruta de vendas	8.270.000,00
– devoluções, abatimentos e impostos	530.000,00
= Receita líquida	7.740.000,00
– Custo da mercadoria vendida	5.720.000,00
= Lucro bruto	2.020.000,00
– Despesas operacionais	947.000,00
– Despesas financeiras	261.000,00
+ Receitas não operacionais	32.400,00
– Despesas não operacionais	12.700,00
= Resultado do exercício antes do imposto de renda	857.100,00
– Imposto de renda e contribuição social	464.900,00
= Lucro líquido do exercício	392.200,00

Capítulo 6 • Compras **161**

3. Quais são os fatores que recomendam a centralização das compras nos hospitais, bem como a formação de centrais ou consórcios de compras?

4. Para a aquisição de um item efetuou-se uma cotação com três fornecedores. Um deles apresentou em sua proposta um preço de $ 370,00 por unidade, com prazo de 60 dias de pagamento. Um outro fornecedor propôs $ 350,00 por unidade, com prazo de pagamento de 30 dias. O terceiro propôs o preço à vista de $ 310,00. Qual é a proposta mais vantajosa, considerando uma taxa de juros mensais de 3%?

5. Calcule o reajuste de preço de item, considerando os seguintes dados:
   - Pagamento total previsto no contrato = $ 1.000.000,00.
   - Parcela do preço a ser reajustada = 50%.
   - Índice de preço da matéria-prima no mês do reajuste = 140.
   - Índice de preço da matéria-prima no mês da assinatura do contrato (período base) = 110.
   - Participação da matéria-prima na composição do custo do item = 40%.
   - Índice de preço da força de trabalho no mês do reajuste = 130.
   - Índice de preço da força de trabalho no mês da assinatura do contrato (período base) = 120.
   - Participação da força de trabalho na composição do custo do item = 60%.

CAPÍTULO 7

COMPRAS NA ADMINISTRAÇÃO PÚBLICA

As organizações da administração pública adquirem os materiais e contratam obras e serviços de acordo com procedimentos estabelecidos pela legislação, denominados licitação. A obtenção de contrato mais vantajoso para a administração e a igualdade de oportunidade para os que desejam contratar com ela são finalidades básicas da licitação. A Constituição Federal estabelece a competência privativa da União de legislar sobre normas gerais de licitação e contratação, em todas as modalidades, para as administrações públicas diretas, autárquicas e fundacionais da União, Estados, Distrito Federal e municípios, as empresas públicas e sociedades de economia mista (art. 22; XXVII). Excetuando os casos especificados na legislação, as obras, os serviços, as compras e as alienações serão contratados mediante processo de licitação pública que assegure igualdade de condições a todos os concorrentes (art. 37, XXI). Vale mencionar que essa é a única constituição brasileira que tratou desse tema e, com isso, deu à licitação um *status* constitucional.

A Lei n. 8.666/93, que regulamenta o inciso XXI do art. 37 da Constituição Federal, é o estatuto jurídico das licitações e dos contratos para todas as entidades da administração pública. Ela estabelece as normas gerais sobre licitação e contratos administrativos pertinentes a obras, serviços, compras, alienações e locações. A licitação destina-se a garantir a observância do princípio constitucional da isonomia, a seleção da proposta mais vantajosa para a administração e a promoção do desenvolvimento nacional sustentável (art. 3º). Cabe ressaltar que essa lei dispõe sobre normas gerais de licitação e contratos administrativos. Os Estados, o Distrito Federal e os municípios podem, portanto, criar normas específicas sobre esta matéria. Os órgãos da administração poderão expedir normas relativas aos procedimentos operacionais a serem observados na execução das licitações, no âmbito das suas competências, observadas as normas gerais estabelecidas pela Lei n. 8.666/93. As sociedades de economia mista, empresas, fundações públicas e demais entidades controladas direta ou indiretamente pela União, Estados, Distrito Federal e municípios, poderão editar regulamentos próprios (art. 119).[1] Esses regulamentos, que objetivam dotar essas entidades de maior rapidez e flexibilidade, devem ser aprovados pela autoridade de nível superior a que estiverem subordinados os respectivos órgãos.

As organizações sociais de que trata a Lei n. 9.637, de 15 de maio de 1998, devem ter regulamento próprio contendo procedimentos para a contratação de obras, serviços, compras e alienações, aprovado por maioria, no mínimo de 2/3 dos membros do seu Conselho de Administração (art. 4º, VIII). Essas organizações sociais são pessoas jurídicas de direito privado, sem fins lucrativos, cujas atividades sejam dirigidas ao ensino, à pesquisa científica, ao desenvolvimento tecnológico, à proteção e preservação do meio ambiente, à cultura e à saúde e que atendam aos requisitos expressamente citados na Lei n. 9.637/98, dentre eles, a comprovação de atividade não lucrativa e a participação, no órgão colegiado de deliberação superior, de representante do poder público e de membros da comunidade de notória capacidade profissional e idoneidade moral (arts. 1º e 2º). Essa lei estabelece que a parceria entre a organização social e o poder público para fomento e execução das atividades acima citadas deve se dar mediante contrato de gestão (art. 5º), elaborado com a observância dos princípios da licitação e aprovado pelo Conselho de Administração da Organização Social e pelo Ministro de Estado ou autoridade supervisora da área correspondente à atividade fomentada (arts. 6º e 7º).

7.1 PRINCÍPIOS DA LICITAÇÃO

Os princípios gerais da licitação são aqueles citados no art. 37 da Constituição Federal, dentre eles, os princípios de legalidade, impessoalidade, moralidade, publicidade e eficiência. Entende-se que a licitação e a contratação no âmbito da administração pública devem ser conduzidas de modo a assegurar o melhor emprego para os recursos públicos, devendo, para isso, usar métodos de gestão apropriados. A busca de eficiência não deve, no entanto, ser obtida em prejuízo dos demais princípios. A estes, acrescenta-se o art. 170 da Constituição Federal, que trata dos princípios gerais da atividade econômica, como: a função social da propriedade, a livre concorrência, a defesa do consumidor e do meio ambiente.

A Lei n. 8.666/93 estabelece que as licitações deverão ser processadas e julgadas em estrita conformidade com os princípios básicos da legalidade, da impessoalidade,

---

1 Todos os artigos citados neste texto sem outra indicação referem-se à Lei n. 8.666/93.

Capítulo 7 • Compras na administração pública   **165**

da moralidade, da igualdade, da publicidade, da probidade administrativa, da vinculação ao instrumento convocatório, do julgamento objetivo e dos que lhes são correlatos. O princípio da legalidade refere-se ao fato de que o processo licitatório deve estar em consonância com a legislação em todas as fases. O princípio da impessoalidade decorre do primeiro, devendo o gestor público agir conforme a lei, apresentando um comportamento isento em relação aos negócios que pratica.

A igualdade entre os licitantes é um dos princípios basilares do processo de licitação. A administração não pode discriminar os licitantes estabelecendo cláusulas ou condições que restrinjam, comprometam ou frustrem o caráter competitivo da contratação, ou estabelecendo preferências ou distinções em razão da naturalidade, da sede ou domicílio dos licitantes ou de qualquer outra circunstância impertinente ou irrelevante para o específico objeto do contrato (art. 3º, § 1º, I). Também está vedado estabelecer distinção entre empresa brasileira e estrangeira (art. 3º, § 1º, II). A moralidade e a probidade administrativa são princípios relacionados com os requisitos de conduta ilibada no trato com a coisa pública.

A publicidade garante a livre concorrência e transparência dos procedimentos. A licitação não será sigilosa, sendo públicos e acessíveis ao público os atos de seu procedimento, salvo quanto ao conteúdo das propostas, até a respectiva abertura (art. 3º, § 3º). Qualquer cidadão pode acompanhar os processos de licitação, desde que não interfira de modo a perturbar ou impedir a realização dos trabalhos (art. 4º).

O sigilo na apresentação das propostas é outro princípio que procura resguardar o caráter de competição entre os licitantes. Todos os atos do processo licitatório são públicos e acessíveis ao público, exceto quanto ao conteúdo das propostas antes da sua abertura (art. 3º, § 3º). A abertura das propostas, que é uma das fases do processo de licitação, será realizada sempre em ato público previamente designado (art. 43, § 1º). Devassar o sigilo de proposta apresentada em procedimento licitatório, ou proporcionar a terceiro o ensejo de devassá-lo, constitui crime com pena prevista de dois a três anos de detenção e multa (art. 94).

Outro princípio é a vinculação ao instrumento convocatório, edital ou convite. A administração não pode descumprir as normas e condições do edital ou carta-convite, ao qual se acha estritamente vinculada (art. 41). Desse princípio decorre o do julgamento objetivo. No julgamento das propostas, a Comissão de Licitação deverá levar em consideração os critérios objetivos definidos no edital ou na carta-convite, os quais não devem contrariar as normas e os princípios estabelecidos pela legislação (art. 44). É vedada a utilização de qualquer elemento, critério ou fator sigiloso, secreto, subjetivo ou reservado que possa, ainda que indiretamente, elidir o princípio da igualdade entre os licitantes (art. 44, § 1º). O julgamento deve basear-se nos critérios previamente estabelecidos no edital ou convite e de acordo com fatores exclusivamente neles referidos, para possibilitar sua aferição pelos licitantes e pelos órgãos de controle (art. 45).

Meirelles[2] acrescenta, entre os princípios da licitação, a adjudicação compulsória ao vencedor, princípio pelo qual a administração fica impedida de atribuir a outro o objeto da licitação que não seja o seu vencedor. A Lei n. 8.666/93 estabelece que a administração não poderá celebrar contrato com preterição da ordem de classificação das propostas ou com terceiros estranhos ao procedimento licitatório, sob pena de nulidade (art. 50). A adjudicação ao vencedor é obrigatória, salvo se este desistir expressamente ou não firmar contrato no prazo prefixado. A recusa injustificada do adjudicatário em assinar contrato dentro do prazo estabelecido pela administração caracteriza o descumprimento total da obrigação assumida, sujeitando-o às penalidades legalmente estabelecidas (art. 81). O insigne jurista lembra que o "direito do vencedor se limita à adjudicação, ou seja, à atribuição a ele do objeto da licitação e não ao contrato imediato".[3] Decorre desse princípio o fato de que a administração não pode abrir nova licitação para o mesmo objeto enquanto estiver valendo a adjudicação concernente ao processo anterior.

7.2 MODALIDADES DE LICITAÇÃO

A Lei n. 8.666/93 estabelece as seguintes modalidades de licitação: concorrência, tomada de preço, convite, concurso e leilão (art. 22). As três primeiras são as que nos interessam, por serem modalidades aplicáveis aos processos de compras de bens materiais e patrimoniais. A elas, acrescenta-se o pregão, modalidade que será tratada com mais detalhes oportunamente, dada a sua importância para as compras de bens materiais em organizações da saúde.

A **Concorrência** é a modalidade de licitação entre quaisquer interessados que, na fase inicial de habilitação preliminar, comprovem possuir os requisitos mínimos de qualificação exigidos no edital para a execução de seu objeto (art. 22, § 1º). Esta modalidade permite ampla participação e se presta à realização de compras envolvendo valores vultosos.

A **Tomada de Preço** é a modalidade de licitação entre interessados devidamente cadastrados ou para os que atenderem a todas as exigências para o seu cadastramento até o terceiro dia anterior à data do recebimento das propostas, observada a necessária

---

2 MEIRELLES, Hely Lopes. *Direito administrativo brasileiro.* 21. ed. São Paulo: Malheiros, 1995. p. 50.
3 Ibid, p. 250.

Capítulo 7 • Compras na administração pública 	**167**

qualificação (art. 22, § 2º). A concorrência e a tomada de preço exigem publicação dos avisos contendo os resumos dos editais durante três dias consecutivos tanto na imprensa oficial quanto em pelo menos um jornal diário de grande circulação (art. 20).

O **Convite** é a modalidade de licitação entre no mínimo três interessados do ramo pertinente ao objeto da licitação, cadastrados ou não, escolhidos pela administração, para que apresentem suas propostas no prazo mínimo de cinco dias úteis. Essa modalidade não exige a publicação dos avisos em jornais diários, mas a cópia do convite, que é o instrumento convocatório, deverá ser afixada em local apropriado, estendendo, dessa forma, o convite a outros interessados, desde que cadastrados no ramo correspondente, e que manifestem o interesse em participar desse processo com antecedência de 24 horas da apresentação das propostas (art. 22, § 3º). Nos casos em que couber esta modalidade, a administração poderá utilizar a tomada de preços e, em qualquer caso, a concorrência (art. 23, § 4º).

A Lei n. 8.666/93 estabelece os valores limites entre as modalidades (art. 23). Esses valores são revistos anualmente pelos executivos dos entes federados, observando como limite superior a variação geral dos preços do mercado nesse período (art. 120). Sempre que o valor estimado para uma licitação ou para um conjunto de licitações simultâneas ou sucessivas for superior a 100 vezes o limite previsto para a concorrência no art. 23, o processo licitatório será obrigatoriamente precedido de audiência pública, concedida pela autoridade responsável pelo processo e com uma antecedência mínima de 15 dias úteis da data prevista para a publicação do edital e divulgada com a antecedência mínima de dez dias úteis da sua realização (art. 39). A prática da audiência pública aumenta a transparência do processo licitatório e o controle da sociedade sobre os atos da administração.

Licitações simultâneas são aquelas com objetos similares e com realização prevista para intervalos não superiores a 30 dias; licitações sucessivas são as que também têm objetos similares e o edital subsequente tenha uma data anterior a 120 dias após o término do contrato resultante da licitação antecedente (art. 39). Esse dispositivo legal procura coibir o fracionamento do objeto da licitação para não alcançar valores que tornam necessária a concorrência, que é a modalidade mais complexa e mais ampla do ponto de vista da competição entre prováveis interessados, conforme estabelece o art. 23, § 5º.

7.2.1 Dispensa e inexigibilidade

A Lei n. 8.666/93 estabelece 33 condições para a dispensa de licitação, como: compras abaixo do valor limite previsto para a modalidade de convite; nos casos de guerra ou

168 Logística hospitalar

grave perturbação da ordem; nos casos de emergência ou de calamidade pública; quando não acudirem interessados à licitação anterior; nas compras de hortifruti-granjeiros, pão e outros gêneros perecíveis no tempo necessário para a realização dos processos licitatórios correspondentes, realizadas diretamente com base no preço do dia; para a aquisição de peças necessárias à manutenção de equipamentos durante o período de garantia e outras situações expressamente citadas na referida lei (art. 24).

Dispensa de licitação não se confunde com inexigibilidade da licitação. Aquela ocorre nos casos em que a realização da licitação, embora possível, não é conveniente pelos motivos ou situações expressamente citadas no art. 24 da Lei n. 8.666/93. A inexigibilidade ocorre quando a competição for inviável, como é o caso de materiais, equipamentos ou gêneros que só possam ser fornecidos por produtor, empresa ou representante comercial exclusivo (art. 25). Tanto a dispensa de licitação quanto a sua inexigibilidade devem ser comunicadas dentro de três dias à autoridade superior para ratificação e publicação na Imprensa Oficial no prazo de cinco dias. Esses processos devem ser instruídos com informações sobre a caracterização da situação emergencial ou catastrófica e justificativa sobre a escolha do contratado e do preço dos bens ou serviços adquiridos (art. 26).

7.3 TIPOS DE LICITAÇÃO

Conforme o critério de julgamento das propostas, as licitações podem ser: de menor preço, de melhor técnica e de técnica e preço. Para alienação de bens ou concessão de direito real de uso o critério é o maior lance ou oferta. O julgamento das propostas deverá ser objetivo, levando em consideração os elementos e critérios estabelecidos no edital ou no convite.

Na **licitação de menor preço**, o critério objetivo básico para julgamento é o preço e o vencedor será o que apresentar o menor, considerando as demais especificações constantes no edital ou convite (art. 45; § 1º, I). No caso de empate entre duas ou mais propostas será assegurada preferência, sucessivamente, aos bens e serviços:

I.   produzidos no país;
II. produzidos ou prestados por empresas brasileiras;
III. produzidos ou prestados por empresas que investem em pesquisa e no desenvolvimento de tecnologia no Brasil (art. 2º).

Prevalecendo o empate, a classificação se fará, obrigatoriamente, por sorteio, em ato público, para o qual todos os licitantes serão convocados, vedado qualquer

Capítulo 7 • Compras na administração pública   **169**

outro processo (art. 45, § 2º). O conceito de menor preço refere-se ao montante total da proposta, inclusive os valores relacionados com a manutenção e as garantias, caso estejam estabelecidos no edital.

Na **licitação de melhor técnica**, a proposta vencedora deverá ser aquela que apresentar as melhores qualificações para o objeto da licitação, por exemplo, o método ou processo mais eficiente. Os procedimentos para a avaliação dos critérios técnicos devem ser claramente explicitados no edital ou no convite, o qual fixará o preço máximo que a administração se propõe a pagar. Primeiro, abrem-se os envelopes contendo as propostas técnicas dos licitantes previamente qualificados, para efeito de avaliação e classificação das propostas conforme os critérios técnicos estabelecidos no edital. Depois, procede-se à abertura das propostas de preços dos licitantes que atingiram esses critérios. Esse é um tipo de licitação de pouco interesse para as compras de materiais.

A licitação do tipo técnica e preço combina os dois critérios mencionados acima, podendo ser considerados simultaneamente preço, qualidade, prazos, critérios de rendimento técnico e outros fatores de desempenho. O processo é semelhante ao já indicado, acrescido do fato de que a valoração das propostas de preço será feita de acordo com critérios objetivos previamente explicitados no edital ou convite. A classificação das propostas será feita com base em média ponderada da valorização das propostas técnicas e de preço, de acordo com a ponderação estabelecida no instrumento de convocação. Os tipos de licitação de **melhor técnica** ou **técnica e preço** serão utilizados exclusivamente para serviços de natureza predominantemente intelectual, em especial na elaboração de projetos, cálculos, fiscalização, supervisão, gerenciamento, engenharia consultiva e, em particular, para a elaboração de estudos técnicos preliminares e projetos básicos e executivos (art. 46). O último tipo aplica-se na aquisição de bens materiais complexos e sujeitos a uma diversidade de questões de natureza tecnológica.

7.4 COMPRA DE MATERIAIS

Por compra se entende toda aquisição remunerada de bens para fornecimento de uma só vez ou parceladamente (art. 6º, III). Nenhuma compra será feita sem a adequada caracterização de seu objeto e indicação dos recursos orçamentários para o seu pagamento, sob pena de nulidade do ato e responsabilidade de quem lhe tiver dado causa (art. 14). A Lei n. 4.320, de 17 de março de 1964, que dispõe sobre a elaboração e o controle dos orçamentos e balanços no âmbito da administração pública, veda a realização de despesa sem prévio empenho (art. 60). Empenho é o ato emanado de autoridade competente que cria para o Estado a obrigação de pagamento (art. 58). O Quadro 7.1 apresenta de modo resumido os principais aspectos legais previstos na Lei n. 8.666/93 concernentes às compras de bens, segundo as modalidades de interesse para as compras, a saber: convite, tomada de preço e concorrência. As compras mediante pregão serão tratadas em outra seção.

QUADRO 7.1 • Aspectos legais sobre compras previstos na Lei n. 8.666/93

Requisito legal	Artigos da Lei n. 8.666/93
1. Caracterização adequada do objeto.	art. 14
2. Indicação dos recursos orçamentários para pagamento.	art. 14 e art. 40, XIV
3. As compras, sempre que possível: 　I. devem atender ao princípio da padronização que imponha compatibilidade de especificações técnicas e desempenho, observadas, quando for o caso, as condições de manutenção, assistência técnica e garantias oferecidas; 　II. ser processadas através do registro de preços; 　III. submeter-se às condições de aquisição e pagamento semelhantes às do setor privado; 　IV. ser subdivididas em tantas parcelas quantas necessárias para aproveitar as peculiaridades do mercado, visando economicidade; 　V. balizar-se pelos preços praticados no âmbito dos órgãos e entidades da administração pública.	art. 15, I art. 15, II; art.15, § 1º a 6º art. 15, III art. 15, IV art. 15, V
4. Especificações: devem ser completas sem indicações de marcas.	art. 15, § 7º, I
5. Definição das quantidades a serem compradas em função do consumo estimado, se possível, por meio de técnicas quantitativas de previsão.	art. 15, § 7º, II
6. Condições adequadas de armazenamento que não permitam a deterioraçãodo material.	art. 15, § 7º, III
7. Modalidade de licitação em função do valor do contrato.	art. 23
8. Dispensa de licitação.	art. 24, II a XX e art. 26
9. Licitação inexigível.	arts. 25 e 26
10. Habilitação: • jurídica; • regularidade fiscal; • qualificação técnica; • qualificação econômico-financeira; • cumprimento do inciso XXXIII do art. 7º da Constituição Federal; • outras exigências.	arts. 27 a 31
11. Procedimento licitatório: • autorização; • edital; • vinculação ao edital e convite; • avisos e prazos de publicidade; • processo e julgamento; • recursos.	art. 38 arts. 40 e 42 art. 41 art. 21 arts. 43 a 51 art. 109

Fonte: elaborado pelos autores.

Na fase de habilitação dos licitantes exige-se a apresentação de documentos para avaliar a sua idoneidade, capacidade de atender aos requisitos da contratação e a outras características estabelecidas pela legislação. O atendimento aos requisitos de habilitação é condição *sine qua non* para contratar com a administração pública. Esses requisitos

Capítulo 7 • Compras na administração pública   **171**

se desdobram em habilitação jurídica, qualificação técnica, qualificação econômico-
-financeira, regularidade fiscal e trabalhista e cumprimento do inciso XXXIII do art. 7º
da Constituição Federal, que proíbe a manutenção de trabalho noturno, perigoso ou
insalubre aos menores de 18 anos e de qualquer trabalho a menores de 16 anos, salvo na
condição de aprendiz a partir dos 14 anos. Há mais restrições estabelecidas em diversos
textos legais. Por exemplo, de acordo com a Lei dos Crimes Ambientais, a administração
pública não pode contratar, pelo período de três anos, com organizações que tenham
cometido infrações administrativas ambientais (Lei n. 9.605 de 12/2/1998, art. 72, § 8º).

Para a qualificação econômico-financeira pode-se usar os mesmos procedimentos indicados no Capítulo 6 quanto à análise dos balanços patrimoniais e outros
demonstrativos contábeis. O licitante deve ainda apresentar garantias no valor estimado da contratação. No caso de compras para entrega futura e execução de obras
e serviços, pode-se estabelecer exigências de capital mínimo ou de patrimônio lí-
quido mínimo, além de garantias para assegurar o adimplemento do contrato se
este for celebrado (art. 31). A qualificação técnica envolve:

* registro e inscrição na entidade profissional competente;
* comprovante de aptidão para o desempenho de atividade pertinente e compatível com o objeto da contratação, com indicação das instalações, do aparelha-
  mento e do pessoal técnico disponível;
* comprovação de que o licitante recebeu os documentos e de que tomou conhecimento de todas as informações e das condições locais para o cumprimento
  das obrigações objeto da licitação;
* prova de atendimento de requisitos previstos em lei especial, quando for o caso
  (art. 30).

Entre esses últimos, estão os exigidos pela legislação sanitária a respeito de alimentos, materiais e equipamentos médicos, medicamentos e seus insumos, saneantes, imunobiológicos, hemoderivados, reagentes e conjuntos para diagnósticos, ra-
dioisótopos, órgãos e tecidos humanos e outros bens e produtos relacionados pela
Lei n. 9.782 de 26/1/1999. Esses produtos só podem ser adquiridos de licitantes com
certificados de registros emitidos pela Agência Nacional de Vigilância Sanitária
(Anvisa). No caso de materiais radioativos, deve o licitante apresentar também documentos comprobatórios de regularidade técnica emitidos pela Comissão Nacional de Energia Nuclear (CNEN). Outros documentos necessários à qualificação técnica são o atestado de autorização de funcionamento e o certificado de boas práticas

de fabricação e controle, ambos expedidos pela Anvisa, além das licenças estaduais e municipais. No caso de importação, o licitante deve apresentar um certificado de boas práticas de fabricação e controle expedido pela autoridade sanitária do país de origem ou um laudo de inspeção emitido pela autoridade brasileira competente.

Uma representação simplificada do processo administrativo para efetuar compras pela modalidade de concorrência é mostrada na Figura 7.1. Trata-se de um processo complexo no qual participam diferentes setores da administração pública. Nessa figura não estão incluídos as etapas relacionadas com empenho da despesa, controles internos e externos, arquivamento do processo, bem como os tropeços típicos que podem acontecer nas licitações, como os recursos, pois dos atos da licitação cabem recursos no prazo de cinco dias úteis, a contar da intimação do ato ou da lavratura da ata (art. 109), nem as idas e vindas de documentos para efeitos de assinaturas, conferências, aprovações e outras ocorrências dessa natureza. Por exemplo, se surgir algum problema com a redação da minuta do edital, apontado pelo parecer prévio da assessoria jurídica, a minuta deverá sofrer revisão por parte do agente que a redigiu.

FIGURA 7.1 • Esquema simplificado do processo de compras do setor público

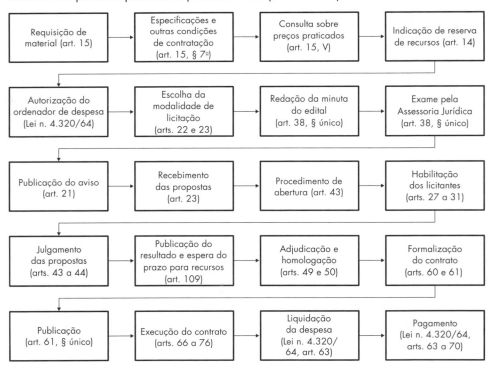

Fonte: elaborada pelos autores.

Capítulo 7 • Compras na administração pública   **173**

Além dos prazos internos referentes ao exame das disponibilidades de recursos, à obtenção das autorizações pertinentes, e à emissão da nota de empenho, existem prazos fixos expressamente determinados na Lei n. 8.666/93, referentes aos avisos e publicações. Esses prazos são os seguintes:

a. 45 dias para concorrência do tipo melhor técnica ou técnica e preço;

b. 30 dias para concorrência de menor preço e nas tomadas de preço do tipo melhor técnica e técnica e preço;

c. 15 dias para tomada de preço baseada em menor preço;

d. cinco dias úteis para convite (art. 21; § 2º).

Qualquer alteração no edital, que pode afetar a elaboração das propostas, exige divulgação pelos mesmos meios em que se deu o texto original e reabre o prazo concernente ao tipo e modalidade da licitação em questão (art. 21; § 4º). Daí as demoras que tanto aborrecem os usuários e os gestores de materiais. O convite, que é a modalidade mais simples, mesmo quando bem executado, dificilmente leva menos de 30 dias úteis. Estes prazos podem diminuir com o registro de preço.

7.4.1 **Registro de preços**

A Lei n. 8.666/93 estabelece que as compras, sempre que possível, devem ser processadas pelo sistema de registro de preços (art. 15, II), regulamentado pelo Decreto n. 7.892 de 23/1/2013. Esse sistema é um conjunto de procedimentos para registro formal de preços relativos à prestação de serviços e aquisição de bens para contratação futura. A ata de registro de preços é um documento vinculativo, obrigacional, com característica de compromisso para futura contratação, onde se registram os preços, fornecedores, órgãos participantes e condições a serem praticadas, conforme as disposições contidas no instrumento convocatório e propostas apresentadas. De acordo com o citado decreto, o registro de preço será adotado, preferencialmente, nas seguintes hipóteses:

I. quando, pelas características do bem ou serviço, houver necessidade de contratações frequentes;

II. quando for mais conveniente a aquisição de bens com previsão de entregas parceladas;

III. quando for conveniente a aquisição de bens ou a contratação de serviços para o atendimento a mais de um órgão, entidade ou programas de governos;

IV. quando pela natureza do objeto não for possível definir previamente o quantitativo a ser demandado pela administração (Decreto n. 7.892/2013, art. 3º).

174 Logística hospitalar

A adoção do registro de preços poderá facilitar as compras de materiais de consumo e, com isso, atender a outras disposições estabelecidas no art. 15 da Lei n. 8.666/93, que são: obter condições de aquisição e pagamento semelhantes às do setor privado e subdividir as compras em tantas parcelas quantas necessárias para aproveitar as peculiaridades do mercado, visando economicidade.

A licitação para registro de preço será realizada na modalidade de concorrência do tipo menor preço ou de pregão, sempre precedida de ampla pesquisa de mercado. Excepcionalmente pode-se adotar o tipo técnica e preço, a critério do órgão gerenciador e mediante despacho devidamente fundamentado da autoridade máxima do órgão ou entidade. O órgão gerenciador poderá dividir a quantidade do item em lotes, caso seja econômica e tecnicamente possível, para possibilitar maior competitividade, estabelecendo a quantidade mínima, o prazo e o local de entrega. A indicação de recursos não é necessária na fase de licitação, somente quando da formalização do contrato (Decreto n. 7.892/2013, art. 3º).

Terminada a fase competitiva da licitação, os licitantes podem reduzir seus preços ao valor da proposta melhor classificada. A ata de registro de preços deve constar, nesta ordem: primeiro os preços e as quantidades do licitante melhor qualificado e depois os dos que aceitaram cotar seus bens e serviços em valor igual ao do melhor qualificado. O prazo de validade da ata não poderá ser superior a 12 meses, computadas todas as eventuais prorrogações (Decreto n. 7.892/2013, art. 3º).

A qualquer tempo, a ata poderá ser revista em decorrência de eventual redução dos preços praticados no mercado, ou de fato que eleve o custo dos bens e serviços registrados, cabendo ao órgão gerenciador promover negociações junto aos fornecedores. Quando o preço inicialmente registrado se tornar superior aos praticados no mercado por motivo superveniente, o órgão gerenciador deverá convocar os fornecedores, visando a negociação para a redução de preços praticados pelo mercado. O fornecedor que não aceitar ficará liberado do compromisso assumido, sem penalidades. A ordem de classificação dos licitantes que aceitarem reduzir se manterá como era originalmente (Decreto n. 7.892/2013, art. 3º). Como se vê, o registro de preço permite realizar compras com as melhores condições de mercado e assegura um fluxo constante de materiais por no mínimo um ano, a partir de um único certame.

7.5 O PREGÃO

O pregão é a modalidade de licitação instituída pela Medida Provisória n. 2.026 de 4/5/2000. Inicialmente, de acordo com as sucessivas medidas provisórias sobre

Capítulo 7 • Compras na administração pública   **175**

o pregão, esta modalidade se aplicava apenas no âmbito da União para a aquisição de bens e serviços comuns. A Lei n. 10.520/2002 estendeu-o para todos os entes da federação.

Os bens e serviços comuns são aqueles cujos padrões de desempenho e qualidade podem ser objetivamente definidos pelo edital, por meio de especificações usuais no mercado. Praticamente todos os bens materiais que os hospitais necessitam podem ser adquiridos por meio dessa modalidade. São exemplos de bens comuns: medicamentos, gases hospitalares, alimentos, uniformes, veículos, material de escritório e de limpeza, roupas, calçados, bens de informática etc.

Esta modalidade poderá ser adotada a critério da administração pública independentemente do valor da contratação. Ou seja, a administração poderá escolher o pregão ou qualquer das modalidades estabelecidas pela Lei n. 8.666/93, isto é, carta convite, tomada de preço e concorrência. Porém, se escolher algumas dessas modalidades, é necessário observar os limites de valores das contratações conforme já mencionado. Em outras palavras, para a aquisição de bens e serviços comuns, pode-se usar o pregão como alternativa às modalidades citadas na seção anterior independentemente dos valores envolvidos. Entretanto, só se admite um único critério de julgamento das propostas: o menor preço.

Há dois tipos de pregão, o presencial e o eletrônico. A disputa se dá por meio de propostas de preços escritas e lances verbais. Sob este aspecto, é uma modalidade semelhante ao leilão para alienar bens móveis inservíveis, bens apreendidos e bens imóveis, conforme estabelece a Lei n. 8.666/93 (art. 22, § 5º). Por isso a denominação de leilão reverso. Ao contrário do leilão em que os lances devem elevar o preço, no pregão os lances visam reduzir os preços das propostas. As propostas são julgadas segundo o critério de menor preço, observados os prazos máximos para fornecimento, as especificações técnicas e parâmetros mínimos de desempenho e qualidade definidos no edital.

A Lei n. 10.520/02 estabelece que o pregão se realize em duas fases. A primeira é a fase preparatória, que começa com a justificativa emanada de uma autoridade competente sobre a necessidade de contratação, definição do objeto a ser contratado, as exigências de habilitação dos licitantes, os critérios de aceitação das propostas e outras condições impostas para participar do certame. A definição deve ser precisa, suficiente e clara, não sendo aceitas as que limitem a competição por serem excessivas, irrelevantes ou desnecessárias. A fase externa começa com a convocação dos interessados, por meio de publicação de aviso em diário oficial do respectivo ente federado, ou inexistindo, em jornal de circulação local e, facultativamente, por meio eletrônico. No aviso devem constar a definição do objeto do pregão e a indicação do dia, hora e local em que poderá ser obtido o edital na íntegra.

Um ator importante na condução dos pregões é o pregoeiro, que deve ser um servidor designado pela autoridade competente ou pelo ordenador de despesa do órgão que estiver promovendo a licitação. São atribuições do pregoeiro:

I. credenciar os interessados;
II. receber as propostas de preços e a documentação de habilitação;
III. examinar as propostas e classificá-las;
IV. conduzir os procedimentos relativos aos lances tendo em vista a obtenção do menor preço;
V. adjudicar a proposta de menor preço;
VI. conduzir os trabalhos da equipe de apoio;
VII. elaborar a ata;
VIII. receber e examinar recursos;
IX. encaminhar o processo devidamente instruído, após a adjudicação, à autoridade superior para efeito de homologação e contratação (Decreto n. 3.555/00; art. 9º).

Durante a sessão e após o exame das propostas, o proponente do menor preço e os demais com preços até 10% superior ao menor preço poderão fazer novos lances verbais e sucessivos, até que o pregoeiro proclame o vencedor. O pregoeiro deve estimular a disputa convidando os licitantes classificados a fazer lances verbais individualmente, começando pelo autor da proposta de maior preço e em seguida os demais, em ordem decrescente de valor. Se um licitante, quando convocado pelo pregoeiro, desistir de apresentar lance verbal, será excluído dessa fase de disputa por lances. Não havendo mais lances, o pregoeiro efetua a classificação das propostas em ordem crescente de valor começando pelo último lance, incluindo as propostas escritas dos licitantes que não fizeram lances verbais. A proposta de menor valor será então examinada, tendo em vista os preços de mercado e outras condições estabelecidas no edital. O pregoeiro não é obrigado a aceitar automaticamente a proposta de menor preço. Sendo aceitável a proposta de menor preço, o pregoeiro inicia o processo de habilitação.

Os dois tipos de pregão representam um grande avanço em relação às modalidades da Lei n. 8.666/93 em termos de redução de tempo e de preço, mas principalmente para tornar mais transparentes as aquisições da administração pública. Na modalidade de

Capítulo 7 • Compras na administração pública   **177**

pregão não cabe mais exigir garantia de proposta (caução, fiança e seguro-garantia) como estabelece a Lei n. 8.666/93 (art. 31, III e art. 56 d). Também ficou vedado à administração pública cobrar pelo edital, como permite a Lei n. 8.666/93 (art. 32, § 5º d).

Pelo pregão, a habilitação dos licitantes é posterior à etapa de julgamento e classificação das propostas. Ou seja, encerrada a fase competitiva e ordenadas as ofertas, o pregoeiro procederá à abertura do invólucro contendo os documentos de habilitação do licitante que apresentou a melhor proposta, para verificação do atendimento das condições fixadas no edital (Lei n. 10.520/2002; art. 4º, XII). No caso das modalidades da Lei n. 8.666/93, a habilitação é anterior ao julgamento das propostas, primeiro aprecia-se os documentos relativos à habilitação, devolvem-se os envelopes fechados com as propostas aos licitantes inabilitados, e só então começa a fase de exame das propostas. O Quadro 7.2 apresenta outras diferenças entre o pregão e as modalidades de licitação da Lei n. 8.666/93.

QUADRO 7.2 • Algumas diferenças entre pregão e modalidades de licitação aplicáveis às compras

Convite, tomada de preço e concorrência (Lei n. 8.666/93)	Pregão (Lei n. 10.520/2002)
Aplicável à aquisição de qualquer bem e serviço.	Apenas para a aquisição de bens e serviços comuns definidos em norma legal.
Modalidades determinadas conforme o valor da contratação.	Aplicável a qualquer tipo de valor.
Permite licitações do tipo menor preço, melhor técnica e técnica e preço.	Admite apenas licitação do tipo menor preço.
A inexecução total ou parcial do contrato sujeita o licitante a sanções com advertência, multa, suspensão temporária e impedimento de contratar com a administração pública por um período de até dois anos.	Impedimento de licitar e de contratar com a administração pública pode ser de até 5 anos. A mesma sanção vale para declarações falsas.
Habilitação dos licitantes é anterior à análise das propostas.	Habilitação posterior à fase competitiva.

Fonte: elaborado pelos autores.

De acordo com a Lei n. 10.520/2002, aplicam-se para o pregão subsidiariamente as normas da Lei n. 8.666/93 (art. 9º), pois esta é o estatuto jurídico das licitações e dos contratos para todas as entidades da administração pública, como mencionado anteriormente. As compras e contratações de bens e serviços comuns pelos entes da federação, quando efetuadas pelo sistema de registro de preços, poderão adotar o pregão, conforme regulamento específico.

7.5.1 **Pregão eletrônico**

No âmbito da administração pública federal, o uso da internet para efeito de licitação começou a ser desenvolvido em meados da última década do século passado, inicialmente para publicar avisos, editais, julgamentos de propostas e demais despachos decorrentes dos processos de licitação. O Comprasnet é o portal de compras do governo federal, administrado pelo Ministério do Planejamento, Orçamento e Gestão, por meio da Secretaria de Logística e Tecnologia da Informação (SLTI) e do Departamento de Logística e Serviços Gerais (DLSG).[4] A Figura 7.2 mostra uma das muitas telas desse portal.

FIGURA 7.2 • Exemplo de tela do portal de compras Comprasnet

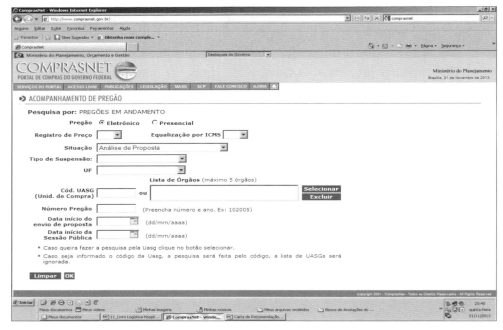

Fonte: elaborada pelos autores.

Esse portal faz parte de um amplo projeto de modernização da administração pública, de acordo com uma concepção de sistemas integrados de gestão, envolvendo a gestão financeira e de serviços gerais, a área do governo que cuida das compras de bens materiais. Como parte deste processo, foi criado o Sistema Integrado de Administração de Serviços Gerais (Siasg) e dos seguintes módulos:

- Catálogos de Materiais (Catmat) e de Serviços (Catser);
- Sistema de Cadastramento Unificado de Fornecedores (Sicaf);

---

4 Saiba mais sobre COMPRASNET, disponível em: <http://www.comprasnet.gov.br>.

Capítulo 7 • Compras na administração pública

- Sistema de Divulgação Eletrônica de Compras (Sidec);
- Sistemas de Preços Praticados (Sispp);
- Sistema de Minuta de Empenho (Sisme);
- Sistema Integrado de Gestão de Contratos (Sicon).

O pregão eletrônico para a aquisição de bens e serviços comuns, conforme o Decreto n. 5.450 de 31/5/2005, que o regulamenta, se realiza em sessão pública, por meio do sistema eletrônico que promova a comunicação pela internet. A autoridade competente do órgão promotor da licitação, o pregoeiro, sua equipe de apoio e os licitantes devem estar previamente cadastrados perante o servidor do sistema eletrônico, cada qual contando com login e senha intransferíveis. O licitante deve acompanhar as operações no sistema eletrônico durante a sessão pública virtual do pregão, ficando responsável pelo ônus decorrente da perda de negócios diante da inobservância de quaisquer mensagens emitidas pelo sistema ou de sua desconexão.

O período de envio das propostas inicia-se com a liberação do aviso do edital e não será inferior a oito dias úteis. A sessão pública deve começar em horário previsto no edital, com o pregoeiro abrindo cada proposta recebida e analisando o seu objeto e o preço ofertado. Ele pode desclassificar a proposta caso julgue que ela não atende os requisitos estabelecidos no edital. A partir daí cada licitante passa a ter conhecimento de todos os preços ofertados, sem saber quem são os demais. Começa então a fase competitiva, na qual os licitantes fazem lances e são informados do menor valor ofertado, em tempo real.

Ao término dessa fase, o pregoeiro inicia a fase de aceitação das propostas, podendo encaminhar contrapropostas ao licitante que apresentou o lance mais vantajoso, desde que não se trate de condições diferentes das previstas no edital. O pregoeiro verificará a habilitação do licitante, conforme comentado anteriormente. Caso a proposta classificada em primeiro lugar não for aceitável ou o licitante não atender às exigências habilitatórias, o pregoeiro examinará a proposta subsequente e, assim sucessivamente, na ordem de classificação até a apuração de uma proposta que atenda o edital. O licitante inconformado com alguma decisão do pregoeiro poderá declarar a intenção de interpor recurso em tela apropriada e que se torna disponível automaticamente após o início da fase de habilitação. O pregoeiro deverá informar, ao final da sessão pública, o prazo para os licitantes, com intenção de interpor recursos, registrar as razões dos recursos, bem como para os demais registrarem suas contrarrazões.

7.5.2 Cotação eletrônica de preços

As aquisições de bens e serviços de pequeno valor por parte dos órgãos e entidades da União, pertencentes ao Sistema Integrado de Serviços Gerais, devem ser realizadas preferencialmente por meio do Sistema de Cotação Eletrônica de Preços, instituído pela Portaria n. 306 de 13/12/2001, do Ministério do Planejamento, Orçamento e Gestão. Bens de pequeno valor são os que apresentam preço inferior ao limite previsto para a modalidade de convite e que estão dispensados da licitação, conforme a Lei n. 8.666/93 (art. 24, II). A cotação eletrônica se realiza em sessão pública virtual operada pelo Comprasnet observando os procedimentos estabelecidos pela portaria supracitada (Figura 7.3).

FIGURA 7.3 • Exemplo de cotação eletrônica do portal de compras Comprasnet

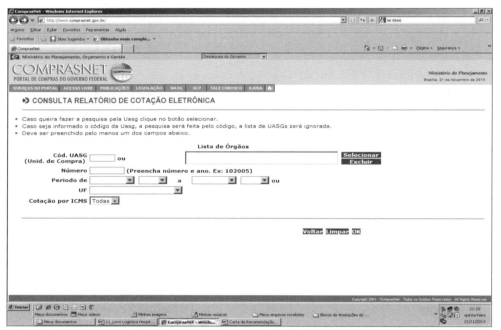

Fonte: elaborada pelos autores.

Os pedidos de cotação eletrônica de preços serão divulgados no Comprasnet e encaminhados por e-mail para um número de fornecedores que garantam competitividade, escolhidos de forma aleatória pelo sistema eletrônico, entre os registrados na correspondente linha de fornecimento e que tenham indicado possibilidade de entrega no município onde esteja localizado o órgão promotor da cotação. No pedido de cotação deverá constar a especificação do objeto a ser adquirido, as

Capítulo 7 • Compras na administração pública   **181**

quantidades requeridas, as condições de contratação, o endereço eletrônico e o horário da sessão pública virtual.

Da mesma forma que no pregão eletrônico, a sessão virtual tem início a partir da divulgação do pedido de cotação, com a recepção das propostas de preços exclusivamente eletrônica. O menor valor ofertado será informado aos proponentes em tempo real, para que estes façam seus lances. O sistema só aceita lances cujos valores sejam inferiores ao último lance registrado. Encerrada a fase competitiva, o sistema divulga a classificação indicando as propostas ou lances de menor valor até o máximo de cinco. O proponente melhor qualificado será o vencedor do certame, devendo ser-lhe adjudicado o objeto da cotação.

Outros entes da federação criaram portais a exemplo do Comprasnet. Esses portais são muito mais do que um portal de compras, se comparado com os portais privados. Embora tenham como finalidade realizar compras via pregão e cotação de preço eletrônica, todos os editais relacionados com as modalidades de tomada de preço e concorrência devem ser obrigatoriamente divulgados na íntegra no portal, sendo a divulgação, no caso do convite, opcional.

Os portais governamentais prestam diversos serviços aos órgãos públicos, às empresas e à sociedade em geral. Eles facilitam os trabalhos internos, como a pesquisa de mercado para obter valores de referências. Os usuários dos materiais solicitados podem acompanhar o processo de licitação do seu interesse. A fase competitiva, aliada à possibilidade de convocar mais competidores, contribui para reduzir os preços praticados no mercado, beneficiando diretamente a administração pública que pode economizar recursos para outras atividades. Beneficia diretamente a sociedade que paga os materiais com os tributos que os entes públicos arrecadam. Obter economias sem perder o nível de serviço, uma ideia enfatizada neste livro, tornou-se mais fácil com as compras eletrônicas. Muitos problemas tendem a reduzir quando um número maior de proponentes comparece aos certames e quando aumenta o número de cidadãos, empresas, entidades empresariais, organizações da sociedade civil e outros interessados em saber como os recursos públicos estão sendo aplicados. Concluindo, os portais de compras governamentais são instrumentos de gestão dos recursos públicos que promovem as práticas republicanas de transparência e prestação de conta aos cidadãos.

7.6 CONTRATAÇÕES PÚBLICAS SUSTENTÁVEIS

A promoção do desenvolvimento nacional sustentável é um dos objetivos da licitação, incluído na Lei n. 8.666/1993 pela Lei n. 12.349/2010. Há muitas definições sobre desenvolvimento sustentável, porém a mais conhecida é a da Comissão

Mundial sobre Meio Ambiente e Desenvolvimento, a saber: desenvolvimento sustentável é aquele que atende às necessidades do presente sem comprometer a possibilidade das gerações futuras de atenderem as suas próprias necessidades.[5]

A questão central do desenvolvimento sustentável é a promoção da qualidade de vida para todos os humanos sem prejudicar o meio ambiente, o que leva a necessidade de considerar nos processos de produção e consumo questões econômicas, sociais e ambientais simultaneamente. A Constituição Federal incorporou essa ideia ao estabelecer que todos têm direito ao meio ambiente ecologicamente equilibrado, bem de uso comum do povo e essencial à sadia qualidade de vida, impondo-se ao poder público e à coletividade o dever de defendê-lo e preservá-lo para as presentes e futuras gerações (art. 225, *caput*). Considerar o desenvolvimento sustentável como um dos objetivos da licitação é uma forma do poder público cumprir esse desiderato. A expressão "contratações públicas sustentáveis", usada pelo governo federal, parece ser mais apropriada do que "licitações sustentáveis", pois há diversas hipóteses de contratação com dispensa de licitação, conforme mostrado na Seção 7.2.1.

O poder de compra dos entes estatais tem sido utilizado no mundo todo como instrumento de política pública para os mais variados fins, como o de promover a industrialização nacional, desenvolver pequenas e médias empresas, gerar renda e emprego local, incentivar a P&D local, entre muitos outros. Agora é a vez da promoção do desenvolvimento sustentável, daí a expressão "licitação" ou "contratação sustentável". Vale mencionar que muitas organizações privadas também fazem uso do seu poder de compra para esse fim. A ideia é simples: usar esse poder para incentivar os fornecedores e empreiteiros a adotar práticas sociais e ambientais condizentes com o desenvolvimento sustentável, sinalizando para o mercado que boas práticas socioambientais serão premiadas.

No âmbito da União, apesar de algumas iniciativas esporádicas, como a já mencionada proibição de contratar os que praticam crimes ambientais, o início de uma ação realmente positiva no campo das contratações públicas se deu com a Instrução Normativa n. 1 de 19/1/2010, da Secretaria de Logística e Tecnologia da Informação do Ministério do Planejamento, Orçamento e Gestão. Essa norma estabeleceu requisitos para a contratação de obras, bens e serviços. Em relação à aquisição de bens materiais, os órgãos da administração pública federal podem exigir critérios de sustentabilidade ambiental, como:

---

5 COMISSÃO MUNDIAL SOBRE MEIO AMBIENTE E DESENVOLVIMENTO (CMMAD). *Nosso futuro comum*. Rio de Janeiro: Fundação Getulio Vargas, 1991. p. 46.

Capítulo 7 • Compras na administração pública

- que sejam constituídos no todo ou em parte por material reciclado, atóxico ou biodegradável;
- que estejam preferentemente acondicionados em embalagens com o menor volume possível, feitas de material reciclado e garantindo a máxima proteção durante o transporte e o armazenamento;
- que não contenham mercúrio, chumbo, cádmio, cromo hexavalente, polibromobifenilos e éteres difenilpolibromados em concentração acima da recomendada pela Diretiva Europeia n. 95 de 2002, relativa à restrição do uso de determinadas substâncias perigosas em equipamentos elétricos e eletrônicos, conhecida pela sigla RoHS (Restriction of Hazardous Substances).

Em relação à contratação de serviços, os editais devem prever que as empresas contratadas adotem, entre outras, as seguintes práticas: usem produtos de limpeza e conservação de superfícies e objetos inanimados que obedeçam às classificações e especificações determinadas pela Anvisa; adotem medidas para evitar desperdício de água tratada; forneçam aos empregados os equipamentos de segurança necessários para a execução do serviço; e realizem programas internos de treinamento com seus funcionários nos três primeiros meses de execução contratual, objetivando a redução de consumo de energia elétrica e de água e a redução dos resíduos sólidos. Apesar de acanhada e voltada para os órgãos da administração federal, essa instrução normativa é um marco importante pelo fato de ter aberto o caminho que seria depois estendido para todos os entes estatais com a Lei n. 12.349/2010. Mostrou também que a inclusão de critérios ambientais nos editais e convites não é um bicho de sete cabeças.

Posteriormente, o Decreto n. 7.746/2012 estabeleceu critérios, práticas e diretrizes para a promoção do desenvolvimento sustentável nas contratações da administração pública federal. As diretrizes são as seguintes:

1. menor impacto sobre os recursos naturais, como flora, fauna, ar, solo e água;
2. preferência para materiais, tecnologia e matérias-primas locais;
3. maior eficiência na utilização de recursos naturais, como água e energia;
4. maior geração de emprego, preferentemente mão de obra local;
5. maior vida útil e menor custo de manutenção de bens e obras;
6. uso de inovações que reduzam as pressões sobre os recursos naturais;
7. origem ambientalmente regular dos recursos naturais utilizados nos bens (art. 4º).

A inclusão do desenvolvimento sustentável entre os objetivos da licitação abriu a possibilidade de dar tratamento diferenciado para produtos, como tem sido feito por meio de decretos que estabelecem margens de preferência para bens, serviços e obras expressamente definidas, como é o caso do Decreto n. 7.767/2012 com respeito a produtos médicos. Por exemplo: cateteres, válvulas cardíacas e marca-passo manufaturados no país tem uma margem de preferência de 25% sobre o menor preço manufaturado no exterior; bolsas de sangue, luvas cirúrgicas e de procedimento e seringas, 15%; campos cirúrgicos descartáveis, 8%. A margem de preferência só será considerada se o proponente apresentar o certificado de boas práticas de fabricação de produtos, expedido pela Anvisa, conforme procedimentos indicados na RDC n. 39/2013.

Cabe mencionar que as preferências para produtos nacionais nem sempre estão em sintonia com essas diretrizes. As pressões dos fabricantes locais, a redução do desemprego, os déficits nas contas externas e outras de natureza econômica podem se sobrepor às diretrizes sociais e ambientais e, o que seria pior, às preocupações com a qualidade dos serviços e a segurança dos pacientes. Tais preocupações também devem ser consideradas entre as diretrizes para as contratações públicas sustentáveis para as áreas de saúde.

» TERMOS E CONCEITOS

Bens e serviços comuns	Governo eletrônico
Compras eletrônicas	Habilitação de licitantes
Compras sustentáveis	Modalidade de licitação
Comprasnet	Pregão eletrônico
Concorrência	Pregão presencial
Convite	Pregoeiro
Cotação eletrônica	Princípios de licitação
Contratação sustentável	Registro de preços
Desenvolvimento sustentável	Tipo de licitação
Dispensa de licitação	Tomada de preço

» QUESTÕES PARA REVISÃO

1. A escolha das modalidades de licitação contempladas pela Lei n. 8.666/93 depende dos valores dos contratos, que são revistos periodicamente pelo órgão competente do Executivo Federal. Faça uma busca no site do Ministério que cuida dessa área e verifique quais são esses valores limites.

Capítulo 7 • Compras na administração pública **185**

2. É comum ouvir dizer que, se bem usados, o sistema de registro de preço pode tornar-se um importante instrumento que permite à administração pública conseguir condições de aquisição semelhantes às do setor privado. Dê a sua opinião, mas antes verifique o que diz a legislação sobre o registro de preço.

3. Quais são os documentos exigidos para o cadastramento de uma empresa no Sicaf e qual é o prazo de validade desse cadastro? Antes de responder, fale sobre o Sicaf e qual a sua importância para o processo de licitação e para os licitantes.

4. Entre no site da Anvisa (www.anvisa.gov.br) e verifique as exigências específicas para os licitantes de produtos sujeitos ao regime de vigilância sanitária.

5. Cada vez mais a administração pública percebe a necessidade de usar critérios socioambientais nos processos de licitação. Neste capítulo foram apresentadas iniciativas da União, porém outros entes da federação também estão atuando nesse sentido, alguns inclusive há mais tempo. Faça uma pesquisa nos sites de alguns deles e veja como essa questão está sendo tratada. Depois, faça uma relação de critérios socioambientais recorrentes.

CAPÍTULO 8

ARMAZENAGEM E DISTRIBUIÇÃO

Sob a denominação genérica de armazenagem entende-se as atividades administrativas e operacionais de recebimento, armazenamento, distribuição dos materiais aos usuários e controle físico dos materiais estocados. Tais atividades rotineiras que ocorrem no dia a dia de qualquer organização devem ser precedidas por estudos que objetivem identificar a localização adequada dos pontos de estocagem (farmácia, almoxarifado, depósitos de gêneros alimentícios e outros), a capacidade de armazenamento desses pontos, bem como as instalações, os equipamentos e o layout. Estes estudos não serão objeto deste livro, pois a rigor deveriam ser tratados na fase de projeto das instalações físicas. Mas cabe fazer algumas considerações sobre essas questões.

Os pontos de estocagem devem estar em local controlado do ponto de vista ambiental, com baixa umidade e temperatura, boa ventilação, pisos que não transmitem vibrações e iluminação adequada. Tais precauções se devem ao fato de que muitos materiais perecem em decorrência das condições de armazenagem, como temperatura elevada, que favorece a emissão de substâncias voláteis; calor e umidade, que favorecem a decomposição bacteriana, entre outras. A localização e o layout devem facilitar a recepção e distribuição dos materiais aos solicitantes e o controle físico dos estoques.

8.1 LOCAIS DE ARMAZENAGEM

As empresas fabris podem atender praticamente a todas as suas atividades com dois tipos de locais de armazenagem: um para matérias-primas, componentes, materiais auxiliares e demais insumos de produção; e outro para os produtos acabados. Os hospitais têm necessidade de mais locais de armazenagem em decorrência das características diferenciadas dos bens materiais que utilizam. Neste trabalho serão considerados os locais referentes aos seguintes setores: farmácia hospitalar, nutrição e dietética, lavanderia, manutenção e armazenamento de gases.

8.1.1 Farmácia hospitalar

Farmácia é a unidade destinada a programar, receber, estocar, preparar, controlar e distribuir medicamentos ou afins e/ou manipular fórmulas magistrais e oficinais.[1] A farmácia hospitalar tem duas funções básicas:

1. receber, armazenar e distribuir medicamentos aos usuários;
2. preparar ou fabricar medicamentos, produtos químicos e de limpeza e materiais diversos (Foto 8.1).

Para isso, ela armazena três tipos de produtos:

- medicamentos de prateleira, agulhas, seringas e outros insumos farmacêuticos;
- psicotrópicos: drogas sobre as quais tem de ser exercido controle rigoroso, devendo as autoridades de saúde ser constantemente informadas sobre seu uso e o estoque existente na instituição;
- materiais refrigerados: medicamentos que requerem refrigeração, como os antibióticos, o que costuma ser feito em geladeiras comuns, tipo doméstico. Outros devem ser transportados e armazenados em temperatura inferior a 25°C.

FOTO 8.1 • Vista parcial de uma farmácia hospitalar

© Silvio Ferraz Bonadia | Hospital nacional privado de primeira linha

---

1 BRASIL, Resolução RDC n. 50 de 21/2/2002.

Capítulo 8 • Armazenagem e distribuição **189**

Um hospital pode fazer economias relevantes com a padronização de medicamentos e suprimentos de enfermagem. Essa tarefa deve estar sob a responsabilidade de uma comissão de padronização. Existem mais de 30 mil medicamentos registrados nas farmacopeias, em nível mundial. Desses, cerca de dez mil são realmente fabricados e utilizados, inclusive em sua maioria no país. Há cerca de 500 princípios ativos, e que, portanto, não seriam necessários mais que 500 medicamentos. É opinião amplamente divulgada que um hospital geral de grande porte não precisa de mais que 500 medicamentos e, a maioria dos hospitais, cerca de 200. Entretanto, a expansão dos similares e dos genéricos que competem com os medicamentos de marca eleva esse número para milhares de apresentações medicamentosas.

A dimensão da farmácia e das suas áreas internas deve seguir as normas legais voltadas para orientar o planejamento, programação, elaboração, avaliação e aprovação de projetos físicos de estabelecimentos assistenciais de saúde.[2] As novas construções, as ampliações e reformas desses estabelecimentos devem obedecer às disposições dessa resolução, sob pena de cometer infração à legislação sanitária federal.

A farmácia faz parte da prestação de serviço de apoio técnico e realiza as seguintes atividades:

- receber e inspecionar produtos farmacêuticos;
- armazenar e controlar produtos farmacêuticos;
- distribuir produtos farmacêuticos;
- dispensar medicamentos;
- manipular, fracionar e reconstituir medicamentos;
- preparar e conservar misturas endovenosas;
- preparar nutrições parenterais;
- diluir quimioterápicos e germicidas;
- realizar controle de qualidade;
- prestar informações sobre produtos farmacêuticos.[3]

A área para recepção e inspeção de medicamentos deve ser no mínimo 10% da área total de armazenagem que, por sua vez, deve ter uma área mínima equivalente a 0,6 m² por leito.[4] Por exemplo, um hospital com 150 leitos deve ter 90 m² de área destinada à armazenagem e ao controle de produtos farmacêuticos.

2 BRASIL, Resolução RDC n. 50, 2002.
3 BRASIL, Resolução RDC n. 50, 2002.
4 BRASIL, Resolução RDC n. 50, 2002.

A distribuição de medicamentos e de suprimentos farmacêuticos é efetuada mediante requisições emitidas pelos postos de enfermagem. Em unidades de pronto-socorro, convém que o dispensário de medicamentos possa atender todos os dias da semana, vinte e quatro horas por dia.

Hospitais de grande porte costumam ter uma seção de manipulação farmacêutica, até um setor de preparação semi-industrial de medicamentos e produtos químicos diversos. As justificativas de fabricação própria de produtos farmacêuticos são as seguintes:

a. a fabricação própria não é onerada pelas despesas de propaganda, promoção, embalagem e outras, nem pelo próprio lucro da indústria farmacêutica. Mesmo incluindo-se custos de depreciação do equipamento, juros sobre estoques, aluguel do espaço, manutenção e administração, pode-se estimar que o custo de fabricar remédios simples (comprimidos, pastilhas, xaropes e outros não injetáveis), bem como desodorantes, cosméticos, detergentes e produtos de limpeza, seja inferior ao seu preço de aquisição;

b. a preparação de receitas especiais confeccionadas para as necessidades peculiares do paciente é clinicamente recomendável. Certo número de pacientes é alérgico a medicamentos padronizados e sofre efeitos colaterais, o que pode ser evitado pelo uso de receituário apropriado no lugar de composições comerciais;

c. o laboratório da farmácia é de grande valia para efetuar a inspeção de produtos alimentícios, químicos e de limpeza, além da análise de medicamento.

O tipo de fabricação levado a cabo em farmácias hospitalares consiste, geralmente, em manipulações simples: mistura de pós ou líquidos, diluições, engarrafamentos, transvasamentos, prensagens, rotulagens e acondicionamento em embalagens econômicas, atividades que podem ser realizadas a baixo custo no ambiente hospitalar. É conveniente, entretanto, lembrar dos seguintes argumentos contrários à fabricação própria de remédios e preparados químicos em hospitais:

a. não é essa a finalidade precípua da instituição. Os recursos não devem ser desviados das metas;

b. o conceito de produção industrial, com sua ênfase na eficiência e no baixo custo, nem sempre é bem compreendido em um hospital, instituição de serviço, com ênfase em atendimento pessoal e qualidade;

Capítulo 8 • Armazenagem e distribuição   **191**

c. produtos como soros fisiológicos e injetáveis requerem rigorosos e demorados testes de qualidade, que muitos hospitais não têm condições de efetuar;

d. mesmo os maiores laboratórios comerciais fabricam, no máximo, 50 medicamentos. Uma farmácia hospitalar não deve fabricar tamanha variedade de medicamentos, necessitando, pois, forçosamente comprar a maioria dos remédios;

e. o produto não tem a mesma apresentação nem a garantia de qualidade do laboratório especializado;

f. não se obtém economias de escala nos custos variáveis.

Qualquer que seja a decisão entre comprar ou fabricar internamente, ela não deve ser tomada apenas com base em cálculos econômicos e financeiros. Cabe à comissão de padronização decidir, pois se trata de uma atividade típica de simplificação e padronização com implicações diversas que repercutirão em muitas áreas do hospital.

O armazenamento de medicamentos requer cuidados especiais, a cargo do farmacêutico hospitalar responsável. A temperatura do local de armazenamento não pode passar de 25°C. Os medicamentos termolábeis, ou seja, aqueles que não podem sofrer variações excessivas de temperatura, devem ser conservados em geladeiras, como é o caso da insulina. Para estes, a temperatura deve ficar entre 18 e 22°C. Os medicamentos imunobiológicos devem ser armazenados em refrigeradores, freezers ou câmaras frias. As temperaturas ambiente, bem como das geladeiras, freezers e outros equipamentos frigoríficos devem ser monitoradas, de preferência continuamente, ou pelo menos de hora em hora, e registradas por escrito. O controle da temperatura requer sistema de alerta para prontamente restabelecer a temperatura dentro dos limites mencionados.

Os medicamentos de uso controlado, como os psicotrópicos, devem ser armazenados em áreas isoladas, com acesso restrito apenas a funcionários autorizados pelo farmacêutico responsável.

A umidade relativa do ar nas áreas de armazenagem deve ser mantida a 70%, evitando excessos de secura ou de umidade que podem causar danos aos produtos ou às suas embalagens. A exposição de produtos à luz solar, por exemplo, devido a uma janela aberta, é terminantemente vetada, bem como depositar os medicamentos diretamente no piso da área de estocagem.

As prateleiras e estrados em que são armazenados os medicamentos devem ser de aço inoxidável, alumínio ou plástico. Prateleiras de madeira não devem ser usadas, já que a madeira é porosa e acumula umidade, poeira, germes e outros agentes que degradam os medicamentos quando em contato com eles. Essa mesma orientação vale para os paletes utilizados no transporte desses produtos até a área de estocagem. Caixas de madeira e papelão, usadas para embalar os produtos, devem ser retirados dessa área. O transporte de medicamentos entre prédios de um mesmo hospital deve ser efetuado em caixas especiais de isopor, de paredes reforçadas, que contenham em seu interior gelo ou gelatina especial para manter temperaturas baixas em seus interiores. Os caminhões e vans que transportam medicamentos devem ser dotados de sistemas de ar-condicionado que funcionem mesmo com o motor desligado. O uso de motoboys, cada vez mais frequente, deve ser muito atentamente vigiado quanto à limpeza e isolamento térmico dos compartimentos de cargas. Além disso, é necessário haver controle de rotas e velocidade para evitar desastres.

8.1.2 Nutrição e dietética

O serviço de nutrição e dietética tem duas funções básicas:

1. formular dietas para pacientes necessitados de regimes especiais;
2. produzir e servir refeições regulares para pacientes, lactentes, visitantes e funcionários.

Segundo a Resolução RDC n. 50/2002, esse serviço de apoio técnico se realiza por meio de atividades como as seguintes:

- receber, selecionar e controlar alimentos, preparações, fórmulas e utensílios;
- armazenar alimentos, preparações, fórmulas e utensílios;
- distribuir alimentos e utensílios para preparo;
- preparar os alimentos e fórmulas;
- fazer a cocção das dietas normais, desjejuns e lanches;
- fazer a cocção das dietas especiais;
- preparar as fórmulas lácteas e não lácteas;
- manipular as nutrições enterais;
- fazer o porcionamento das dietas normais e especiais;
- envasar, rotular e esterelizar as fórmulas lácteas e não lácteas;
- envasar e rotular as nutrições enterais;
- distribuir as dietas normais, especiais, as lácteas e não lácteas e as nutrições enterais;
- distribuir alimentação e oferecer condições de refeição aos pacientes, funcionários, alunos e público;
- distribuir alimentação específica e individualizada aos pacientes;
- higienizar e guardar os utensílios da área de preparo;

Capítulo 8 • Armazenagem e distribuição   **193**

- receber, higienizar e guardar utensílios dos pacientes, além de descontaminar e esterilizar os utensílios provenientes dos quartos de isolamento;
- receber, higienizar e guardar os carrinhos;
- receber, higienizar e esterilizar as mamadeiras e recipientes das nutrições enterais.

As dimensões mínimas para as áreas de recepção, armazenagem de alimentos e utensílios, preparo, cocção e distribuição dependem do número de refeições por turno. Se, por exemplo, são servidas até 200 refeições por turno, a área mínima deve ser de 0,45 m^2 por refeição; se for de 201 a 400 refeições por turno, 0,30 m^2 por refeição; e se for acima de 800 refeições, a área mínima deve ser de 0,16 m^2 por refeição.[5] Assim, se um hospital fornece 300 refeições por turno, esta área deve ter 90 m^2, no mínimo.

8.1.3 Lavanderia hospitalar

A função básica da lavanderia hospitalar é abastecer a instituição de roupa em condições adequadas, sob os aspectos de quantidade e qualidade. Os principais tipos de roupas que a lavanderia deve fornecer são os seguintes:

a. roupa de cama, mesa e banho: lençóis e fronhas constituem a maior proporção desse item;

b. uniformes: aventais, blusas, macacões e pijamas;

c. campos cirúrgicos, que devem ser entregues, depois de lavados, passados e dobrados, ao centro de material esterilizado.

A circulação e o processamento de roupas, uniformes e campos usados são propícios à infecção hospitalar. Vários instrumentos normativos, que devem ser observados, foram criados para essas atividades, desde o projeto arquitetônico da lavanderia até os procedimentos operacionais e administrativos. As estruturas corretas, associadas a condutas técnicas apropriadas, formam barreiras físicas que minimizam a entrada de microorganismos externos. As principais barreiras físicas relacionadas ao fluxo de roupas são:

- pré-classificação da roupa na origem por meio de carros porta-sacos dotados de tampa acionada pelo pé do operador;

---

5 BRASIL, Resolução RDC n. 50, 2002.

194 Logística hospitalar

- sala de recepção, classificação, pesagem e lavagem de roupa suja, um ambiente altamente contaminado que exige requisitos arquitetônicos próprios, como banheiro, exaustão mecanizada com pressão negativa, local para recebimento dos sacos de roupa suja, entre outros;
- lavagem de roupa, para a qual, independentemente do porte da lavanderia, deve-se sempre usar máquinas de lavar de porta dupla ou de barreira. A roupa suja é inserida pela porta da máquina situada do lado da sala de recepção e, após lavada, retirada do lado limpo por outra porta.[6]

As áreas de processamento de roupas devem obedecer às seguintes dimensões:

- até 100 kg de roupa/dia, 26 m²;
- de 100 a 200 kg de roupa/dia, 36 m²;
- de 101 a 400 kg de roupa/dia, 60 m²;
- de 401 a 1.500 kg de roupa/dia, 0,17 m² para cada kg de roupa/dia;
- acima de 1.500 kg de roupa/dia, 0,15 m² para cada kg de roupa/dia.[7]

Para calcular o peso das roupas, utiliza-se a seguinte equação:

$$PRP = \frac{TP \times KPD \times 7 \ dias}{NTD} \tag{8.1}$$

onde: PRP = peso em quilo de roupa processada por dia;

TP = total de pacientes, em percentual médio de ocupação do hospital;

KPD = quilo de roupa por paciente por dia;

NTD = número de dias trabalhados por semana.[8]

Da área total da unidade, preferencialmente situada no andar térreo, deve-se observar as seguintes dimensões:

a. 25% para a sala de recebimento, pesagem, classificação e lavagem (área suja);

b. 45% para centrifugação, secagem, costura, passagem, separação e dobragem, (área limpa);

c. 30% para armazenagem e distribuição (área limpa).

6 BRASIL, Resolução RDC n. 50, 2002.
7 Idem.
8 Idem.

O processamento de roupas envolve diversas atividades, como mostra a Figura 8.1, que devem ser realizadas em ambientes projetados como barreiras à infecção hospitalar. A rouparia é o almoxarifado da lavanderia. Nela, em prateleiras, é conservado o estoque de roupa. Podem ser identificados os seguintes tipos de estoque na rouparia:

a. peças de tecido que serão cortadas e costuradas para produção de roupas hospitalares;
b. roupas novas, prontas para ser requisitadas e usadas;
c. roupas voltando do reparo e conserto, prontas para voltar ao fluxo.

O estoque total de roupas não necessita exceder a duas semanas de uso. Os seguintes parâmetros costumam ser aceitos em lavanderias hospitalares nacionais de bom padrão:

- consumo de roupa na lavanderia: 4 a 5 kg por paciente/dia;
- roupa em andamento, ou seja, no fluxo, em uso, sendo processada na lavanderia, sendo recolhida e sendo transportada para o usuário: quatro a cinco vezes o consumo diário, portanto, de 16 a 25 kg por paciente/dia;
- gasto anual de roupa: 4 a 5 kg por paciente/ano.

FIGURA 8.1 • Processamento de roupas: atividades

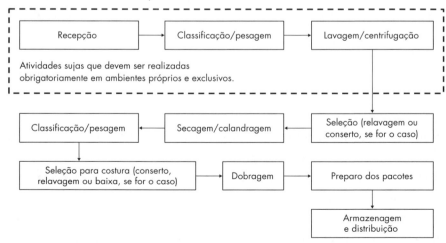

Fonte: BRASIL. *Resolução RDC n. 50 de 21/02/2002*: Dispõe sobre o Regulamento Técnico para planejamento, programação, elaboração e avaliação de projetos físicos de estabelecimentos assistenciais de saúde. Brasília, 2002.

A roupa em andamento constitui um estoque volante, imposto pela natureza do serviço da lavanderia e o ciclo das operações de recolhimento, processamento e distribuição. Recomenda-se, ademais, deixar a roupa em repouso por 24 horas depois de seu processamento na lavanderia, para recuperação das fibras do tecido. Para o controle da roupa, recomendam-se os seguintes cuidados:

- usar rol, preenchido pela enfermagem, para a roupa suja, conferir o rol na entrega da roupa suja na lavanderia, os funcionários da lavanderia deverão usar roupa isolante, luvas e máscara para evitar contato direto com a roupa. Se a contagem for impossível, conferir o peso do fardo baseando-se no peso estimado de cada peça de roupa;
- a enfermagem, por sua vez, conferirá a roupa limpa entregue pela lavanderia.

Convém que toda roupa hospitalar, antes de ser colocada em circulação, seja carimbada em diversos pontos com um selo indelével do hospital, de grande tamanho. Alguns hospitais, para facilitar o controle, carimbam, em toda peça de roupa, um número de código específico de cada enfermaria, podendo acompanhar individualmente as peças de roupa das enfermarias. O uso de tecidos coloridos para distinguir os setores usuários, por ser caro, é restrito a hospitais privilegiados.

A lavanderia é uma área que envolve muitos riscos para os trabalhadores, o que torna necessário a elaboração de um Programa de Controle Médico de Saúde Ocupacional, conforme estabelece a Norma Regulamentadora n. 7, bem como um Programa de Prevenção de Riscos Ambientais, segundo a Norma Regulamentadora n. 9, ambas aprovadas pela Portaria n. 3.214 de 8/7/1978, do Ministério do Trabalho[9].

8.1.4 Manutenção

O setor de manutenção, ou de conservação e reparos, desempenha as seguintes funções básicas:

- conservar os equipamentos em bom estado de funcionamento, preferentemente mediante manutenção preventiva;
- consertar os equipamentos defeituosos por meio de manutenção corretiva, rápida e eficiente;
- proporcionar, sem interrupções, os serviços de força, luz, água, gases, vapor, vácuo, ar comprimido, esgoto, sistema de comunicações audiovisual e outras utilidades.

---

9 BRASIL, Portaria MT n. 3.214, de 8/7/1978.

Capítulo 8 • Armazenagem e distribuição   **197**

A manutenção pode envolver as seguintes oficinas: serralheria, marcenaria e carpintaria, pintura, elétrica, hidráulica, refrigeração, gasotécnica, mecânica, eletrônica, eletromecânica, ótica, mecânica fina, usinagem e estofaria.[10] A quantidade de oficinas depende da política administrativa do hospital. Em geral, há sete tipos básicos de manutenção: mecânica, hidráulica, pintura, alvenaria, carpintaria e marcenaria, elétrica e eletrônica. O problema das peças de reposição é muito sério, sobretudo as dos modernos equipamentos eletrônicos. É essencial que a administração do hospital disponha de sistema muito ágil de aquisição e conserto dessas peças junto aos fornecedores especializados ou seus representantes.

As peças de reposição são, preferencialmente, conservadas no almoxarifado geral, porém, é necessário que os funcionários da manutenção tenham acesso às peças a qualquer momento, com rapidez. Caso contrário, convém manter um subalmoxarifado de peças na seção de manutenção. Além das peças de reposição "consumíveis", como lâmpadas, fusíveis e válvulas, a manutenção tem que dispor de um estoque de sobressalentes "recuperáveis", como motores ou compressores.

8.1.5 Almoxarifado geral

Almoxarifado é uma unidade destinada ao recebimento, guarda, controle e distribuição do material necessário ao funcionamento do estabelecimento de saúde.[11] No almoxarifado mantém-se o estoque de suprimentos variados necessários para o funcionamento do hospital, entre eles: materiais de uso geral, produtos de limpeza, peças de reposição, material de escritório, uniformes, utensílios, produtos químicos e cilindros de gases medicinais. O almoxarifado deve satisfazer aos seguintes requisitos:

1. isolamento para que nenhuma pessoa estranha tenha acesso a ele;
2. rigorosa disciplina de entrada de pessoas estranhas ao serviço, as quais só terão acesso se acompanhadas de funcionários do almoxarifado;
3. horários de atendimento preestabelecidos para forçar os usuários a planejar suas requisições, exceto para emergências justificadas;
4. sistema de atendimento noturno para emergências, por meio de zelador ou outro funcionário do hospital devidamente autorizados;
5. atendimento sempre mediante requisições escritas e assinadas pelo responsável pela solicitação, entregues no ato;

---

10 BRASIL, Resolução RDC n. 50, 2002.
11 Idem.

198 Logística hospitalar

6. numeração das prateleiras e células para permitir localização rápida, mediante consulta a planta de almoxarifado;

7. agrupamento de itens por natureza, com os itens de maior movimentação em locais de acesso mais fácil.

Os princípios da classificação ABC podem ajudar nesse último requisito. Para efeito de armazenamento, o importante é classificar os itens pelo esforço necessário para recebê-los dos fornecedores, acomodá-los nos locais indicados e distribuí-los aos usuários. Para isso, o que conta agora é a movimentação e o manuseio dos itens nos locais de armazenamento, considerando o volume ou o peso dos itens. O objetivo dessa forma de classificação é identificar os itens que requerem mais esforço para localizá-los mais perto do local de entrega do almoxarifado. O exemplo da Figura 8.2 ilustra o uso dessa classificação para orientar a disposição de materiais, de modo a gerar o menor esforço para o pessoal do almoxarifado. Os materiais obsoletos ou que ultrapassaram o prazo de validade devem ficar armazenados em locais separados dos demais enquanto aguardam os procedimentos de baixa.

FIGURA 8.2 • Esquema para localização de materiais de uso geral

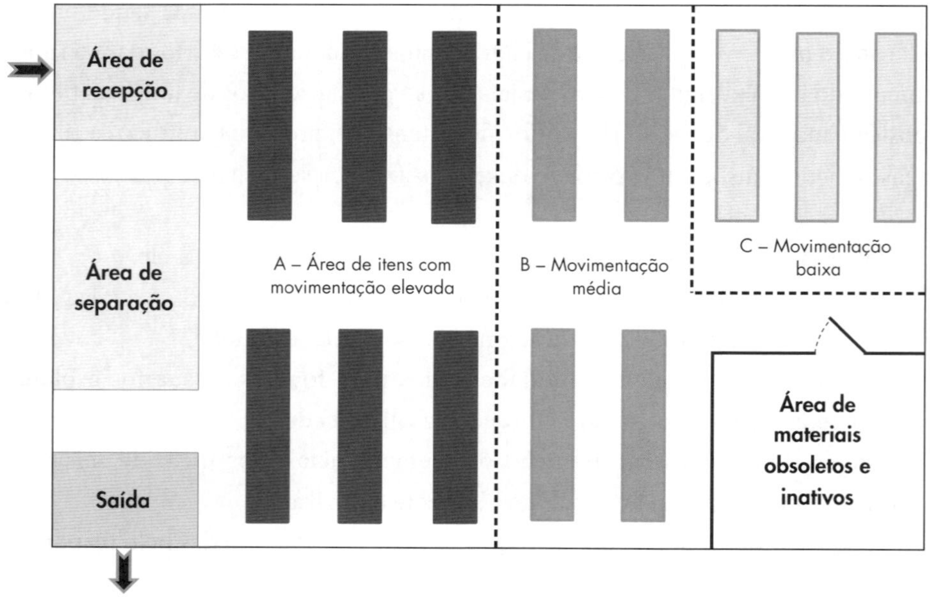

Fonte: elaborada pelos autores.

FOTO 8.2 • Vistas parciais de almoxarifados hospitalares

© Silvio Ferraz Bonadia | Hospital nacional privado de primeira linha

8.1.6 Armazenamento de gases medicinais

Gás medicinal é um gás, ou mistura de gases, destinado a tratar ou prevenir doenças em humanos ou administrados a humanos para fins de diagnóstico médico ou para restaurar, corrigir ou modificar funções fisiológicas.[12] Os hospitais utilizam diversos tipos de gases medicinais, como o oxigênio medicinal, o óxido nitroso, o dióxido de carbono, o ar comprimido e o ar sintético medicinal. Eles são considerados medicamentos e, portanto, sujeitos às normas da vigilância sanitária. Os mais utilizados são:

- oxigênio medicinal (O_2) – gás de ampla utilização em procedimentos normais e de emergência como anestesias, intoxicações e tratamento de doenças respiratórias e cardíacas. Gás incolor, inodoro e insípido, de modo que vazamentos não são facilmente detectados. É altamente corrosivo. É fornecido em cilindros na forma de gás sob pressão ou na forma de gás liquefeito;
- óxido nitroso medicinal (N_2O) – gás usado em anestesias. Por ter efeito analgésico, é usado para formar misturas com o oxigênio medicinal para combater a dor. É incolor, inodoro, levemente adocicado em condições normais de temperatura e pressão (temperatura de 0°C e pressão de 1 atmosfera) e corrosivo;
- ar comprimido medicinal – amplamente usado, transporta substâncias medicamentosas pela via respiratória dos pacientes. Essas substâncias são frações gasosas transportadas pelo ar comprimido, que deve ser isento de micro-organismos patogênicos, substâncias oleosas, água e materiais particulados.

12 BRASIL/ANVISA, Resolução n. 70/2008.

Além desses gases, há alguns outros, de uso mais restrito, como o dióxido de carbono (CO_2) medicinal, necessário em certos procedimentos cirúrgicos. É um gás incolor, inodoro e não inflamável. O nitrogênio medicinal (N_2), outro gás incolor, inodoro e não inflamável, é usado em equipamentos cirúrgicos e para o congelamento de amostras de tecidos, sangue e órgãos para transplante. O óxido de etileno (C_2H_4O), conhecido pela sigla ETO, é um gás altamente inflamável e tóxico, usado em processos de esterilização de instrumentos e materiais médicos, principalmente dos que não podem ser esterilizados com calor. Esses gases são fornecidos em cilindros.

O armazenamento de gases pode ser feito tanto em cilindros transportáveis como em centrais de gases constituídos de baterias de cilindros e tanques estacionários ou usinas concentradoras de oxigênio. Esses sistemas podem coexistir quando se trata de um hospital de porte médio ou grande. Os cilindros transportáveis são usados para emergências e como estoque de segurança.

As considerações sobre gases medicinais são as mesmas das normas elaboradas pela Associação Brasileira de Normas Técnicas por meio do Comitê Brasileiro Odonto-Médico-Hospitalar (ABNT/CB 26).[13] A Norma NBR n. 12.188 estabelece requisitos para instalação de sistemas centralizados de suprimento de gases medicinais em estabelecimento de saúde, bem como de gases para dispositivos médicos, como nitrogênio e argônio.

Um sistema centralizado é um conjunto formado pela central de suprimento, rede de distribuição e postos de utilização para fornecer suprimento contínuo desses gases. Há quatro tipos de suprimentos:

1. suprimento de emergência: fonte de suprimento independente do sistema centralizado, transportável até o local de utilização, pronto para uso, formado por cilindros;
2. primário: fonte permanente de suprimento à rede de distribuição;
3. secundário: fonte de suprimento para uso imediato e automático em substituição e/ou complementação ao suprimento primário, em situação de rodízio;
4. suprimento de reserva: fonte de suprimento para uso imediato e automático em caso de falha ou manutenção do suprimento primário e/ou secundário.

O suprimento de emergência é feito por meio de cilindros transportáveis e os demais por baterias de cilindros de gás, equipamento centralizador de gás, tanque

13 BRASIL, Resolução RDC n. 50, 2002.

criogênico ou gerador de ar comprimido. Bateria de cilindros é um conjunto de cilindros de acondicionamento de gases comprimidos a alta pressão, conectados a um coletor antes do bloco central, que é um conjunto constituído por válvulas (reguladoras de pressão, de manobra, de bloqueio e de retenção), manômetros, além de outros dispositivos de segurança.

Uma central de cilindros deve ter duas baterias de cilindros que, alternadamente, forneçam o gás à rede de distribuição sem interrupção. A capacidade da central deve, no mínimo, ser igual a 150% do consumo efetivo médio (CEM) do período de reposição, estabelecido em contrato de fornecimento de gás. Para calcular o CEM, usa-se a média móvel aritmética do consumo do estabelecimento de saúde nos últimos 12 meses.[14] Os cilindros estocados fora de uso devem permanecer com os capacetes de proteção das válvulas devidamente acoplados, com marcas que identifiquem se estão cheios ou vazios. No recinto da central de cilindros não se admite o armazenamento de qualquer outro material.

FIGURA 8.3 • Central de suprimento: distâncias mínimas

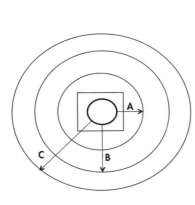

A
- Portas e passagens de acesso à edifícios.
- Calçadas públicas.
- Tráfego de veículos.
- Área de estacionamento de veículo.
- Área permitida para fumar e acender chamas.
- Instalações fixas de cilindros não inflamáveis.

B
- Estoques de materiais combustíveis.
- Subestações elétricas de média e alta tensão.
- Transformadores.
- Válvulas e tubulações contendo gases ou líquidos inflamáveis.

C
- Tanques de combustíveis.
- Escritórios, cantinas e locais de reunião de público.
- Entrada de compressores e ventiladores.

Capacidade do tanque	Distância (em metros) A	B	C
Até 10.000 litros	2 m	4 m	6 m
10.000 a 30.000 litros	3,2 m	4,6 m	6,6 m

Fonte: ABNT NBR n. 12.188, Figura G.1.

[14] Média móvel aritmética, ver Seção 4.4.1.

202   Logística hospitalar

A central de suprimento com cilindros, tanques criogênicos estacionários ou móveis e sistemas de concentração de oxigênio deve ser instalada em recinto próprio, de uso exclusivo e acesso restrito, com ventilação natural e local de acesso fácil aos equipamentos móveis de suprimento. Esse recinto não pode ser usado como depósito de qualquer material estranho às centrais. Podem ser instalados no interior de um edifício, desde que em recinto especialmente construído para eles, provido de ventilação suficiente para o exterior, para evitar a concentração do gás no ambiente. Esse recinto deve possuir duas portas para facilitar a evasão de pessoas em caso de pane. A localização da central de suprimento com cilindros deve manter distâncias mínimas, conforme mostra a Figura 8.3, exceto quando existe parede corta fogo com resistência mínima de duas horas.

8.2 ATIVIDADES ADMINISTRATIVAS

A administração dos locais de armazenagem compreende as atividades de recebimento, guarda e distribuição dos bens de consumo aos usuários, bem como o controle físico dos estoques.

8.2.1 Recebimento

As tarefas de recebimento consistem em:

*   programar os recebimentos ajustando à escala de pessoal, para evitar acúmulos de entregas nos mesmos horários;
*   comparar a nota fiscal do fornecedor com a cópia do pedido de compra, para verificar se não há discrepâncias entre estes documentos;
*   verificar se as mercadorias entregues correspondem, na quantidade e no tipo, ao que consta no pedido e na nota fiscal. Essa verificação requer contagem e/ou pesagem rigorosa de cada item;
*   assinar os canhotos das notas fiscais dos fornecedores;
*   identificar, por meio de etiqueta, códigos ou sinais apropriados, os itens entregues que não estiverem claramente marcados;
*   anotar, em documentos apropriados, entregas parciais ou em excesso e as discrepâncias;
*   avisar os responsáveis pela inspeção de qualidade das mercadorias entregues;
*   enviar as notas fiscais e outros documentos, pertinentes ao almoxarifado, para contas a pagar, compras e outros setores;
*   enviar o material recebido aos pontos de estocagens;
*   providenciar a devolução de mercadorias defeituosas ou avariadas.

Pequenas divergências entre o pedido e a nota fiscal podem ser resolvidas pelo próprio pessoal encarregado pelo recebimento, mediante nota de correção. Divergências entre o pedido e o material entregue devem ser resolvidas pelo pessoal de compras que, por sua vez, pode solicitar ajuda ao órgão usuário do material. O material recebido e armazenado será então registrado na conta estoque da organização.

No caso de medicamentos, entre os itens de verificação por ocasião do recebimento de um lote encomendado, estão os seguintes: denominação do produto, quantidade, forma farmacêutica, concentração, número do lote, prazo de validade e registro no Ministério da Saúde. Os quatro primeiros itens devem estar de acordo com o pedido de compra, do qual o setor de recebimento deve ter em mãos uma cópia.

O setor de recebimento deve dispor de área separada do almoxarifado, onde a mercadoria entregue pelo fornecedor é descarregada e aguarda pela aceitação. O local de recebimento de material deve ser no pavimento térreo. Plataforma de descarga ao nível da carroceria, na qual os caminhões podem encostar, é um recurso para facilitar a descarga dos materiais encomendados. O acesso externo deve ser coberto.

8.2.2 **Localização dos materiais**

Os materiais devem ser mantidos em prateleiras de metal, armários, tanques, refrigeradores, câmaras frigoríficas, congeladores e outros dispositivos adequados para sua conservação. As prateleiras devem permitir o aproveitamento total do espaço vertical, a fim de poupar a área, geralmente escassa (Foto 8.3).

FOTO 8.3 • Medicamentos acondicionados em locais definidos

Para a localização dos medicamentos nas prateleiras devem-se observar três critérios, simultaneamente: separá-los pela via de administração (injetável, oral e tópico); pela ordem alfabética, considerando a denominação genérica; e pela data da validade, para aplicar o princípio do primeiro que entra, primeiro que sai (PEPS). Assim, cada medicamento terá um lugar definido na prateleira, o que facilita a sua guarda e distribuição de forma segura e rápida, reduzindo as perdas por vencimento do prazo de validade.

O sistema PEPS para armazenagem não é o mesmo usado para avaliar estoques,[15] embora em muitos casos eles sejam coincidentes. Mas pode ocorrer que o último lote adquirido tenha um prazo de validade remanescente menor do que o penúltimo, algo não raro de acontecer quando se compra de diferentes fornecedores. É doloroso verificar que, apesar da crônica escassez de recursos para as atividades de saúde, ainda se observam desperdícios por vencimento de prazos, algo que pode ser minimizado com boas previsões, bons sistemas de reposição e procedimentos de armazenagem, como já mencionados neste capítulo. Para reduzir a quantidade de produtos vencidos, além do princípio PEPS, pode-se estabelecer no processo de compra que os lotes comprados não podem ter menos do que um ano de validade.

8.2.3 Inventários

O controle do estoque pode ser feito por meio de listas, emitidas por computador, indicando a última posição do estoque. Os registros das entradas e saídas atualizam a posição dos estoques de modo que, a qualquer momento, é possível conhecer os saldos de cada item. Esses saldos mostram o que deveria constar nos estoques, ou seja, são saldos escriturais produzidos pela contabilização dos recebimentos e saídas de materiais.

Uma importante atividade de controle é a realização de inventários ou contagens físicas dos estoques, que tem por objetivo verificar se as quantidades existentes nos pontos de estocagem correspondem aos saldos existentes nos relatórios contábeis. O momento e a quantidade de vezes que o inventário será realizado devem ser objetos de planejamento. Para efeito contábil, pode-se realizá-lo uma vez por ano, na época do encerramento do balanço patrimonial. Esse tipo de inventário, denominado **inventário periódico**, é realizado em data marcada com antecedência, pois, nesse período, a área de armazenagem a ser inventariada não recebe nem entrega

---

15 Avaliação de estoques, ver Seção 2.4.1.

nenhum material. Em outras palavras, é um inventário feito com isolamento completo da área. Daí as expressões de uso corrente: "fechado para balanço e contagem com as portas fechadas".

Apesar de muito utilizada e atender à legislação, essa prática não é suficiente para efeito de controle eficaz. De fato, identificar os motivos que geraram discrepâncias entre os saldos contábeis e os saldos físicos pode ser uma tarefa hercúlea, quando não inútil, pois no período de um ano ocorrem miríades de atividades (recebimentos, entregas, remanejamentos de local, baixas etc.) envolvendo muitas pessoas, algumas delas não mais pertencentes aos quadros da organização. Como se diz popularmente: "agora Inês é morta".

O correto é realizar contagens permanentes, usando algum esquema que permita obter controle eficiente, sem interromper as rotinas da área que está sendo inventariada. Dá-se o nome de **inventário rotativo** a esse tipo de contagem, na qual todos os itens são contados com frequência, planejada de acordo com algum critério. Um esquema de contagem física rotativa consiste, por exemplo, em verificar a cada mês a duodécima parte dos itens do estoque identificados de modo aleatório sem reposição. Todo mês, é emitida uma nova lista de itens a serem contados, de modo que ao final de um ano, todos foram contados pelo menos uma vez.

A Classificação ABC pode ser útil para programar um inventário rotativo. Por exemplo: a cada mês, contam-se 100% dos itens da classe A, 50% da classe B e 25% da classe C. Desse modo, todos os itens serão inventariados a cada quatro meses.

Pode-se fazer uso das Classificações ABC e XYZ combinadas, como mostra o Quadro 8.1. A frequência de contagens é dada pela Classificação ABC, e o tamanho da amostra pela XYZ. Conforme o exemplo, 25% dos itens AX serão contados a cada mês; 50% dos itens BY e 100% dos itens AZ, por serem de elevado valor e alta criticalidade; os CX, que são os de menor valor e menor criticalidade, 10% a cada quatro meses.

QUADRO 8.1 • Uso combinado da classificação ABC e XYZ para planejar o inventário

Classe	Frequência das contagens / Amostra	Classe		
		X	Y	Z
		25%	50%	100%
A	Mensal	AX	AY	AZ
B	Bimensal	BX	BY	BZ
C	Quadrimestral	CX	CY	CZ

Fonte: elaborado pelos autores.

206 Logística hospitalar

Ao verificar uma discrepância entre o estoque físico e o saldo contábil, deve-se proceder a recontagem. Todas as discrepâncias confirmadas devem ser objeto de investigação por parte do responsável pelo local de estocagem. Entre as causas de discrepâncias, o furto é a mais grave, mas tende a diminuir com o isolamento dos locais de armazenagem e a imposição de disciplina rigorosa para a entrada de pessoas que não sejam os funcionários autorizados. Outras causas são: demora para dar baixa nos estoques por motivos de quebra, obsolescência, perecibilidade, expiração do prazo de validade e fadiga. Os estoques de certos produtos químicos armazenados a granel reduzem ou findam completamente pela emissão de substâncias voláteis. Outros se degradam pela ação da luz, do calor e de bactérias. Também são causas de discrepâncias as demoras para dar baixa nos estoques diante da necessidade de atender com rapidez as solicitações dos usuários.

8.2.4 Acurácia dos estoques

Uma medida resultante das contagens é a acurácia dos estoques (do latim, *accūrātus*, perfeito, feito com cuidado, com precisão), que pode ser obtida mediante as equações seguintes:

$$Acurácia\ dos\ estoques = \frac{total\ de\ itens\ corretos}{número\ total\ de\ itens} \tag{8.2}$$

$$Acurácia\ dos\ estoques = \frac{valor\ dos\ itens\ corretos}{valor\ total\ contabilizado} \tag{8.3}$$

A primeira equação mede a acurácia com menor precisão do que a segunda, pois os fatos mais graves estão relacionados com os itens de maior valor. O exemplo da Tabela 8.1 mostra o uso dessas equações quando se faz uma programação de inventário baseado na classificação ABC. A expectativa é encontrar uma acurácia igual, ou muito próxima, a 100%. Espera-se que isso de fato ocorra à medida que as contagens sejam mais frequentes e as causas das divergências apuradas.

A acurácia dos estoques é o indicador mais importante para avaliar a gestão dos locais de armazenagem. Ao mostrar as discrepâncias entre o estoque real e o contabilizado, esse indicador reflete o grau de cuidado no exercício das atividades de recebimento, guarda, distribuição e baixa de materiais.

A disponibilidade de materiais para pronta entrega e o número de estoques zerados, dimensões importantes do nível de atendimento, embora sejam percebidas pelos usuários a partir dos locais de armazenagem, devem ser consideradas elementos de avaliação da área de compras e do setor de planejamento. Por

Capítulo 8 • Armazenagem e distribuição

TABELA 8.1 • Exemplo de cálculo da acurácia dos estoques

Classe	Valor dos itens contabilizados (em $)	% do valor acumulado (em $)	Número de itens da classe	% de itens	Contagem			
					Número de itens	%	Valor (em $)	%
A	57.798.698,00	70,05	493	7,06	485	98,4	54.735.367,00	94,7
B	19.758.916,00	23,95	1.577	22,60	1.521	96,5	19.245.184,00	97,4
C	4.946.646,00	6,00	4.908	70,34	4.182	85,2	4.857.606,00	98,2
Total	82.504.260,00	100,00	6.978	100,00	6.188		78.838.157,00	

$$Acurácia = \frac{7,06\% \times 98,4\% + 22,60\% \times 96,5\% + 70,34\% \times 85,2\%}{100\%} = 88,68\% \qquad \text{(Equação 8.2)}$$

$$Acurácia = \frac{(70,05\% \times 94,7\%) + (23,95\% \times 97,4\%) + (6,00\% \times 98,2\%)}{100\%} = 96,26\% \qquad \text{(Equação 8.3)}$$

Fonte: elaborada pelos autores.

exemplo, uma requisição não atendida será percebida pelo usuário em seu relacionamento com o pessoal do local de armazenagem, mas esse fato pode ter ocorrido por múltiplas causas, como previsões malfeitas, atraso para colocar os pedidos de compra, aumento do prazo de entrega do fornecedor, falta de diligenciamento e outras razões que decorrem de atividades anteriores ao processo de recebimento, guarda e distribuição.

Como as atividades de armazenagem, movimentação e manuseio de materiais envolvem algum esforço físico e certo isolamento, elas não são vistas como atividades nobres. Esse talvez seja o motivo pelo qual, em geral, o pessoal dessa área, além de mal remunerados, não recebe treinamentos adequados, embora sejam responsáveis pela guarda de recursos valiosos e pelo atendimento aos usuários internos. Recomenda-se, portanto, que a armazenagem seja tratada com a mesma importância que as demais atividades administrativas.

» TERMOS E CONCEITOS

Acurácia dos estoques	Lavanderia
Almoxarifado geral	Localização dos materiais
Classificação ABC	Manutenção
Farmácia hospitalar	Nutrição e dietética
Gases medicinais	Sistema PEPS
Inventário periódico	Recebimento de materiais
Inventário rotativo	Rouparia

208 Logística hospitalar

» QUESTÕES PARA REVISÃO

1. Mostre o que se entende pelo sistema PEPS relacionado com a localização e distribuição de medicamentos e insumos farmacêuticos armazenados. Compare esse sistema com o usado para avaliar estoques.

2. Discuta o uso da classificação ABC para orientar a localização de materiais em armazenagens. Essa classificação se diferencia da classificação ABC baseada no valor de utilização de estoques?

3. Discuta e faça um levantamento das possíveis causas de discrepâncias apuradas no inventário e para cada uma estabeleça medidas preventivas.

4. Faça uma relação das principais diferenças entre o inventário periódico e o rotativo e discuta essas diferenças do ponto de vista da gestão de materiais.

5. Com os dados apresentados na tabela abaixo, complete as células da coluna em branco e calcule a acurácia dos estoques pelas equações indicadas. Depois, comente os resultados em termos de eficácia quanto aos objetivos que se espera desse instrumento de avaliação de atividades de armazenagem.

Classe	Valor dos itens contabilizados (em 10³ $)	% do valor acumulado (em 10³ $)	Número de itens da classe	% de itens	Contagem de itens corretos			
					Número de itens	%	Valor (em 10³ $)	%
A	28.000,00		600		570		26.800,00	
B			2.400		2.050		11.600,00	
C	4.000,00						3.270,00	
Total	44.000,00	100%	10.000	100%	9.120	100%		100%

REFERÊNCIAS

ASSOCIAÇÃO BRASILEIRA DE NORMAS TÉCNICAS (ABNT). *Norma NBR n. 12.188: 2003.* Estabelece requisitos para instalação de sistemas centralizados de suprimento de oxigênio, óxido nitroso, ar comprimido e vácuo para uso medicinal em estabelecimento de saúde. Rio de Janeiro, ABNT, CB 26, maio de 2003.

_____. *International Organization for Standardization; International Electrotechnical Commission* (ABNT, ISO/IEC). ABNT ISO/IEC Guia 2: 2006. Rio de Janeiro: ABNT ISO/IEC, janeiro de 2006.

BALLOU, R.H. *Gerenciamento da cadeia de suprimentos*: logística empresarial. Porto Alegre: Bookman, 2005.

BARBIERI, J.C. *Gestão ambiental empresarial*: conceitos, modelos e instrumentos. 4.ed. São Paulo: Saraiva, 2016.

BARBIERI, J.C.; CAJAZEIRA, J.E.R. *Responsabilidade Social Empresarial e Empresa Sustentável*: da teoria à prática. 3.ed. São Paulo: Saraiva, 2016.

BROWN, R.G. *Statistical forecasting for inventory control.* New York: McGraw-Hill, 1959.

CARLZON, J. *A hora da verdade.* São Paulo: Sextante, 2005.

COMISSÃO MUNDIAL SOBRE MEIO AMBIENTE E DESENVOLVIMENTO (CMMAD). *Nosso futuro comum.* Rio de Janeiro: Fundação Getulio Vargas, 1991.

CORRÊA, H.L.; GIANESI, I.G.N.; CAON, M. *Planejamento, programação e controle da produção*: MRP II/ERP conceitos, uso e implementação. 5. ed. São Paulo: Editora Atlas, 2007.

JACOBS, F.R; CHASE, R.B. *Administração de operações e da cadeia de suprimentos.* Porto Alegre: McGraw-Hill & Bookman, 2012.

LAUGENI, F.P.; MARTINS, P. G. *Administração da Produção.* 3.ed. São Paulo: Saraiva, 2015.

MACHLINE, C. Compras, estoque e inflação. *Revista de Administração de Empresas.* Rio de Janeiro, v. 21, n. 2, p: 7-15, abr./jun. 1981.

_____. *O executivo, a informação e o processo decisório.* São Paulo. Escola de Administração de Empresas de São Paulo (EAESP/FGV-POI); PR-L-764, 1986.

MEIRELLES, H.L. *Direito administrativo brasileiro.* 42. ed. São Paulo: Malheiros Editores, 2016.

ONHO. T. *El sistema de producción Toyota*: más alla de la producción a gran escala. Barcelona: Ediciones Gestion, 2000.

VASCONCELLOS, M. A. *Previsão de demanda de curto prazo.* São Paulo: FGV/EAESP, PR-L-831, 1983, p. 870.

_____. *Modelos de lote econômico de mínimo custo.* São Paulo: FGV/EAESP, PR-L-714, 1981. p. 659.

WILSON, J.H.; KEATING, B. *Previsiones en los negocios.* Madrid: Mosby-Doyma Libros, División Irwin, 1996. p. 112.

Legislação citada

BRASIL. *Constituição da República Federativa do Brasil.* Brasília, DF: Senado Federal, 1988.

_____. *Decreto n. 3.555, de 8/8/2000.* Aprova o Regulamento para a modalidade de licitação denominada pregão, para a aquisição de bens e serviços comuns. Brasília: D.O.U. de 9/8/2000.

_____. *Decreto n. 5.450, de 31/5/2005.* Regulamenta o pregão, na forma eletrônica, para aquisição de bens e serviços comuns, e dá outras providências. Brasília: D.O.U. de 1/6/2005.

_____. *Decreto n. 7.746, de 5/7/2012.* Regulamenta o art. 3º da Lei n. 8.666, de 21/7/1993, para estabelecer critérios, práticas e diretrizes para a promoção do desenvolvimento nacional sustentável nas contratações realizadas pela administração pública federal, e institui a Comissão Interministerial de Sustentabilidade na administração pública (CISAP). Brasília: D.O.U. de 6/6/2012.

_____. *Decreto n. 7.767, de 27/7/2012.* Estabelece a aplicação de margem de preferência em licitações realizadas no âmbito da administração pública federal para aquisição de produtos médicos para fins do disposto no art. 3º da Lei n. 8.666, de 21/7/1993. Brasília: D.O.U. de 28/06/2012.

_____. *Decreto n. 7.892, de 23/1/2013.* Regulamenta o Sistema de Registro de Preços previsto no art. 15 da Lei n. 8.666 de 21/7/1993. Brasília: D.O.U. de 23/1/2013.

_____. *Decreto n. 90.595, de 29/11/1984.* Cria e define o Sistema de Codificação Nacional de Produtos para todo o território nacional. Brasília: D.O.U. de 30/11/1984.

_____. *Lei n. 4.320, de 17/3/1964.* Estatui normas gerais de direito financeiro para elaboração e controle dos orçamentos e balanços da União, dos Estados, dos municípios e do Distrito Federal. Brasília: D.O.U. de 23/3/1964.

Referências • Armazenagem e distribuição **211**

_____. *Lei n. 8.666, de 21/6/1993.* Regulamenta o art. 37, inciso XXI, da Constituição Federal, institui normas para licitações e contratos da administração pública e dá outras providências. Brasília: D.O.U. de 22/6/1993.

_____. *Lei n. 9.605, de 12/2/1998.* Dispõe sobre sanções penais e administrativas derivadas de condutas e atividades lesivas ao meio ambiente, e dá outras providências (Lei dos Crimes Ambientais). Brasília: D.O.U. 13/2/1998.

_____. *Lei n. 9.637, de 15/5/1998.* Dispõe sobre a qualificação de entidades como organizações sociais, a criação do Programa Nacional de Publicização, a extinção dos órgãos e entidades que menciona e a absorção de suas atividades por organizações sociais, e dá outras providências. Brasília: D.O.U. 25/5/1998.

_____. *Lei n. 9.782, de 26/1/1999.* Define o Sistema Nacional de Vigilância Sanitária, cria a Agência Nacional de Vigilância Sanitária, e dá outras providências. Brasília: D.O.U. de 27/1/1999.

_____. *Lei n. 9.787, de 10/2/1999.* Altera a Lei n. 6.360, de 23/9/1976, que dispõe sobre a vigilância sanitária, estabelece o medicamento genérico, dispõe sobre a utilização de nomes genéricos em produtos farmacêuticos e dá outras providências. Brasília: D.O.U. de 11/2/1999.

_____. *Lei n. 10.520, de 17/7/2002.* Institui, no âmbito da União, Estados, Distrito Federal e municípios, nos termos do art. 37, inciso XXI, da Constituição Federal, modalidade de licitação denominada pregão, para aquisição de bens e serviços comuns, e dá outras providências. Brasília: D.O.U. de 18/7/2002.

_____. *Lei n. 10.831, de 23/12/2003.* Dispõe sobre a agricultura orgânica e dá outras providências. Brasília: D.O.U. de 24/12/2003.

_____. *Lei n. 12.349, de 15/12/2010.* Altera as Leis n. 8.666, de 21/7/1993, n. 8.958, de 20/12/1994, e n. 10.973, de 2/12/2004; e revoga o § 1º do art. 2º da Lei n. 11.273, de 6/2/2006. Brasília: D.O.U. de 16/12/2010.

_____. Conselho Nacional de Política Fazendária (CONFAZ). Secretário da Receita Federal do Brasil. *Ajuste SINIEF n. 11, de 15/8/2014.* Dispõe sobre a concessão de regime especial na remessa interna e interestadual de implantes e próteses médico-hospitalares para hospitais ou clínicas.

_____. Ministério do Planejamento, Orçamento e Gestão. Gabinete do Ministro. *Portaria n. 306, de 13/12/2001.* Aprovar a implantação do sistema de cotação eletrônica de preços. Brasília: Gabinete do Ministro 13/12/2001.

_____. Ministério do Planejamento, Orçamento e Gestão. Secretaria de Logística e Tecnologia da Informação. *Instrução Normativa n. 01, de 19/1/2010.* Dispõe sobre os critérios de sustentabilidade ambiental na aquisição de bens, contratação de serviços ou obras pela administração pública federal direta, autárquica e fundacional e dá outras providências. Brasília: Secretaria de Logística e Tecnologia da Informação, 19/1/2010.

_____. *Portaria n. 3.214, de 8/7/1978 do Ministério do Trabalho*. Aprova as normas regulamentadoras do Capítulo V do Título II da Consolidação das Leis do Trabalho, relativas à Segurança e Medicina do Trabalho.

_____. Agência Nacional de Vigilância Sanitária (ANVISA). *Resolução Normativa RN n. 338, de 21/10/2013 e anexos*. Atualiza o rol de procedimentos e eventos em saúde, que constitui a referência básica para cobertura assistencial mínima nos planos privados de assistência à saúde, contratados a partir de 1/1/1999; fixa as diretrizes de atenção à saúde; revoga as Resoluções Normativas – RN n. 211, de 11/1/2010, RN n. 262, de 1/8/2011, RN n. 281, de 19/12/2011 e a RN n. 325, de 18/4/2013; e dá outras providências.

_____. Agência Nacional de Vigilância Sanitária (ANVISA). *Resolução RDC n. 50, de 21/2/2002*: Dispõe sobre o regulamento técnico para planejamento, programação, elaboração e avaliação de projetos físicos de estabelecimentos assistenciais de saúde.

_____. Agência Nacional de Vigilância Sanitária (ANVISA). *Resolução RDC n. 39, de 14/8/2013*. Dispõe sobre os procedimentos administrativos para concessão da certificação de boas práticas de fabricação e da certificação de boas práticas de distribuição e/ou armazenagem.

_____. Agência Nacional de Vigilância Sanitária (ANVISA). *Resolução RDC n. 50, de 21/2/2002*. Dispõe sobre o regulamento técnico para planejamento, programação, elaboração e avaliação de projetos físicos de estabelecimentos assistenciais de saúde. Brasília, 2002.

_____. Agência Nacional de Vigilância Sanitária (ANVISA). *Resolução RDC n. 54, de 10/12/2013*. Dispõe sobre a implantação do sistema nacional de controle de medicamentos e os mecanismos e procedimentos para rastreamento de medicamentos na cadeia dos produtos farmacêuticos e dá outras providências.

_____. Agência Nacional de Vigilância Sanitária (ANVISA). *Resolução RDC n. 59, de 24/11/2009*. Dispõe sobre a implantação do Sistema Nacional de Controle de Medicamentos e definição dos mecanismos para rastreamento de medicamentos, por meio de tecnologia de captura, armazenamento e transmissão eletrônica de dados e dá outras providências.

_____. Agência Nacional de Vigilância Sanitária (ANVISA). *Resolução RDC n. 67, de 8/10/2007*. Dispõe sobre boas práticas de manipulação de preparações magistrais e oficinais para uso humano em farmácias.

ÍNDICE REMISSIVO

A

Acurácia dos estoques, 206-208

Anvisa, 44, 171, 183

Aquisição: *ver* compras

Armazenagem, 187-207

    almoxarifado, 21, 24, 195, 197

    localização de materiais, 198, 208

    recebimento, 187, 194, 197

B

Bem material

    assistência pós-venda, 2

    bem de consumo, 10

    bem patrimonial, 10, 132

    pacote produto/serviço, 7 , 8, 10, 17

B2B (*business to business*), 137, 139

C

Cadeia de suprimento, 2, 37, 43, 44

Ciclo de caixa, 32, 33, 34

Ciclo do pedido, 154

Classificação de materiais, 37-54

    conceito, 37

    critérios, 47

Classificação ABC, 46

Classificação XYZ, 52

Cliente: *ver* usuário

Cobertura de estoque, 31, 33, 34

Codificação, 2, 38, 42

Código de barras, 42, 44, 56

Comércio justo, 146

Compras, 131- 160

    aumento de preço previsto, 28

    calendário de compra, 118

    centrais de compras, 132, 161

    colocação do pedido de compra, 154, 155, 159

    compras centralizadas × descentraliza-das, 132

    compras de itens não padronizados, 157

    compras de itens regulares, 133, 134

    compras urgentes, 11, 34, 81

    compras verdes ou ambientais, 147

    pedido de compra, 9, 20, 93, 99

    seleção de fornecedores, 93, 143, 145

    seleção de propostas, 147-152

Consignado, 136

Criticalidade, 47, 52, 54

Custo de estoques, 98-102

    custo de manter, 98

    custo de obter, 98, 99

custo direto, 98

custo do capital, 101

custo do pedido, 99

custo hospitalar, 10

custo médio ponderado, 25, 26

taxa de armazenagem, 108

D

DataMatrix, 43, 45

DBC – Denominação Comum Brasileira, 39

DCI – Denominação Comum Internacional, 39

Demanda, 3, 6, 22, 24

dependente, 90, 91

independente, 90, 91, 92

Desenvolvimento sustentável, 181, 182

Diligenciamento, 132, 138

Dispensação, 13, 15, 17

Distribuição física, 2, 10

Distribuição normal, 84, 94

Dose unitária, 13, 14, 16

E

E-commerce, 137

E-market, 137

E-procurement, 137

EAN Brasil, 42

Especificação, 3, 38, 39

Estoque, 12, 14, 89

avaliação, 25

conceito, 12, 13

de segurança, 51

estoque existente, 12, 20, 97

estoque médio, 25, 28

estoque operacional, 93, 94

estoque pendente, 115

métodos de avaliação de estoques: *ver* PEPS, UEPS e custo médio ponderado

saldo de estoque, 26, 28, 121

ERP – *Enterprise Resources Planning*, 126, 128

Ética, 158

Excesso de material, 12

F

Falta de material, 11, 18

Farmácia, 3, 188, 190

Follow up: *ver* diligenciamento

Fornecedor, 141, 143

seleção de, 143

G

Gases medicinais, 5, 91, 199

centrais de gases, 200

cilindros, 197

Gestão de estoques, 3, 46, 47

Giro de caixa, 33

Giro de estoque, 29

GS1, 42

I

Indicadores financeiros, 144

Inflação, 107

Internet, 99, 137, 177

Inventário, 51, 204

conceito, 204

inventário periódico, 204

inventário rotativo, 205

ISO (International Organization for Standardization), 40

J

JIT – *Just in time*, 122

K

Kanban, 122

Kit, 91

L

Lead Time: *ver* prazo de espera

Lean, metodologia, 122

Leilão reverso, 138, 175

Licitação, 164, 166

    Comprasnet, 178, 180

    conceito, 178

    concorrência, 177

    convite, 165

    cotação eletrônica, 180

    critérios de desempate, 54

    de melhor técnica, 169

    de menor preço, 168

    de técnica e preço, 169

    pregão eletrônico, 177, 184

    pregão presencial, 184

    pregoeiro, 184

    princípios de licitação, 184

    simultânea, 167

    tomada de preço, 177, 184

Logística, 1-10

Lote de reposição, 121

    lote econômico com desconto de quantidade, 155

    lote econômico de compra, 102

    lote econômico em frequência de reposição, 128

    lote econômico em período ótimo de reposição, 105

lote do fornecedor, 97

lote variável, 115

M

Marcas registradas, 39

Margem de contribuição, 136

Margem de lucratividade, 30

Materiais especiais, *ver* OPME

N

Necessidade de caixa, 32, 34

Nível de atendimento, 18, 19

Nível de falta, 21, 22

Normas Brasileiras (NBR), 200

O

OPME, 135

Órteses: *ver* OPME

P

Pacote produto/serviço, 7

Padronização, comissão de, 56

PEPS – primeiro que entra, primeiro que sai, 25, 27, 28, 204

Pontualidade, 157

Prazo de espera, 93, 109, 154

Prazo de validade, 16, 39, 100

Prazo médio de pagamento, 33, 34, 156

Prazo médio de recebimento, 33, 34, 144

Preço, 143, 148

    índice de Laspeyres, 151, 152

    índices de preço, 151

    reajuste de, 150

Previsão da demanda, 59, 60

    erro de previsão, 66

    hipóteses de previsão, 86

média móvel aritmética, 86
sazonalidade, 86
sinal de rastreamento, 86
suavização exponencial, 86
tendência, 86
variações aleatórias, 86
variação cíclica, 86
Produtos orgânicos, 146
Prótese: *ver* OPME

Q
Qualidade das entregas, 24, 25, 34

R
Radiofrequência, 43, 123
Rastreabilidade, rastreamento, 44
Resíduos, 7, 131
Responsabilidade socioambiental, 143, 146
Retorno sobre o investimento, 29
RFID – Radio Frequency Identification, 43
RMI – Retail Managed Inventory, 91
Rouparia, 46, 195
  pesagem de roupas, 194
  processamento, 194, 195

S
Seleção de materiais, 2, 3, 38
  critérios gerais, 4
  medicamentos, 40
Simplificação, 39
Sistema de gestão de estoques, 54
  duas gavetas, 121
  ponto de pedido, 121
  revisão periódica, 120
  sistema misto, 120
  sistemas integrados, *ver* ERP
Suprimento, 1, 3, 10, 24, 39, 44
Sustentabilidade: *ver* desenvolvimento
  sustentável

U
UEPS (último que entra, primeiro que sai),
  25, 27
Usuário, 2, 3, 9

V
Valor de utilização, 47, 48
Variedade de itens, 52
VMI – Vendor Managed Inventory, 91